我们的金融时代

杨灵修 著

中信出版集团 · 北京

图书在版编目（CIP）数据

我们的金融时代 / 杨灵修著 . -- 北京：中信出版社，2019.1
ISBN 978-7-5086-9568-6

Ⅰ . ①我… Ⅱ . ①杨… Ⅲ . ①资本市场－研究－中国 Ⅳ . ① F832.5

中国版本图书馆 CIP 数据核字（2018）第 228348 号

我们的金融时代

著　　者：杨灵修
出版发行：中信出版集团股份有限公司
（北京市朝阳区惠新东街甲 4 号富盛大厦 2 座　邮编　100029）
承 印 者：北京诚信伟业印刷有限公司

开　　本：787mm×1092mm　1/16　　印　　张：16　　字　　数：146 千字
版　　次：2019 年 1 月第 1 版　　印　　次：2019 年 1 月第 1 次印刷
广告经营许可证：京朝工商广字第 8087 号
书　　号：ISBN 978-7-5086-9568-6
定　　价：59.00 元

序一

2018 年是改革开放的 40 周年，香港回归祖国已 20 多年，我们身处的时代在改变。中国已成为世界第二大经济体，中国人民创造和积累了大量财富，使中国从资本“引进来”转变为资本“走出去”。而香港市场，这一中国的“离岸”资本市场，与内地资本市场的关系也在发生微妙的变化。20 年前，香港是资本“引进来”的窗口；而未来 10 年，在继续发挥“融资窗口”作用的同时，香港也将承担更多帮助内地资本“走出去”的责任。4 年前，沪港通机制推出，实现了中国两个资本市场（“在岸”A 股市场和“离岸”港股市场）的互联互通，中国“在岸”和“离岸”资本市场的关联从没有像今天这样紧密。

同时不可忽略是，与内地市场相比，香港市场汇集了大量多元化的投资者，也存在融券和做空的“双向交易”制度，是真正立体化的交易市场。在上市制度安排方面，香港一级市场的国际筹资能力极强，可支持不同规模的 IPO（首次公开募股）招股，吸引可观数量的海外投资者参与，定出理想的价格。完善的监管机制、透明的程序、全面的上市指引，也增强了国际投资者的信心，缩短了投资上市的时间，降低了上市后的监管和维护成本。香港的法律体制，为筹集资金的公司奠定了坚实的基础，基于“注册制”的发行制度，对公司上市之初的发售和未来再融资等有着深远的影响。

简而言之，香港作为中国的“离岸”金融中心，在联系汇率制度下，处于美国与内地之间：比内地更开放、更国际化，比美国等主要国际市场更接中国的“地气”，成为连接中国与国际市场的桥梁。

我们身处中国资本市场开放的“新时代”。资本层面的互联互通，中国“离岸”和“在岸”资本市场的一体化进程已经开启。A/H 两地市场逐步迈向共同市场，联系也更加紧密。本书从两地市场的角度，探索两地市场融合的格局，以及中长期发展趋势带来的变化。希望这本书抛砖引玉，使有意借助香港资本市场发展上市的内地企业，或在香港拓展国际业务的机构和从业者，对中国的这个“离岸”市场多一些认识。

2018 年，香港迎来 25 年来资本市场最大的改革——香港创新板。回顾20 世纪90 年代，内地企业开始逐步进入香港，一些省市或中央部委纷纷将设在香港的窗口公司改组并上市，并通过香港高效的资本市场进行融资，其中就包括中信集团、招商局集团等红筹股公司；1993 年，第一家 H 股公司青岛啤酒在香港上市，开启之后20 年 H 股公司赴香港上市的热潮。2018 年 7 月 9 日，在“错失”阿里巴巴后，第一家“同股不同权”的内地“新经济”公司小米成功在香港上市，而未来我们也将看到更多“新经济”公司登陆香港资本市场，为市场注入新的活力。

最后，衷心祝愿内地企业，以及内地资金能在香港市场产生更大的影响力，祝愿中国资本市场变得越来越开放、成熟。

中信里昂董事长

2018 年 8 月于香港

序二

纵观全球金融市场的格局，作为国际金融中心，香港是连接亚洲特别是中国这个快速发展的市场与欧美市场的纽带。

与许多国际金融中心相比，香港更熟悉内地的市场状况。近年来，以沪港通、深港通和债券通为代表的香港与内地市场的积极互动，就是以香港的独特地位展开的，对中国金融改革带来积极的推动作用，特别是在全球金融市场动荡、中美贸易摩擦加剧的特定时期，沪港通、深港通和债券通吸引了大量国际资本进入中国市场，有力地支持了中国国际收支的平衡。如果要把类似的互联互通项目放到其他海外市场，其难度预计会显著大于内地与香港的互联互通，其中的主要影响因素有时区、法律法规体系以及语言文化、投资者对相关市场是否熟悉、监管机构与交易所之间的沟通效率等。

香港是与纽约、伦敦并驾齐驱的国际金融中心之一，是现有国际金融体系中的活跃一环。近年来，中资金融机构以及来自内地的投资者在香港市场的占比大幅上升，但是来自世界各地的金融机构，依然在香港市场的不同细分业务领域占据重要的领导地位；在香港资本市场的投资者构成中，来自欧美的机构投资者依然占据主导地位。这是由香港长期所发挥的吸引国际资本进入中国市场的功能决定的。这种独特的市场结构，为香港推动与国际趋势一致的各种金融创新，提供了更大的探索空间。在一个以散户为主导、还没有完全建立买者自负等投资文化的市场，监管者要想推出一些风险较大的金融创新制度改革，面临的掣肘因素肯定要复杂得多。例如，在香港市场推出生物医药公司上市制度的改革，海内外投资者积极踊跃，推进也很顺利，但是如果在内地市场推出类似的改革，难免就要考虑如果失败了，散户投资者会做出何种反应。

香港的这种独特优势如果发挥得当，可以形成多赢的格局。香港可以积极参与国际金融体系中的竞争，与其他的国际交易所相比，同样的改革举措，在香港市场成功的可能性更大，因为香港除了可以依托国际市场外，还可以依托内地这样一个拥有巨大潜力的市场，香港推出的生物医药公司上市制度改革，吸引了不少海外医药公司前来上市，但是其中最为活跃的主体还是来自内地的生物医药公司。对于内地的金融改革来说，香港在发挥其独特的国际优势、参与国际市场竞争、探索国际金融创新的同时，也可以为内地的金融改革积累一些经验，对于其中一些在香港市场上证明是行之有效的金融产品、金融制度，可以灵活地转移到内地市场。因此可以说，香港可以在国际金融市场上代表中国甚至亚洲参与国际竞争，以竞争和探索制度创新为主；与内地则主要以合作为主，这种合作既可以是对国际创新的先行先试，又可以作为外资进入中国市场、以及中国资本进行国际配置的门户市场。

当前，国际金融体系正在经历又一轮大规模的剧烈变化。一方面，我们可以清晰地看到逆全球化的趋势在局部地区跃跃欲试；另一方面，我们可以看到全球化与区域合作在活跃地推进。一方面，中国正在越来越深入地融入全球金融体系中；另一方面，中美贸易摩擦也使全球金融体系与中国市场的互动充满变数。在这个过程中，香港在连接中国市场与国际市场方面，将有条件发挥独特的枢纽作用。

无论国际经济格局如何变化，从中国经济发展的内在趋势看，人民币在资本项目管制的放松、资本市场的双向开放以及人民币的国际化将是客观的发展趋势。以中国庞大的经济规模，如果继续保持严厉的资本管制，人民币一直不能顺利实现完全的可兑换，那么企业、居民以及大量中国的金融机构在参与全球竞争时必然容易因为受这些因素的制约而处于劣势。香港需要把握这个大趋势，为支持人民币资本项目管制的放松、资本市场的开放和人民币国际化做出积极的贡献，同时香港也因此可以获得巩固其金融中心地位的新动力。

仅仅以资本市场的开放为例。从国际经验看，一个可持续的资本市场开放，必然是双向的，也就是我们通常所说的，既要“请进来”，也要“走出去”，两种路径各有其重要的功能，香港在这两种开放路径中有条件发挥积极的作用。

所谓“请进来”，是指请世界各国的金融机构、投资者进入中国市场；“走出去”，是指中国的金融机构、企业和投资者进行海外投资、海外资产配置。

“请进来”的优点是，中国内地是主场，欧美金融机构、资金和投资者必须根据中国的法律法规和金融规则开展业务；缺点是这需要参与的海外机构对中国市场有非常透彻、清晰的了解，可能不得不付出比较高的运行成本。“走出去”则是指中国企业进行海外投资，中国资产配置海外资产，优点是资产配置多元化，并实现了资产的国际化；缺点是需要这部分投资者对海外市场非常了解，这部分资金流出去就进入客场，需要这部分投资者熟悉不同的交易规则和交易环境。在“请进来”和“走出去”的过程中，香港都可以发挥门户市场的作用。

在资本市场开放的过程中，在内地和香港市场之间建立的互联互通机制，同样可以发挥重要的作用。中国金融市场独特的发展路径形成了中国独特的市场结构、交易制度和清算托管制度等。

与此形成对照的是，欧美金融市场发展这么多年，也形成了自己行之有效的交易、清算、结算、托管制度等运行框架。这两个庞大的系统如果要向对方开放，自然面临着两种并行的金融体系如何沟通的新课题。在这个背景下，香港通过建立覆盖不同资产类别的互联互通机制，为内地市场的开放提供了一个既对国际市场开放又风险可控的平台，将海外市场的投资者和企业与内地市场的投资者和企业连接起来，在推动金融产品创新和市场开放的同时，充分保证两种不同市场的有效沟通，保证交易的便利性和资本流动的畅通，高效率对接国内与国际市场。

我们可以看到，在资本市场双向开放的过程中，两地资本市场既保持不同的运行特点，又不断融合，使“离岸”港股和“在岸”A股的投资者行为以及更深层次的投资理念相互影响，并不断创新与改变，从而为香港国际金融的繁荣乃至中国金融业的改革开放，带来源源不断的新动力。

巴曙松教授

2018年9月

（北京大学汇丰金融研究院执行院长，

香港交易所董事总经理、首席中国经济学家，

中国银行业协会首席经济学家）

上篇
一个国家，两个资本市场

下篇
从细分行业看 A/H 两地市场投资趋势

上篇

一个国家，两个资本市场

第一章

中国香港——中国的“离岸”资本市场

香港市场20载：从红筹股、H股到沪深港通

香港：从助力内地企业“融资”，到帮助内地资本“走出去”

早在20世纪80年代末，中国内地企业已经通过收购香港地区的壳公司在香港资本市场取得上市地位，但直到20世纪90年代以后，内地企业在香港的“上市潮”才真正掀起。当时的香港资本市场欣欣向荣，与内地的经济联系越来越密切。

内地企业开始逐步进入香港，最先是一些省市或中央部委将设在香港的窗口公司改组上市，并通过香港高效的资本市场进行融资。其中以中国中信集团有限公司（简称“中信集团”）为代表，20世纪90年代初，中信集团斥资7亿港元收购泰富发展有限公司（简称“泰富发展”），成为泰富发展的控股公司，之后正式更名为中信泰富有限公司，也就是现在的上市主体中信集团。随后，招商局集团等中资公司纷纷登陆香港，随着中资企业或有中资背景的企业群体在香港市场中地位的提升和影响力的增强，部分投资者开始将它们归为一类，统称中资概念股，以有别于传统的华资和英资概念股，红筹股（Red Chip）应运而生。所谓红筹股，是指在香港地

区注册，由内地资金持有控股权，在香港交易及结算所有限公司（简称“港交所”）上市的公司，也有些具有内地背景，但内地资金不一定持有控股权的公司被称为红筹股（一般地，拥有35%及以上中资股权的上市公司，才可称为红筹股）。

市场人士创设红筹股一词，是为了便于区分以指引投资，红色通常被用来形容中国，红色还可表明其属性，红筹股这一称谓一语双关，一经传出便获广泛认同，从而沿用至今。1997年，恒生指数有限公司正式编制恒生红筹股指数。

1993年6月29日，第一家H股上市公司青岛啤酒股份有限公司（简称“青岛啤酒”）在香港正式招股上市。所谓H股，即国企股，是指中国企业在内地注册、在香港上市，供境外投资者认购和交易的股票。与红筹股不同的是，H股上市公司股份分为内资股和外资股，在港交所流通的只有外资股，内资股并不能在港交所流通，而外资股由香港英文名称Hong Kong的首字母H得名。1994年，恒生指数有限公司推出恒生中国企业指数（简称“国企指数”或“H股指数”）。

红筹股和H股是内地企业通过香港进入国际市场的两个上市选择。20世纪90年代后，作为中国的“离岸”资本市场，香港成为内地企业利用境外资金的重要平台。

随着内地经济的快速发展，中国已成为世界第二大经济体，人民不断创造和积累了大量财富，资本“走出去”成为重要的需求。

由于有地域相近、语言互通等优势，加之西方的法制体系，香港成为A股投资者首选的境外资产集中地（见图1－1）。[①] 2011年，联交所与A股的同步交易时间从2小时提升到3.5小时，2012年，同步时间进一步提升至4小时。

历史经验显示，很多发展中国家对外直接投资（Outbound Di-

① 资料来源：万得资讯。

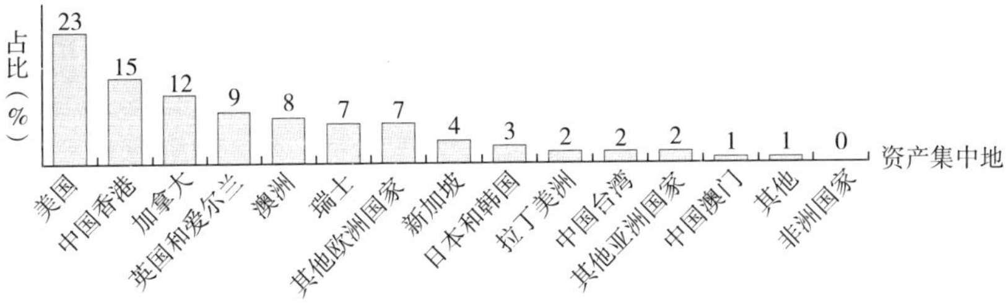

图 1-1　A 股投资者的主要境外资产集中地

rect Investment，简称“ODI”）快速上升的阶段都发生在相似的经济转型背景下，中国也不会例外。2014 年，中国 ODI 首次超过外商直接投资（Foreign Direct Investment，简称“FDI”）。其中，香港占中国总 ODI 的 57.5%。

内地和香港，两个资本市场实现互联互通

2014 年 11 月 17 日，沪港通开通，“以最小的制度成本，换取了最大的市场成效”，在资本层面实现了中国“在岸”和“离岸”资本市场的互联互通。

中国资本“走出去”是大势所趋，香港市场也将从助力内地企业“融资”逐步转变为资本双向流动的平台，成为内地资本“走出去”的门户。之后，沪深港通交易总额度的限制放开，A/H 两地在二级市场层面（除一些大宗交易外）接近完全融合，成为两地资本市场融合的里程碑。

2017 年是内地机构系统性投资香港市场的元年，我们看到内地资金在香港产生了更大的影响力。港交所于 2017 年 7 月发布的最新数据显示，2016 年香港外部市场投资者的交易额中，A 股投资者占 22%，超越了美国的 20%，成为香港第二大外部投资者（仅次于英国）。2017 年，仅港股通资金[不包括 QDII（合格境内机构投资者）或其他内地离岸资金]在香港的存量就已经达到 8 000 亿

港元，持有股票市值规模近万亿港元，每日成交额占香港市场总体成交额的比例从不到1%上升为接近10%，内地资金成为香港市场的“重要参与者”，具体见表1－1。[①]

表1－1　外部投资者在香港市场的占比

国家或地区	2012—2013年的占比（%）	2013—2014年的占比（%）	2014—2015年的占比（%）	2015—2016年的占比（%）
美国	28	26	22	20
英国及欧洲	39	38	34	36
英国	26	28	27	23
欧洲（不包括英国）	14	10	8	13
亚洲	24	29	36	35
日本	1	1	1	1
中国大陆	11	13	22	22
中国台湾	1	1	2	1
新加坡	6	10	8	8
亚洲其他地区	4	3	3	3
澳洲	5	2	1	4
其他地区	4	6	7	4
合计	100	100	100	100

更重要的是，资本层面的互联互通，开启了中国“离岸”和“在岸”资本市场的一体化进程。A/H市场逐步迈向共同市场，联系也更加紧密。在本书中，我们将从两地市场融合的角度，探索两地市场的新格局，以及中长期发展趋势带来的变化。

① 资料来源：港交所。

H股“全流通”，又一场股权分置改革的盛宴[①]

2017年12月29日，中国证监会宣布，将进行H股上市公司“全流通”试点。这意味着，时隔12年，H股“全流通”改革再次启动。

此次改革重启后，市场人士纷纷将其与2005年的A股股权分置改革对比。与A股股权分置改革类似，H股“全流通”将为巨量非流通股引入市场化定价机制，成为中国资本市场“淡妆浓抹”的一笔。之前那次改革发生在中国的“在岸”市场（内地），而这次将发生在中国的“离岸”市场（香港）。

轰轰烈烈的A股股权分置改革

股权分置改革的由来

中国内地的资本市场是在改革开放的背景下，由计划经济体制向市场经济体制过渡进程中的产物。20世纪90年代初，上海证券交易所（简称“上交所”）和深圳证券交易所（简称“深交所”）成立，由于政府希望培育资本市场，解决国企融资困难，同时保留对国有企业的绝对控股权和防止国有资产流失，当时，绝大多数上市公司长期处于国有控股的状态。由此衍生的股权分置问题成了1990—2005年掣肘中国内地资本市场健康发展的核心矛盾和最大的不确定性因素。

股权结构复杂、流通性差是中国内地股票市场长期以来最大的困扰。非流通股占中国内地股票市场总发行股份的比例一直居高不下。中国证监会的数据显示，截至2004年年底，非流通股的占比高

---

① 资料来源:《H股全流通,又一场股权分置改革盛宴?》,特别感谢徐广鸿对本文撰写做出的贡献。

达64%。股权分置改革前中国上市公司的股权结构如图1-2所示。[①]

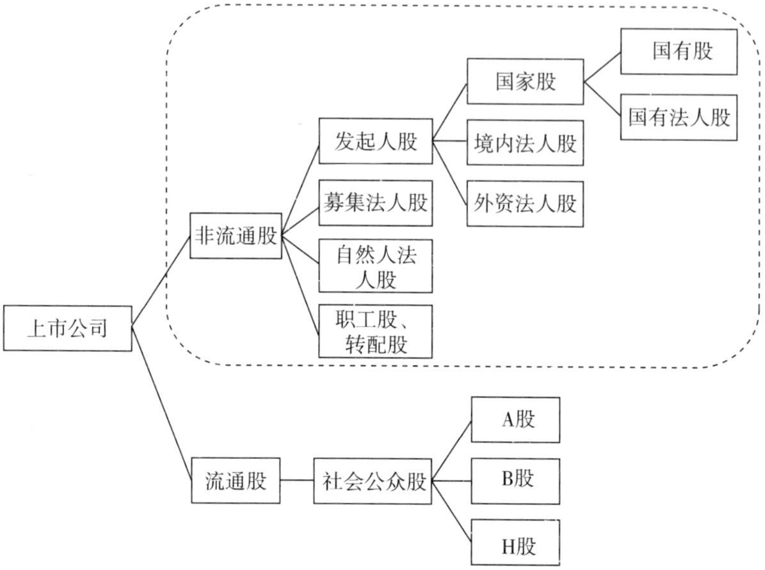

图1-2　股权分置改革前中国上市公司的股权结构

长期的股权分置安排导致了一连串的问题。由于大股东或控股股东所持有的非流通股被禁止交易，上市公司的管理层通常并不关心股价，有些人甚至利用其持有股份数量的优势，通过其他途径谋取利益，置中小投资者的利益于不顾。此外，大量的非流通股导致企业无法形成完善的定价机制，影响股票市场的融资和资本运作。由此可见，股权分置问题必须得到妥善解决。

对于流通股的股东来说，股权分置改革最大的问题是能否建立合理的补偿机制。流通股持有者担心，一旦实现“全流通”，非流通股上市交易将导致股票市场扩容，对股价带来巨大的下行压力，这对持有流通股的股东而言不公平。因此，需要建立一个合理的补偿机制，补偿非流通股获得流通权后对流通股股东带来的潜在损失。

---

① 资料来源：中国证监会。

股权分置改革的实施

第一阶段：国有股减持的尝试（1998 年下半年至 2002 年上半年）。

自 1998 年下半年开始，为解决国企融资问题、完善社保体系，政府部门开始探索解决股权分置问题，于 1999 年和 2001 年做了两次国有股减持的尝试。但是，由于实施方案与市场预期存在差距，最终未能成功推行。

市场的持续下跌最终影响了社保基金持有的权益类资产的估值。同时，市场成交的低迷导致印花税大幅度降低。2001 年 10 月 22 日，中国证监会经国务院批准紧急叫停《减持国有股筹集社会保障资金管理暂行办法》的第五条（国有股减持主要采取国有股存量发行的方式），市场随即出现反弹。从减持规则出台到被叫停的 4 个月内，上证指数下跌了 30% 左右。因此，此轮尝试未能解决内地市场非流通股占比过高的问题。

第二阶段：股权分置改革正式提出（2002 年下半年至 2004 年年初）。

2004 年 2 月，国务院发表《国务院关于推进资本市场改革开放和稳定发展的若干意见》，承认资本市场存在的深层次问题和结构性矛盾制约了市场功能的有效发挥，并要求积极稳妥地解决股权分置问题。此外，该意见提出，在解决这一问题时要尊重市场规律，维护市场的稳定和发展，切实保护投资者特别是公众投资者的合法权益。

第三阶段：分批试行，逐步覆盖（2005 年 4 月底正式开启）。

中国证监会于 2005 年 4 月 29 日发布《关于上市公司股权分置改革试点有关问题的通知》，宣告非流通股股权改革正式启动。截至 2005 年 4 月底，A 股上市公司总股本 6 751 亿股，其中非流通股 4 278 亿股，占上市公司总股本的 63.4%。这轮非流通股改革与上一轮国有股减持改革最大的区别在于，在国有股流通的同时配以补偿流通股股东的条件，实现了流通股股东利益和上市公司利益的一致性。其中，第一批试点企业的改革方案见表1－2。①

表1－2　第一批试点企业的改革方案

公司	改革方案	非流通股占比（%）
清华同方股份有限公司	非流通股股东向流通股股东每10股送3.8股	52.48
三一重工股份有限公司	非流通股股东向流通股股东每10股送3.5股和现金8元	75.00
上海紫江企业集团股份有限公司	非流通股股东向流通股股东每10股送3股	58.47
河北金牛能源集团有限责任公司	非流通股股东向流通股股东每10股送3.4股	72.71

但此轮改革并非一帆风顺。不同于前两轮国有股减持的尝试，此次改革启动时，内地市场正处于一轮持续近四年的大熊市。《减持国有股筹集社会保障资金管理暂行办法》发布后，上证指数从2001年6月底的2 218.03一路下滑至2005年4月底的1 159.15，跌幅达47.7%。如此长时间的持续下跌是监管层急于从根本上解决股权分置问题、提振投资者信心的主要动力之一。从估值角度来看，上证指数的市盈率在同期也由59.4倍大幅缩小至16.8倍。

此次改革不仅为非流通股引入了定价机制，大幅提振了公司管理层和投资者的信心，还为上市公司打开了融资渠道，扩大了资本市场的操作空间。中国证监会的数据显示，A股股权分置改革推行后，内地市场融资总额［IPO（首次公开募股）+增发+配股］由2004年的642.78亿元大幅上升至2006年的2 335.22亿元，2007年的融资总额高达7 791.56亿元。这些因素在很大程度上推动了内

① 资料来源：万得资讯。

地市场2005—2007年的大牛市。股改方案修改前后的平均送出率和送达率见表1－3。[①]

表1－3　股改方案修改前后的平均送出率和送达率

股改方案修改	家数	修改前平均送出率（%）	修改前平均送达率（%）	修改后平均送出率（%）	修改后平均送达率（%）	修改前后送出率差（%）	修改前后送达率差（%）
全部证券	1 068	14.87	21.79	17.29	24.41	2.47	2.62
沪市	665	14.25	22.02	16.60	25.13	2.38	3.11
深市	403	15.95	21.41	18.51	23.23	2.62	1.80
含B股	70	9.02	27.45	10.77	31.64	1.75	4.21
国家控股	739	15.25	23.39	17.78	26.04	2.49	2.65
其他控股	321	13.89	17.97	16.06	20.50	2.43	2.50
中央控股	28	10.28	24.67	12.82	29.01	2.54	4.34
ST股	49	15.82	18.42	18.20	20.20	2.39	1.57

H股“全流通”，意味着什么

H股“全流通”

中国证监会于2017年12月29日宣布，启动H股上市公司“全流通”试点工作。港交所数据显示，截至2017年年底，香港共有252家H股上市公司，占香港股票市场总市值和2017年总交易金额的比例分别为19.9%和34.8%。受益于沪深港通机制，H股上市公司的市值和交易金额占比在2017年同比分别增长27.1%和39.9%，较2016年的增速大幅加快。

252家H股上市公司中，有98家为A/H两地上市公司，因非流通内资股也可在内地交易所上市交易，所以这些公司不存在必须

① 资料来源：万得资讯。

通过H股才能实现“全流通”的问题。截至2018年1月2日，剩余的154家H股上市公司非流通股股权的等价市值合计约为2.62万亿港元，是目前这些公司已流通H股市值（1.14万亿港元）的2.3倍，相当于2017年年底香港股票市场总市值的7.7%左右。此外，这些公司中非流通股股本占比超过60%的高达120家，其中不乏总市值超过千亿港元的大盘股，如邮储银行、中国电信、中国财险等。H股上市公司非流通股市值排名（前20名）见表1－4。[①]

表1－4　H股上市公司非流通股市值排名（前20名）

证券简称	总市值（亿港元）	流通股市值（亿港元）	非流通股市值（亿港元）	非流通股市值占比（%）	行业	公司属性
邮储银行	3 346.6	820.1	2 526.5	75.5	金融	中央国有企业
中国电信	3 043.1	521.8	2 521.3	82.9	电信服务	中央国有企业
中国财险	2 292.5	711.1	1 581.4	69.0	金融	中央国有企业
中国人民保险集团	1 688.5	347.3	1 341.2	79.4	金融	中央国有企业
中广核电力	977.1	240.0	737.1	75.4	公用事业	中央国有企业
中国信达	1 122.0	398.9	723.1	64.4	金融	中央国有企业
众安在线	1 033.3	330.3	703.0	68.0	金融	公众企业
中国再保险	751.9	118.2	633.7	84.3	金融	中央国有企业
浙商银行	790.2	167.0	623.2	78.9	金融	公众企业

① 资料来源：万得资讯。

（续表）

证券简称	总市值（亿港元）	流通股市值（亿港元）	非流通股市值（亿港元）	非流通股市值占比（%）	行业	公司属性
联想控股	691.6	115.0	576.5	83.4	金融	中央国有企业
北京汽车	789.9	218.5	571.4	72.3	可选消费	地方国有企业
东风集团股份	832.3	275.9	556.5	66.9	可选消费	中央国有企业
国药控股	946.3	407.9	538.4	56.9	医疗保健	中央国有企业
中国华融	1 457.3	934.1	523.2	35.9	金融	中央国有企业
中国民航信息网络	708.1	225.7	482.5	68.1	信息技术	中央国有企业
广州农商银行	581.6	107.9	473.7	81.4	金融	公众企业
富力地产	623.2	196.4	426.9	68.5	房地产	外资企业
中信建投证券	513.0	89.3	423.8	82.6	金融	公众企业
中国通号	545.0	122.1	422.9	77.6	电信服务	中央国有企业
重庆农村商业银行	562.0	141.2	420.8	74.9	金融	公众企业

注：数据截至2018年1月2日。

H股“全流通”与A股股权分置改革的比较

（1）改革的目的。

从最直观的角度来看，2005年A股的股权分置改革和H股“全流通”的目的均是赋予非流通股流通权。前者需要解决的深层次问题是，股权分置引起的不同股东利益不一致、投资者信心极度匮乏，以及上市企业融资困难和社保资金不足等。相对而言，除了深度绑定大股东与其他股东的利益，打开融资渠道和扩大资本操作空间以外，我们认为此次 H 股“全流通”的主要目的是提升公司的经营效率，促进“一带一路”相关企业的发展。

上市公司可以引入战略投资者，也可以用非流通股进行管理层股权激励或员工持股激励，从而提升公司的经营效率。如此，不仅能提高公司的管理和经营效率，也能更好地绑定上市公司与中小股东的利益。

“一带一路”建设是中国未来中长期发展的重要动力之一。作为全球重要的金融中心，香港市场能为 H 股上市公司提供良好的融资平台（2017 年，香港市场 IPO 融资金额和总股权融资金额在全球分别排第三位和第五位），助力企业推动与“一带一路”建设相关的投融资项目。

（2）市场环境。

如前文所述，2005 年内地推行股权分置改革时，市场正处于一轮长达 4 年的熊市，市场信心极度匮乏。

相比之下，H 股“全流通”改革启动时，香港市场正处于牛市，在 2017 年录得 36% 的涨幅（在全球主要市场中排名第一），恒生指数也突破 2007 年 10 月 30 日创下的历史高点 31 958.41 点，投资者信心高昂。此外，由于香港市场长期以来处于估值“洼地”，无论从 PE（市盈率）还是 PB（市净率）的角度来看，港股仍然是发达市场中最“便宜”的。互联互通机制开启后，香港“离岸”市场的属性不断改变，未来越来越多的 A 股投资者会利用港股通等渠道配置具备估值优势和长期投资价值的标的。

（3）改革方案的可能性。

从改革方案的角度来看，H 股“全流通”改革存在以下几种可能，但实施类似于 2005 年股权分置改革大规模对价补偿的可能性不大。

a. 上市公司的非流通内资股转换为可流通的外资股，并在港交所上市交易。短期内，上市公司股价可能会承压，但中长期流动性的增强将成为利好因素。另外，改革也有利于高成长性企业利用资本市场进行并购重组。在没有对价补偿机制的前提下，如果大股东或控股股东不选择减持，则其持股比例不变，不会有稀释效应。

b. 非流通股转换为流通股后，上市公司通过配股或其他方式引入战略投资者。短期内，上市公司的股价会受到配股方案定价的影响。除了提高流动性和扩大资本市场的操作空间外，引入战略投资者还有望大幅改善公司的股权结构，提升公司的经营能力，成为公司股价表现的长期利好。

c. 非流通股股东为其持有的非流通股获得流通权而对流通股股东进行对价补偿。

前两种改革方案的可能性较大，第三种可能性较小。

H 股“全流通”的意义：沪深港市场进一步一体化

与 2005 年的 A 股股权分置改革类似，H 股上市公司“全流通”试点的开展将使其迎来新一轮股权改革的机遇，盘活存量资产，打开融资渠道，也将为巨量非流通股引入市场化定价机制。

除了实现大股东与其他股东的利益一致外，H 股“全流通”解决了困扰中国内地与香港地区两地资本市场特有的历史遗留问题，提升了投资者的信心。同时，H 股“全流通”后，将提高 H 股上市公司在各项全球指数中的权重，流动性的增强也会提升其对海外投资者的吸引力。更重要的是，长期来看，这会提高公司治理能力和竞争力，并吸引更多的内地企业赴港上市，有利于香港资本市场的发展。

第二章

从A/H价差看两地资本市场的异同

过去 20 年，什么在驱动 A/H 折溢价

随着 A/H 两地资本市场进一步融合，许多投资者会问：A/H 折溢价会缩小吗？要解答这个问题，首先我们看一下，在过去 20 年，是什么在驱动 A/H 的折溢价。

基本的股票定价模型告诉我们，股票的价值应等于公司未来的红利（或现金流）在当前的贴现值，即通俗意义上说的，股价的决定因素在于企业盈利（分子）和折现率（分母）。作为分母的折现率包括无风险利率和风险溢价，前者主要由本国央行视经济情况而定，后者主要由投资者结构决定，受到情绪的一定影响。

从定价模型出发，对于 A/H 两地上市公司，由于公司相同，企业盈利相同，A/H 股价的差异来自折现率。由于港元与美元的联动体系（Linked System）（见图 2－1），[①] 香港金融市场的无风险利率水平与美国市场相当，否则，无风险套利存在可能。美联储（美国联邦储备系统的简称）长期保持低利率水平，导致香港的利率水

① 资料来源：万得资讯。

平在过去很长一段时间内接近零（见图 2－2）。①

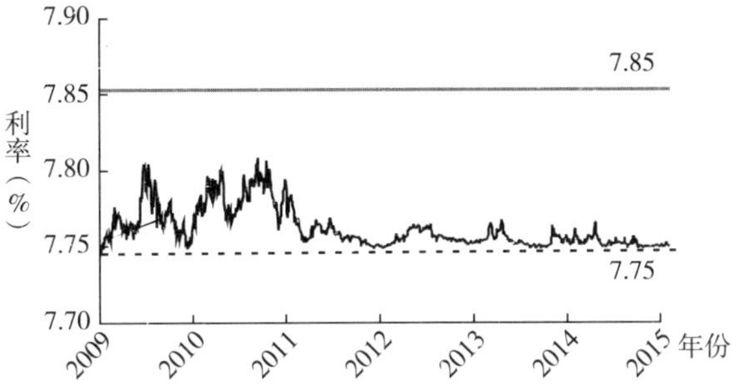

图 2－1　港元与美元的联动体系

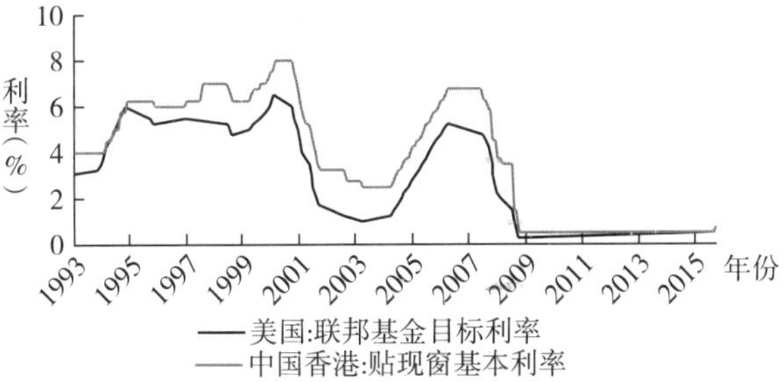

图 2－2　香港利率基本跟随美国利率

内地金融市场的无风险利率由内地央行决定，2008 年全球金融危机后，内地金融市场无风险利率明显高于美国。相同的公司盈利相同，无风险利率内地高于香港，所以，A 股应该对港股折价。但事实并非如此，A 股长期相对于港股溢价，并在沪港通后达到历史新高。具体如图 2－3 所示。②

所以，A/H 折溢价的决定因素，并不是企业的盈利或利率水平，而是投资者的风险偏好。

从本质上说，不同市场的风险偏好由投资者群体的特征决定。

① 资料来源：万得资讯。

② 资料来源：同上。

图 2-3 A/H 溢价在沪港通开通后加大

首先，我们从量化指标来看，换手率越高的股票往往对应着更激进、风险偏好更高的投资群体。内地市场以散户为主，香港市场以机构投资者为主，其中海外机构投资者占比最高，达 35% 以上，本地机构投资者占 25%，两者合计 60% 以上。将个股的 A/H 折溢价与对应的股票交易活跃度对比后发现，A 股溢价越大的股票换手率越高，这符合 A 股散户的交易特征。

其次，内地市场的投资者偏爱小盘成长股，香港市场的投资者偏爱大盘蓝筹股。这种偏爱的背后，是两地市场给不同股票的“流动性”溢价。在内地市场，投资者喜爱小股票，交易偏向小市值股票，导致小股票在内地市场的流动性较好。在香港市场，机构投资者喜好大市值品种，导致香港市场的大股票流动性较好，更受投资者欢迎。A/H 两地上市公司股票的折溢价与市值如图 2-4 所示。①

再次，在香港市场，海外投资者（特别是欧美投资者）更多是将港股作为投资内地资产的一种替代。作为新兴市场，内地的投资者受到全球投资者对新兴市场整体的风险偏好（抬升/规避）影响，MSCI（摩根士丹利）新兴亚洲指数与 MSCI 中国指数的相关度高达 78%，同期与沪深 300 指数的相关度只有 36%，具体如图 2-5、图 2-6 所示。②

---

① 资料来源：万得资讯。

② 资料来源：同上。

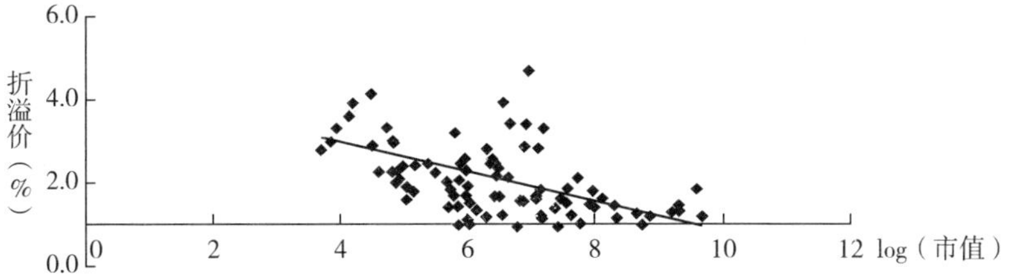

图 2－4　A/H 两地上市公司股票的折溢价与市值

注：数据截至 2015 年年底。

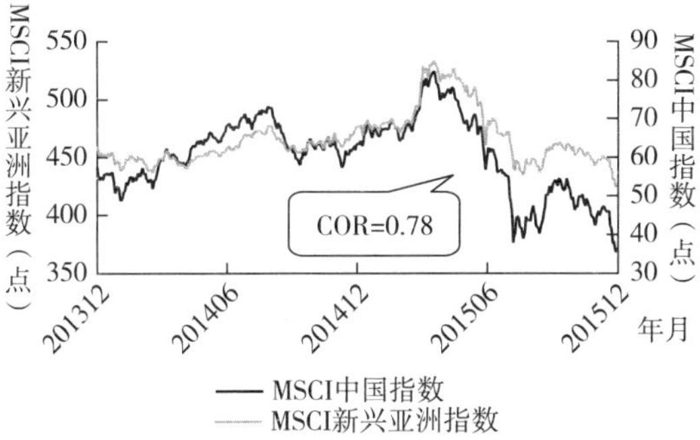

图 2－5　MSCI 新兴亚洲指数与 MSCI 中国指数

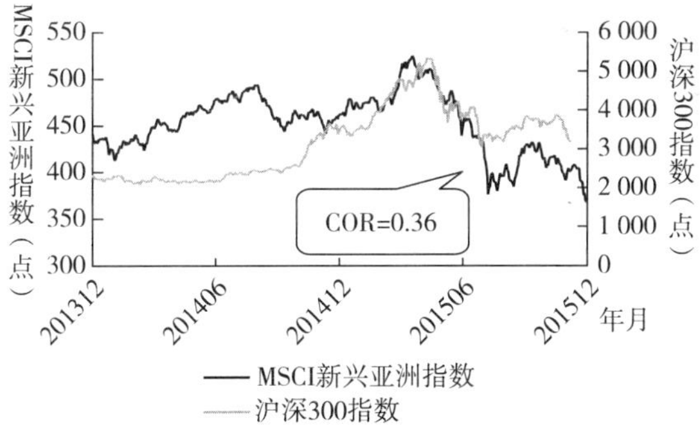

图 2－6　MSCI 新兴亚洲指数与沪深 300 指数

以上这些影响着港股投资者的风险偏好，其不仅取决于股票本身，还取决于全球投资者对新兴市场整体的风险偏好（抬升/规避），港股公司定价与全球同类上市公司的定价密切相关。而在内地市场，由于投资者的选择范围有限，股价多对标内地相似标的，股价表现也更多地由内地货币环境驱动。

简而言之，A/H 股的折溢价源自不同市场的风险偏好，其背后是不同的投资者。但在互联互通机制下，这些都将改变。海外机构投资中国公司，由于对公司不了解，信息不透明，需要折价，但对 A 股投资者而言，这些问题并不存在。两地将逐步走向“统一市场”，A/H 折溢价将收敛，而风险溢价的降低将成为驱动港股中期上涨最核心的因素。

港股“A 股化”：“离岸”市场的“在岸化”进程

沪深港通后，内地资金南下进入香港市场，同时，香港越来越多的资金北上进入内地市场，这对两地市场的投资逻辑产生了极大的影响，以至于市场上产生一个流行词叫港股“A 股化”。那么，两地市场互联互通究竟意味着什么？要解答这个问题，首先需要回答资本是如何进入并认知一个陌生市场的。

内地资金南下的“三层认知”

熟悉中国资本市场的投资者有个共识，即港股具有机构属性，A 股具有散户属性。本轮南向资金投资于香港市场更多是机构投资者行为，机构该如何认知这个市场呢？有一点是确定的，机构投资者只可能购买熟悉的资产。因为机构投资者不同于散户投资者，散户投资者购买一两万元，甚至十几万元的股票，可以快进快出，而机构投资者通常进行上千万元甚至上亿元的投资，很难快进快出，因而没有任何机构投资者会投资自己不熟悉的股票。并且，以香港市场的流动性，市场上没有散户投资者会接盘。

对于海外资本而言，要想进入一个全新的市场，需经历三个认知层次。

第一个层次，金融板块。机构投资者进入一个全新市场的天然桥梁是当地的大型金融机构，例如当你抵达伦敦，在机场的廊桥上，你首先看到的是 4 个大字母：H，S，B，C；而在北京，你看到的可能是中国银行。大型金融机构包括银行、券商、保险，它们是第一个层次中被熟知的股票。

第二个层次，高分红的稳健股票。当年，海外机构投资者爱上大秦铁路，是因为有稳定的回报。当时，人民币按平均每年 5% 的比率稳定升值，如果一只股票能稳定提供 5% 左右的分红率，海外机构投资者一年就有 10% 以上的预期回报。而现在，情况相反，如果人民币有每年 3% ~5% 的贬值预期，加上港股高分红品种的稳定回报，这将是一个稳定的预期回报。

其中一个关键因素是稳定的高分红品种，其也可以作为债券来买。这不涉及对行业和上市公司经营前景的精准判断，只要公司经营稳定，同时愿意将盈利分红出来即可。对于一个刚进入市场的机构投资者来说，对行业更深层次的判断需要一定的认知过程。

第三个层次，也就是认知曲线的最后阶段，个股研究和细分龙头。例如，海外机构投资者后期开始购买 A 股的恒瑞医药、海康威视等，是因为他们具备了个股研究能力，可以对行业和上市公司的经营前景做深入了解。通过对细分行业格局的判断，他们选择优质上市公司进行投资。

我们看到，海外投资者走完这三个层次大概花了 5 年时间。当然，不排除有些机构投资者一开始就细分选股，直接跳到第三个层次，但大部分的机构投资者需要学习，关键是还需要了解新市场对人才或者投资者的培育，这些需要时间的积累。

内地投资者投资香港市场与海外机构投资者投资 A 股有一点不同：海外机构投资者认知中国 A 股基本上是一个“从无到有”的过程，而在香港市场，内地公司占比极高，内地投资者只是在了解一个股票在香港发行的内地上市公司而已，所以这一认知过程可能只需要2年或者1年。

目前，一些内地资金对香港市场已有相当的了解，它们的投资经理已在香港耕耘多年。内地资金在购买银行保险的同时，也会购买吉利汽车。总体而言，大多数投资者倾向于追求稳健回报。这和基金背后资金的属性有相当的关系，因为银行理财或保险性质的资金的投资追求稳定回报。

两地互联互通对两地市场的影响

A/H两地市场融合是大背景，但A股与港股的市场制度和投资者不同。

即使从基本面理解，A股和港股的投资者也存在巨大差异。A股投资者可能更关注行业赛道、未来成长的空间等。除非出现极端情况，否则A股投资者不太关注现金流、杠杆率等日常变量。对港股投资者而言，现金流、杠杆率等是非常重要的。之前和内房上市公司交流时，他们提出了一个问题：为什么港股与A股的地产估值差这么多，如何提高在香港的估值？香港的分析师给出一条良策：提高分红。可见，港股投资者对公司的盈利，特别是分红有多么关注。

这并不难理解。香港市场充斥着来自世界各地的投资者，他们与公司管理层不可能都有深交，可能有些都不了解，只见过公司的投资者关系代表（IR），他们进行投资不可能依赖几页PPT或一个故事，唯一能依赖的是“真金白银”的业绩。这就导致香港市场注重公司的内生增长，在自身行业地位的提升，以及取得更多的市场份额等，而现金流的改善和杠杆率的降低，从侧面说明公司的经营稳健，客户群体好，公司有“现金”来分红。

在香港，公司一旦提出要拓展新业务，投资者的第一反应就是开始1~2年为净资本开支，没有盈利，新业务的前景不明，是不是得减仓了。而在内地，公司拓展新业务，特别是“新经济”业务，公司的估值就从传统行业估值切换到“新经济”估值。这就是典型的“离岸”和“在岸”投资者的不同。

更重要的是，香港市场是真正的立体化交易市场。香港市场作为面向全球开放的国际金融中心，其交易产品的主要结构（见图 2－7）① 更加多样、交易手段更加丰富，金融创新的限制也远少于内地。按照港交所的划分标准，香港市场的交易产品主要分为证券产品和衍生品两大类。证券产品中除了传统的股票、债券类产品外，还包括经济转型计划（ETP）、结构性产品等创新型产品，而衍生品则包括股指类衍生品、股票类衍生品、货币类衍生品等，种类更加丰富。在交易方式上，港股的融券卖空类交易也比 A 股更普遍。

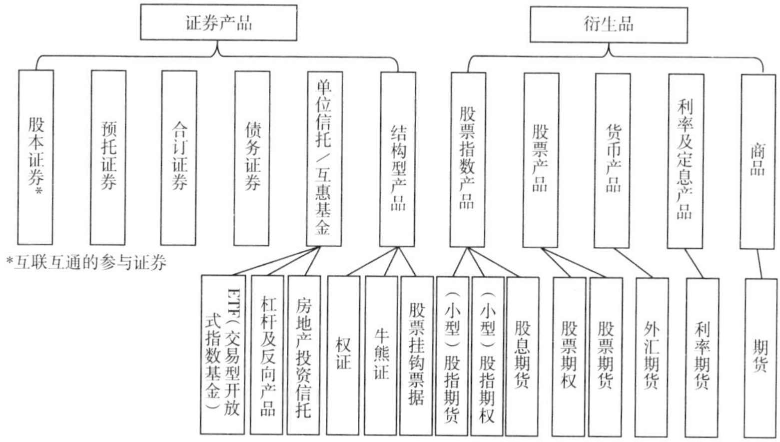

图 2－7 香港市场交易产品的主要结构

所以，港股“A 股化”是“离岸”市场的“在岸化”进程，投资者结构将发生潜移默化的改变。随着内地资金的深度参与，港股投资者的结构发生改变，内地资金及其背后的信息优势，将使其取得一定的话语权。

---

① 资料来源：港交所。

“离岸”市场“在岸化”

之前的香港市场是典型的“离岸”市场，中国经济的下行风险往往伴随汇率风险的释放，两种风险叠加，使海外投资者习惯抛售“中国相关资产”，港股估值可以“跌不见底”。同时，中国经济处于从“高增速”向“中低增速”过渡的换挡期，这使港股的“洼地”现象难以改变。

内地南向资金的参与，使香港慢慢从一个纯粹的“离岸”市场体系向“在岸”市场体系靠拢，直接影响是估值中枢抬升了（见图2－8）。① 2017年年底，港股恒生指数估值为12.5x（TTM），2017年全年盈利的增速为25%左右。但横向对比发现，香港依旧是全球最便宜的市场之一。发达国家股指盈利的增速为10%～15%，美股标普500的市盈率是23x（TTM），纳斯达克市盈率是39x（TTM）。

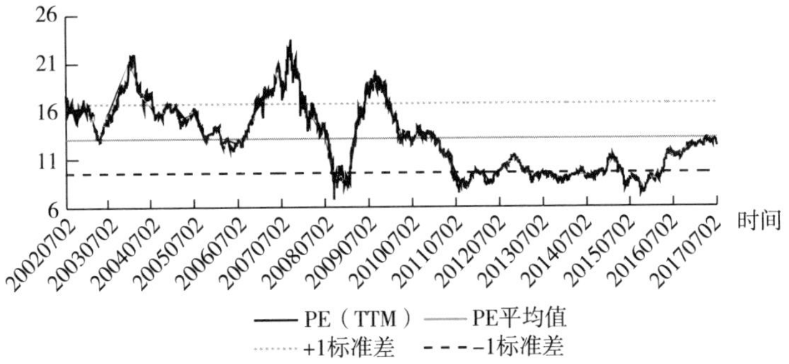

图2－8　香港市场的估值抬升

估值中枢抬升的原因是，内地南向资金在改变港股传统的投资逻辑。认知曲线的渐进从A/H两地上市公司开始，蔓延到“稀缺”的细分龙头。例如汽车行业，A/H两地上市公司长城汽车和广汽集

① 资料来源：万得资讯。

团的港股通持股比例在 20% 以上，而港股中的一些 A 股“稀缺”品种，如正通汽车、中升控股等的港股通持股比例已上升到 2% ~ 4%。南向资金在港股部分行业和公司中的占比已显著提高，对行业的投资逻辑产生了深刻的影响。

这种投资逻辑的变化，我们将在本书之后的章节详细讨论。这种变化可以简单概括为，投资者从单纯“盈利周期判断”向“跑道判断”（行业趋势判断）转变。

第三章

登陆香港资本市场

小米上市与香港创新板

5 年前的香港，错失阿里巴巴

2018 年 4 月 24 日，港交所正式公布《新兴及创新产业公司上市制度》，针对三类公司的上市规则做出修订，开启了香港市场“改善上市公司结构”之路。三类公司包括尚未有收益的生物科技公司、采用非传统管治架构（“同股不同权”）的公司，及拟在香港做第二上市的内地公司。

这是 25 年来香港上市制度的最大改革，在这次改革中，小米成为首家在香港上市的“同股不同权”的公司。5 年前，阿里巴巴曾试图在香港寻求上市。但由于当时港交所不接受“同股不同权”的架构，而阿里巴巴的合伙制涵盖了这种双重股权架构（软银集团和雅虎合计持股 60% 左右），公司最终放弃在香港上市。5 年后的 2018 年，香港的上市体制改革终于迈出重大一步，解决了是否接纳不同投票权架构公司、未盈利公司上市等议题，这在世界任何一个市场都是很难抉择的问题。

首先是关于中概股的 VIE（可变利益实体）结构。阿里巴巴的上市主体是在开曼群岛注册的阿里巴巴集团控股有限公司，阿里巴巴在境内设立各子公司［如淘宝（中国）软件有限公司和浙江天猫技术有限公司］，这些子公司通过协议控制着各经营实体（如浙江淘宝网络有限公司和浙江天猫网络有限公司），这些经营实体均是由马云和谢世煌持股的内资公司。阿里巴巴主要业务的 VIE 结构如图 3－1 所示。[①]

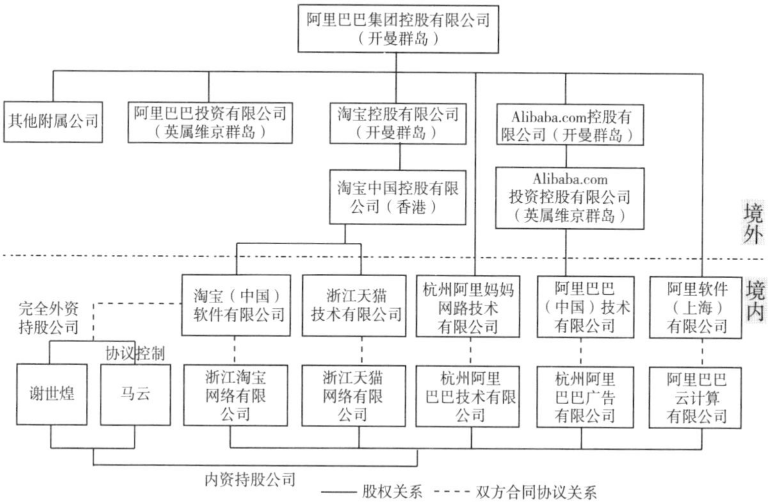

图 3－1　阿里巴巴主要业务的 VIE 结构

阿里巴巴将股份存托在存托机构花旗银行（Citibank, N. A.），花旗银行指定花旗银行香港分行为托管机构，并在其中存入阿里巴巴发行的普通股，而后花旗银行以新增的阿里巴巴普通股为基础向美国投资者发行美国存托股份（American Depositary Shares，简称“ADS”）。

阿里巴巴上市之前的股东也可将持有的股份转为美国存托凭证（American Depositary Receipt，简称“ADR”）后在美国证券市场流通。阿里巴巴老股东将普通股存进托管机构花旗银行香港分行，而后存托机构花旗银行将这部分普通股转化为 ADR。这样一来，老股东也能将 ADR 卖给美国投资者，从而达到变现的目的。持有阿里巴巴

① 资料来源：阿里巴巴官网。

ADR 的投资者实际上是存托机构花旗银行的股东，他们拥有普通股的分红权利，也可间接获得投票权，投票权方式一般由存托机构确定。当然，投资者也可以向存托机构申请，将 ADR 转换为阿里巴巴普通股后转回，只是这一过程需缴纳一定的费用。因为 ADR 的购买者不是阿里巴巴的股东，所以他们很可能面临无法分配普通股股利和无法实现与普通股自由转换的风险。阿里巴巴 ADR 的 IPO 架构及阿里巴巴老股东股份转让的 ADR 架构如图 3－2、图 3－3 所示。①

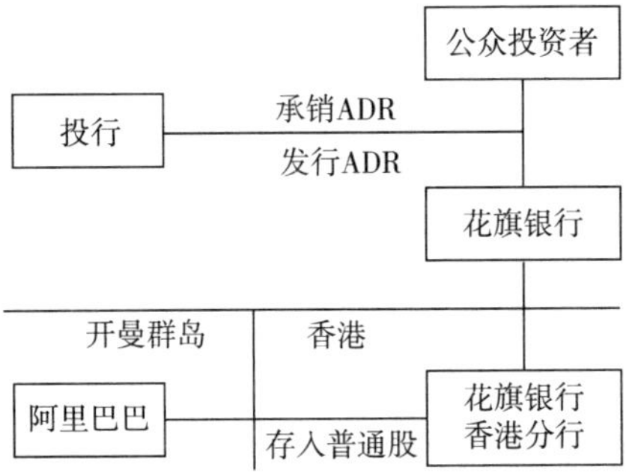

图 3－2　阿里巴巴 ADR 的 IPO 架构

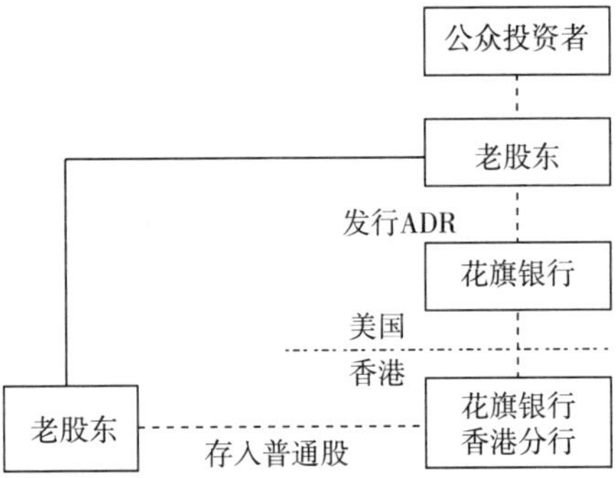

图 3－3　阿里巴巴老股东股份转让的 ADR 架构

这些年，赴美上市的中国互联网巨头们

2014 年 9 月 19 日，阿里巴巴成功在纽约证券交易所（简称“纽交所”）挂牌上市。上市当日，阿里巴巴总市值达 2 334 亿美元

① 资料来源：阿里巴巴官网。

（约合人民币 1.47 万亿元），受到全球投资者的追捧。这反映了在过去的 10 年中，“新科技”和“新经济”已成为驱动世界经济发展的新浪潮，深刻地影响了中国人的生活。“新经济”在推动社会进步的同时，也创造了激动人心的投资机会。

中国科技公司赴美上市的载体 ADR，是由摩根大通公司（JP Morgan Chase）于 1927 年 4 月 29 日推出的一种创新型金融工具。当时，英国百货公司塞尔弗里奇公司（Selfridges）被美国投资者看好，而英国法律规定，本国企业不得在海外登记上市，从而阻碍了海外投资者的投资。为了解决这个难题，摩根大通公司设立了塞尔弗里奇公司股票的 ADR，指定在美国与英国有分支机构的一家银行负责存托该公司股票，并向美国投资者发放 ADR。

存托凭证的出现，使得塞尔弗里奇公司股票的买入与卖出无须在英国进行，可直接在美国的证券市场流通。另外，负责存托股票及发放存托凭证的银行还会帮助美国投资者进行配股、分红等，进一步方便了跨国投资。

截至 1961 年，约有 150 家外国公司在美国发行了 ADR，1978 年公司数量增加到 400 家。自 20 世纪 80 年代以来，美国金融管制放松，ADR 数量大增，其中以日本公司为代表的亚洲公司的占比明显上升。1984 年年初，500 多家发行了 ADR 的公司中，来自日本的超过了 1/4。①

自 1993 年以来，中国公司陆续通过 ADR 登陆美国股市。其中，耳熟能详的中国公司有阿里巴巴（BABA）、百度（BIDU）、网易（NTES）、携程（CTRP）等。截至 2017 年，在美国两大交易所（纽交所和纳斯达克②）上市交易的中国公司共有 89 家，主要集中

---

① 资料来源：The Regulation of American Depositary Receipts：Americanization of the International Capital Markets。

② 纳斯达克证券交易所的简称。

在信息技术（32家）、可选消费（22家）、金融（12家）等行业。从市值角度来看，89只ADR的流通市值合计1.4万亿美元，占比排前三位的是信息技术（44.1%）、能源（21.2%）和电信服务（18%）。具体见表3－1。①

表3－1 在美国两大交易所上市的中国公司的行业和市值分布

行业	公司数量（家）	比例（%）	流通市值（亿美元）	比例（%）
信息技术	32	36.0	6 187.0	44.1
能源	4	4.5	2 979.9	21.2
电信服务	3	3.4	2 522.4	18.0
可选消费	22	24.7	1 226.0	8.7
金融	12	13.5	411.9	2.9
工业	6	6.7	389.8	2.8
医疗保健	4	4.5	140.2	1.0
公用事业	2	2.2	99.2	0.7
材料	2	2.2	78.0	0.6
房地产	1	1.1	3.4	0.0
日常消费	1	1.1	0.4	0.0
合计	89	—	14 038.2	—

自2012年以来，共有103家中国公司以ADR上市，累计募集资金4 773亿美元。受益于阿里巴巴的IPO，2014年ADR IPO共募集资金2 705亿美元，远高于过去六年728亿美元的均值。2017年，以ADR上市的公司数量和募集资金都较前两年有明显的反弹。

香港创新板

“新经济”和“新科技”的崛起，对市场提出了直接的挑战。香港创新板的落地和小米上市，标志着香港正式加入这场全球“新经济”的盛宴。

① 资料来源：www.topforeignstocks.com。

作为亚洲主要的上市交易场所，香港聚集着来自不同国家和地区，与亚洲有业务联系的国际公司。香港之所以能一直位居全球IPO市场的前列，依赖于其健全的司法制度、国际标准和惯例，以及机构投资者和散户的活跃参与。香港是内地与全球资本市场的主要连接，在内地经济发展中扮演着重要角色。20多年前的香港，成功推出H股上市机制，为内地一批进行股份制改革的国企提供了上市机会，也使香港成长为国际金融中心。目前，香港面临的一大挑战是，已上市公司中处于低增长行业的公司数量占比过高，影响了市场的活力，如图3－4所示。① 在“新时代”下，只有能够聚集“新经济”上市公司和“新经济”投资者的金融市场，才有可能占据新的领先地位。只有与时俱进，开拓进取，才能适应新的市场环境，这是资本市场永恒的主题。

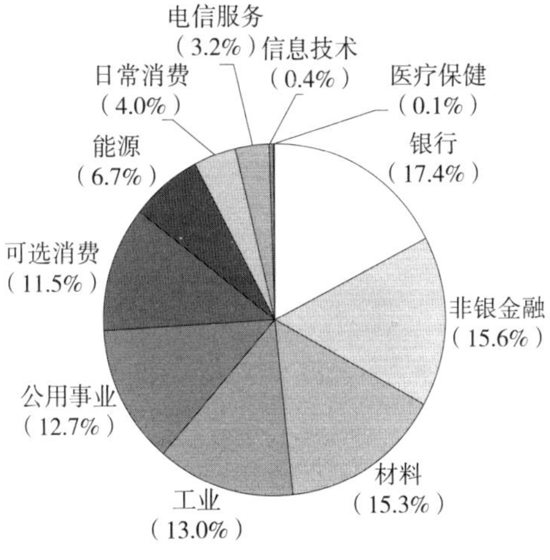

图3－4　H股上市公司的行业分布

改革后的香港上市机制支持创新型公司融资，香港创新板将在主板上市规则中引入尚未盈利的生物科技公司和不同投票权架构的“新经济”公司来香港上市的规则，并修改第二上市的相关规则，

① 资料来源：万得资讯。

方便更多已在主要国际市场上市的公司来香港进行第二上市。这将巩固其中国“离岸”金融中心的地位。

MSCI 中国指数中不同股票的比例如图 3－5 所示。① MSCI 中国指数纳入中概股 ADR 后的占比如图 3－6 所示。②

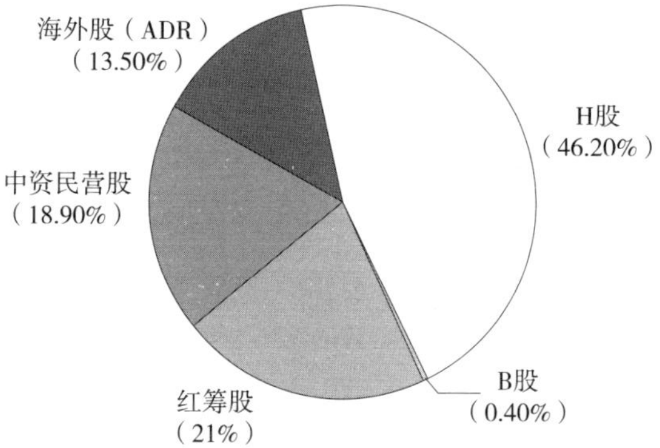

图 3－5　MSCI 中国指数中不同股票的比例

注：数据截至 2017 年年底。

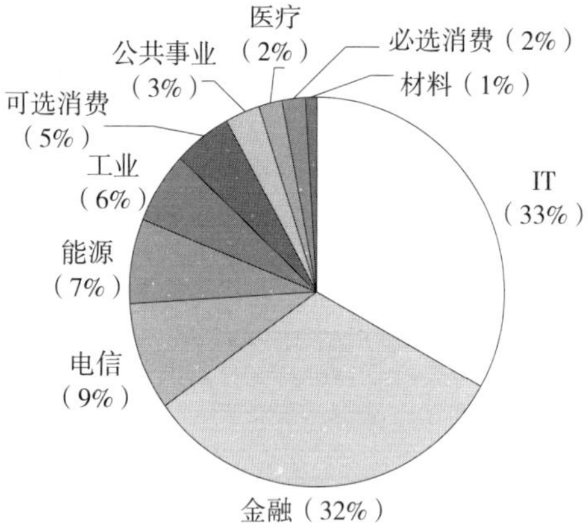

图 3－6　MSCI 中国指数纳入中概股 ADR 后的占比

注：数据截至 2017 年年底。

---

① 资料来源：MSCI。

② 资料来源：同上。

25 年以来最大的改革：迎接“新经济”

根据港交所发布的《新兴及创新产业公司上市制度》，未来港交所将接纳三类公司在香港上市。

（1）未能通过财务资格测试，不符合目前上市要求的生物科技公司，包括未有收益或盈利记录的公司。

（2）拥有不同投票权架构（“同股不同权”）的高增长及创新产业公司。

（3）在第二上市方面也做出改革，允许在纽交所、纳斯达克或伦敦证券交易所上市的以大中华地区为业务核心的公司，寻求在联交所做第二上市。

早在 2013 年，港交所就确定了海外公司在港交所进行主要上市和第二上市的要求，但明确限制了以大中华地区为业务核心的公司进行第二上市。此次新规针对此方面做出调整，规定此类公司可在香港做第二上市，进一步为以美股上市的“新经济”公司回归搭建桥梁，在制度上取得了重大突破。

在香港创新板，优秀“新经济”公司上市以及第二上市新规引导下的中概股回归，将为整个香港市场注入新的活力。目前，香港市场金融和地产行业合计市值占比仍高达 43.8%，而作为“新经济”代表的资讯科技业的总市值为 5.2 万亿港元，占整个香港市场市值的 14.8%。其中，仅腾讯控股的市值占比就高达 85%，若剔除腾讯控股，资讯科技业的市值占比仅为 2.2%。这体现了目前香港市场资讯科技业板块的多样性极其匮乏。目前，香港市场的交易活跃度仍然较低，远低于深圳和上海，较其他主要发达市场也低很多。香港市场各行业的总市值概览如图 3－7 所示。[①]

---

① 资料来源：万得资讯。

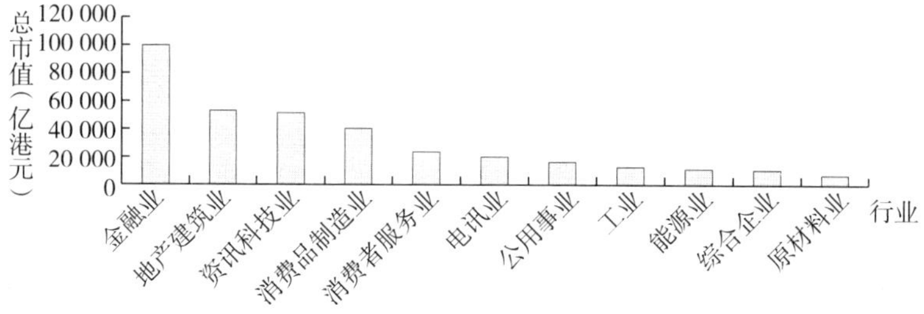

图 3－7　香港市场各行业的总市值概览

香港创新板的改革，将使香港市场更加多元化，也将吸引更多的投资者参与，香港将成为连接全球资本与大中华地区优质企业的平台。几乎同时，内地监管层推出了中国存托凭证（Chinese Depositary Receipt，简称“CDR”）。无论是阿里巴巴以 CDR 形式回归 A 股，“独角兽”们选择香港 IPO 再发行 CDR，还是中概股未来选择香港作为第二上市地，内地投资者都将能直接参与“新经济”的盛宴。在两地市场一体化进程中，中国资本市场也能孕育出更多世界级企业。

香港创新板的改革有三个方面值得注意。

第一，对无营业收入公司申请上市的放开，只针对生物科技公司，不包含其他新兴行业，如人工智能、大数据等。这由生物科技公司的独有特点决定。一般来说，无营业收入的公司处于高风险的早期发展阶段，投资者很难判断公司的发展前景。但生物科技公司的产品研发、制造和上市过程受到严格监管，每一阶段都有明确的监管标准，这一特点使得生物科技公司可以在资本市场提供清晰、具体的披露，供投资者来判断投资风险。

第二，在“同股不同权”的“新经济”公司中，对“新经济”的定义是关键。在香港现有的上市规则中，很多是按原则性定义来判断的，但原则性定义可能会带来一些主观判断的可能。根据原则性定义，能够对大部分的拟上市公司做出准确判断，但对少数公司的判断可能存在分歧，需要进一步辨析。港交所给出的判断“新经济”公司的基本原则是，看这家公司的主要发展驱动力是不是创新（包括技术创新与商业模式创新等），即看驱动公司发展的是传统意义上的有形资本（资金、固定资产），还是新时代的无形资产（专利、技术、模式创新等）。“新经济”公司可能来自生物技术、医疗保健技术、资讯技术服务、软件、电子商务等新兴轻资产行业，也可能来自传统行业的商业模式创新。需要注意的是，“新经济”公司的定义可能会随时间而改变。

第三，是投资者保护问题。新规则改变了以往只允许通过资本投入来获取控股地位的规定，允许“新经济”公司通过合同（公司章程）的形式来获取控股地位。为了应对未来可能出现的新问题、新风险，新规则还将对这一权利设定更具针对性的特殊投资者保护措施（如这种“同股不同权”无法继承，最大投票倍数为10倍等）。并且，创新板只允许专业投资者参与。如果设定十分严格的上市门槛，这些“新经济”公司将无法上市，但这些公司的性质，决定了其股票的投资风险较高，所以仅开放给专业投资者。

港股与A股上市：差异在哪儿

传统企业选择上市地，考虑的核心要素有三点。

其一，上市地一级市场的筹资能力、二级市场的流动性及后续融资能力。

其二，企业在不同市场的认知度及对应的估值水平，这与上市地是否是企业的主要业务和核心客户所在地，及当地投资者对企业的认同度关系很大。

其三，上市成本（包括初始上市成本及后续维护成本）、上市所需时间、上市后的监管成本和监管环境等。

香港市场汇集了大量多元化的投资者。香港一级市场的筹资能力极强，可支持大型 IPO 活动，进行不同规模的 IPO，同时有能力吸引可观数量的投资者参与，为募股（包括超大型募股）定出理想价格。香港二级市场的交投活跃、流动性大、安全、高效，是进行再融资及对冲的理想市场。

企业的认知度直接影响其在市场的估值水平。香港的独特优势在于连接了中国与国际市场，又经互联互通机制接触 A 股投资者，沪深港通为内地接通全球市场提供了方便有效的跨境渠道。香港的法律体制以英国普通法为基础，法制健全，为筹集资金的公司提供了坚实的法律基础。完善的监管机制、透明的程序、全面的上市指引，也极大地增强了投资者的信心，缩短了投资上市时间，降低了上市成本及上市后的监管和维护成本。

值得一提的是，对于“新经济”公司而言，香港推出创新板的同时，内地市场推出了 CDR 试点，支持重要的“新经济”公司上市。这些公司未来既可在香港创新板上市，也可在内地以 CDR 上市，两者并不排斥。在创新板改革后，香港市场基本拥抱了“新经济”公司，在不同投票权架构和收入门槛方面已经不存在制度上的重大障碍和劣势。与此同时，香港更接近内地市场，在文化、语言和交易习惯上更“接地气”，而互联互通又使在香港上市的公司可以直接引入 A 股投资者。与内地市场相比，香港市场更加国际化和市场化，监管基本以披露为本，在上市审批、发行结构、价格与时间安排上完全按市场原则监管，更加灵活。

具体而言，已公布的 CDR 规则不兼容无收入的公司，香港创新板上市目前是生物科技公司唯一的选择。CDR 的推出主要影响没有盈利或采用不同投票权架构的在境外注册的“新经济”公司上市，主要包括两类公司，一类是已经在国际市场上市的巨型中国民企；一类是仍未上市的“独角兽”。对于前者而言，如果被选中参与 CDR 试点，就先完成 CDR 上市。如果 CDR 不能与国际市场自由流通，这些企业未来可以考虑在香港上市，这样可以部分解决内地市场与国际市场的价格传导。对于未上市的在海外注册的中国“独角兽”来说，无论是否被选中参与CDR试点，都可以在香港市场做正股IPO。CDR是正股的预托证券，正股正常上市，不仅有助于CDR的价格发现，而且为发行人在现有境内外制度框架下提供了更有效、更灵活、更丰富的融资渠道。因此，“独角兽”的最优方案是CDR与正股同时上市。

简而言之，香港作为中国的“离岸”金融中心，处于国际市场与内地市场之间，既足够国际化，又了解中国的国情。

赴香港上市，需要知道的几件事

未来一大批“新经济”公司或赴香港上市，现简单介绍下香港市场的一些基本规则。香港市场的监管基础是法制，其上市制度的核心是注册制。赴香港上市，基本遵循以下几步。①

第一步，委任保荐人及其他专业顾问。新股成功上市的关键是委任有经验的专业顾问团队。专业顾问团队一般包括保荐人、承销商、外国及本地律师、会计师等。上市申请人须于提交上市申请前至少两个月委任保荐人，并于委任后五个营业日内书面通知港交所。公司务须征询专业顾问团队的意见，以商讨公司是否适合上市、上市所需时间和费用及在上市后将面对的问题、挑战与持续责任。

第二步，筹备上市。专业顾问团队对公司进行尽职审查，并协助拟备招股章程（此阶段的招股章程拟稿也称“申请版本”）。招股章程须具备一切所需资料，能让投资者做出有根据的投资决定。

第三步，向上市部提交上市申请表（简称“A1表”，包括申请版本）。如果A1表的资料大致完备，上市部会确认收悉，并在网站登载中英文申请版本。

---

① 资料来源：http：//sc. hkex. com. hk/TuniS/www. hkex. com. hk/Listing。

第四步，上市部审阅上市申请。上市部会对 A1 表进行详细审核，评估公司是否有上市资格、是否适宜上市、业务是否可持续、公司是否遵守规则并做出充分披露。首轮意见会于接获上市申请后十个营业日内发出。上市时间并没有一个预设的时间表，主要取决于公司回复的时间及质量。

第五步，上市委员会聆讯。上市委员会审阅新上市申请，确定申请人是否适合进行 IPO。

第六步，推广期。承销商一般会协助公司筹备推广活动，包括投资者教育及新股路演。

最后，在联交所上市。成功定价并分配股份给机构投资者和散户后，公司便会在联交所上市并进行买卖。

香港上市条例虽然复杂，但程序透明，上市指引全面，采用同一准则审批所有申请人。[①] 其对公司上市的财务要求主要有三点（主板上市符合其中一项即可）。

（1）盈利及市值，三年累计盈利不低于 5 000 万港元，市值不低于 5 亿港元。

（2）收入及市值，最近一年的收入不低于 5 亿港元，市值不低于 40 亿港元。

（3）收入、市值及现金流，最近一年的收入不低于 5 亿港元，市值不低于 40 亿港元，经营性现金流前 3 年合计不低于 1 亿港元。

除财务要求外，还需满足的基本要求有：

（1）最低公众持股量一般为 25%（如上市市值大于 100 亿港元可减至 15%）。

（2）至少有 300 名股东。

（3）管理层最近三年不变。

（4）公司拥有权和控制权最近一年未发生变化。

---

① 资料来源：http：//sc. hkex. com. hk/TuniS/cn-rules. hkex. com. hk/。

（5）至少有三名独立董事，并且需占董事会成员人数的1/3及以上。

（6）每半年提交一次财务报告。

最新落地的香港创新板改革，在上市规则中新增三个章节，对主板上市制度做出补充。

（1）容许未能通过主板财务资格测试的生物科技公司上市。

（2）容许拥有不同投票权架构的公司上市。

（3）为寻求在香港做第二上市的大中华及国际公司设立新的第二上市渠道。这些规定于2018年4月30日生效。

接下来，介绍香港IPO的费用①。在香港上市的成本包括支付给保荐人、法律顾问、会计师等专业顾问的费用。总费用因首次发行规模的大小而有很大差异，企业应准备将5%～30%的募集资金作为发行成本。其中，标准的承销费用为募集资金的3.5%～4.0%。需要注意的是，这里提到的都是直接上市成本。

其一，保荐人费用。这是总费用中较大的部分。保荐人一开始进场工作就会涉及这笔费用。一般情况下，保荐人费用的确定有一些约定的行规，通常根据发行规模和包装、推介难度来确定，为集资额的1%～10%。名气较大、经验较丰富的券商收费要稍高一些，但服务质量和效率也相对较高。

其二，佣金。佣金又叫承销折扣，是支付给承销商的费用，也是IPO的主要费用开支。它一般以筹资总额的一定比例来计算。该比例理论上最高为10%，具体与募股规模的大小、股票被认购的前景、承销商是否全额包销、发行过程的复杂程度、类似发行案例的佣金、企业上市后是否有进一步融资的机会等有关。

其三，佣金外支出。佣金外支出是企业付给承销商的另一笔费用，由于其具有不确定性，不能被列入公开发行的固定费用的预算

---

① 资料来源：《IPO的承销费用全程指引》。

中，具体包括企业上市计划实施中的一些必要的实报实销的开支，如邮资、电话费或传真费等，其中还有一项重要支出是广告费。

其四，法律费用。这也是一笔较重要的支出。如果首次公开发行的额度是800万港元，那么法律费用为17.5万~30万港元。法律文件主要是指公司简历，介绍公司是否握有其他上市公司的股权，是否在其他国家或地区有分支机构，是否有专利或专营权，公司结构如何重组，所有权的比例是多少等。

其五，会计师费用。与法律费用不一样，会计师费用差别并不悬殊，但审计报告的好坏对企业能否顺利发行上市至关重要。会计师费用主要是指建立一个符合上市公司规定的会计制度和审计所需的费用。一个项目的收费一般不低于100万港元。会计师费用是按项目进度分段收取的，即使最后上市不成功，所到阶段的费用仍然要支付。

其六，财务顾问费用。投资银行及财务顾问是IPO的专家，知道问题所在，通常会要求有一定量的股份或者股票选择权。

其七，上市的间接成本和开支。除了上述提到的显性和直接成本外，在公司争取公募发行的过程中，常常会有一些额外开支，如交通费、午餐费、文件复印费等。另外，协调分散在各地的律师、会计师、承销商等的开支也不小。

此外，还须考虑上市后交易所、证监会、保荐人、财务审计、律师等众多机构的严格监管，一家上市公司每年仅该笔费用就至少需支付100万~150万港元。

企业之所以产生上市的间接成本，主要是因为企业上市后，原来的企业主可能失去对企业的控制权，上市后，企业的很多决策不像上市前那样由几个人说了算，由于设立了董事会、监事会以及独立非执行董事，管理层在决策时需要考虑多方面的因素并履行许多义务。上市公司还必须定期召开董事会和股东大会，且召开董事会的频率要比私营企业高，程序更为规范。

同时，企业履行信息披露义务也要支付一笔费用。信息披露的目的是让投资者了解公司，确立对公司的信心。私营企业的经营风险由个别所有者承担，但上市公司的经营风险由社会公众投资者承担。上市公司必须把其内部关联交易及其他经营上的做法向社会公开。管理层必须持续地回顾并披露所有的关联交易。公司必须披露所有高级管理人员、董事以及其他可能知道公司内部经营情况的人员名单。对于公司管理人员的变动、盈利的增减、出售公司部分资产的计划，以及其他可能引起股价波动的因素，公司也必须陈述。

信息披露的义务对公司的日常经营活动会有一定影响。例如，公司可能有一项对公司总体有利的长期计划，但该计划可能对近期的经营有负面影响，披露该信息很可能使股价向下波动。另外，上市公司还有一个不便之处，就是很多决策必须提交股东大会审议通过。这其中需要遵循很多复杂的程序，而且对通知召开股东大会和股东大会实际召开的时间还有一定的限制，甚至对委托书的细节也有许多规定。

第四章

真正立体化的二级交易市场

融券做空：一个成熟市场的“双向机制”[①]

不可忽略的是，A/H 两地市场交易在双向交易上存在差异，分别为融券和做空。相对于内地，香港市场是真正立体化的交易市场。虽然媒体会有很多负面看法，但从市场交易的角度来看，无论是做空还是融券，并不一定会直接导致市场下跌，反之，会提供很大的流动性，令整个股票市场发展得更好，也使价格发现机制的运作更加顺畅。理解融券业务，是理解海外成熟的双向交易的前提。

港交所于 1994 年开始开展做空和融券业务，一开始做空的券比较少，以后每年港交所都进行改革，目前可以供卖空的股票已经有很多。什么样的股票能进入可卖空的名单呢？主要是一些指数成分股，也有一些在交易所跟期权、期货及结构性产品有关的股票，同时要看流动性指标，如公众的持股量需要达到一定的比例。交易所会定期更新这一名单。

除了做市商操作的一些股票可以免受卖空的限制，一般在做空

① 资料来源：《港股“再融资”是这次市场的风险吗?》，特别感谢李世豪对本文做出的贡献。

前，投资者必须拿到融券，融券不一定是把券放在户头，但在下单前，必须要有凭证，有融券权后，才可以下单给券商进行卖空。

卖空只能在交易的时段内进行。最重要的是，卖空价不能低于沽盘价。不只是香港，其他很多成熟的市场也有这项规定。到目前为止，港交所可卖空的股票有900多只，即香港上市公司的股票有40%以上可以做空。

2016—2017年，香港股票做空的交易量占股票总交易量的10%~15%，无论恒生指数是20 000点还是30 000点，整个市场的股票交易量没有太多变化，只是在2015年内地市场出现大幅波动时，香港的融券交易量增加得多一点，但往后一直很平稳。

1997—2007年，卖空交易量占股票总交易量的比例一直在增加，其他海外比较成熟的市场也是这样。市场上的机构投资者用更多交易手段交易，例如，对于一些对冲基金，机构投资者往往需要通过做空、融券来做一些对冲交易。

香港融券或证券借贷，与内地A股有什么不同呢？

证券借贷一定有出借方和融券方，两方都有需求，融券方向出借方提供股票、债券或现金等担保品，并每月向其支付利息。融券方必须把公司的权益还给出借方，不管是做空还是融券，只要拿出股票，就必须把这个权益归还给出借方。如果需要投票权，则需要一些特别的安排。

为什么会有融券的需求呢？融券方如海外市场券商、投资银行业、做市商都会有这些需求，主要是为了确保交易的顺畅。香港是“T+2”的市场，在做交易的当天到第二天之间，如果后台发生问题，没有券，就需要通过融券来确保交收。

当然，客户也可以通过融券做一些套利的做空交易，证券借贷对他们来讲可以获得额外的收益。出借方，如一些托管行和大股东，他们将股票放在账户里并没有什么作用，对他们来说，可以通过渠道增加一些额外的收益，即通过他们的股票得到一些额外的收益。通过做空，可以提高交割的成功率，也可以促进金融市场的高效运作。

出借方通常是大型机构投资者，如养老基金、保险公司、集合资管和主权财富基金。多数情况下，这些大型机构投资者不会自己找融券方，而是通过海外大型托管行，把股票借出去。

融券方一般是一些大型金融机构，如投资银行、做市商和券商等，其中对冲基金是最大的融券方，这些金融机构通过大型券商投资银行拿到想要的券，同时也可以“空单”的形式在市场上做交易。

对于出借方来说，如果融券方没有能力归还股票，或者抵押担保品低于原来的价格，他们就要想办法保护自己的权益。很多情况下，各种细节或概念需要在证券借贷的条款协议里表述清楚，并把涵盖的范围标清，因为市场变化很大，有一些条款在市场发生变化时并不适用。

出借人和托管人一般不能挪用客户的资产进行出借。只有与股东签了协议，确定了金额、期限、担保品以及一些风险条款，才能出借。

最后，关于投票权。出借人的券出借后是不能投票的，因为股票名义上已经不在出借人的账户里。投资者要想投票，必须通过管理人和托管行把股票收回来。这在不同的市场有不同的做法，很多时候要看股票持有人的决定会不会影响投票。一般而言，很多养老基金、对冲基金没有兴趣投票，所以融券方很喜欢从这些基金借券。

无论是卖空策略、中性策略，还是多空策略，都需要通过融券实现策略的目的。操作的策略包括可转债的套利策略、事件驱动的策略，这也必须通过融券做空才可以实现。

再融资制度：以注册制为基础的香港市场

对于上市公司而言，上市后的后续融资环境至关重要。香港市场和内地市场关键的制度区别是配售制度不同。

一般地，上市公司倾向于在股票交易较活跃时启动再融资程序，在股价较高时完成再融资。市场活跃（特别是“牛市”）期间，合理的再融资需求中混杂了圈钱套利的行为。同时，一些再融资具有突发性，也就是俗称的“闪电配售”，会对二级股价造成负面影响。

香港市场上市公司主要的再融资方式有供股、配售、公开发售和代价发行四种。

供股是指上市公司发行新股票，让现有股东按照一定比例认购，获得供股权证。因此，在形式上，港股的供股可以类比于 A 股的配股，但是两者的区别较大。A 股配股需要中国证监会等监管机构审批，而港股供股几乎没有审核要求。A 股配股对上市公司的盈利能力有一定的考核，整体流程耗时较长，一般需要 1 年左右的时间，而港股的供股流程可以短至一个半月。此外，A 股配股的目的仅限于集资，而港股上市公司还可能出于“卖壳”或减持的目的而宣布供股，所以容易出现“老千股”多次供股，通过压榨小股东来套利的现象。港股供股的整体流程如图 4－1 所示。[①]

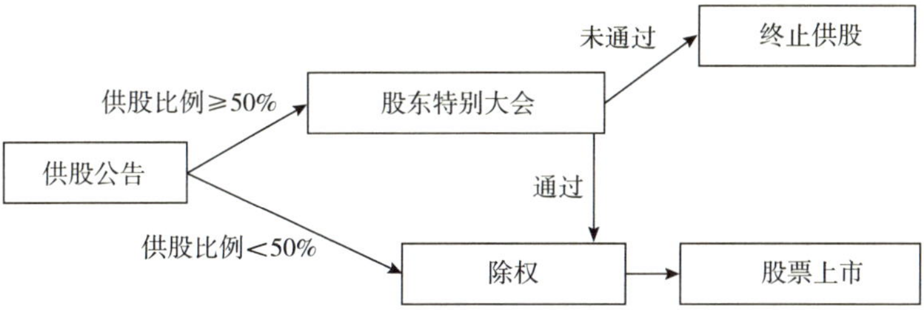

图 4－1　港股供股的整体流程

配售是指港股上市公司向特定机构定向发售股票。因此，在形式上，港股的配售可以类比于 A 股的定向增发。两者的区别同样体现在监管程度上。A 股定向增发需要经过监管机构在各环节的审

① 资料来源：港交所。

批，而且存在一至三年不等的锁定期；而港股的配售不存在监管审批，流程耗时较短。根据港交所的上市规则，上市公司一般会通过股东周年大会要求股东向董事会做一般性授权，公司在获得授权后，只要增发的比例不超过获得股东大会有关批准当天股本的20%，同时发行价折让不超过20%，就可以在该年度内进行任意次配股。

最常见的配售方式是“先旧后新”，即上市公司大股东先将自己的旧股票配售给特定的机构，然后公司增发新股票来恢复大股东的控股占比，这样能进一步加快融资，当晚委托投行募集资金，翌日即可发出公告，转移股权，而且能避开新股发售的禁售期。为了吸引更多的机构资金，公司一般会折价配售，再加上没有禁售期的限制，这给参与配售的资金带来天然的套利空间，所以港股的配售一般会造成股价大跌。

上市公司在进行收购、合并或分拆时，协议双方以该上市公司的股份作为支付手段，因此而发行的股份为代价股份，而这个过程就是代价发行。由于代价发行一般伴随着真实的交易，所以较难成为股东圈钱的方式。

公开发售是指上市公司面向公众发行新股票。因为公开发售没有“定向”的成分，融资效果的不确定性较大，所以其很少成为上市公司再融资的首选。

2010 年 1 月至 2018 年 1 月，香港所有上市公司共发起再融资 3 879 次，其中配售（2 533 次）是港股再融资的首选方式，之后依次是代价发行（739 次）、供股（358 次）、公开发售（249 次），具体如图 4－2 所示。[①] 在实际情况中，再融资次数与恒生指数的相关性相当明显。

为了进一步解析配售，我们对 2010—2017 年的相关配售数据

① 资料来源：万得资讯。

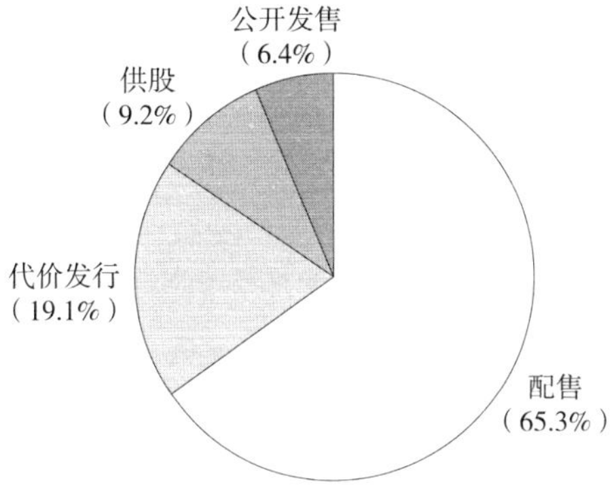

图 4－2 港股再融资的四种方式

进行了统计，具体见表 4－1。[1] 从行业分布来看，配售中排前三的依次是综合金融（除去银行保险的金融业）、地产和软件服务。综合金融和软件服务往往因为业务拓展的需要，会在牛市期间通过配售来融资，进而提高自身竞争力。此外，工业工程、石油及天然气、一般金属及矿石等资金密集型产业也倾向于将配售作为再融资的手段。

表 4－1 2010—2017 年配售行业的配售次数排名（前 10 名）

行业分类	次数
综合金融	288
地产	177
软件服务	177
纺织、服饰及个人护理	163
工业工程	159
媒体及娱乐	136
家庭电器及用品	135
石油及天然气	113
一般金属及矿石	113
酒店、赌场及消闲设施	112

① 资料来源：万得资讯。

从发行次数来看，2010 年 1 月至 2018 年 1 月，共有 931 家公司发起过配售，其中仅配售 1 次的公司占 43.6%，配售 2 次的公司占 19.9%，配售 5 次及以上的公司占 17.6%，配售 10 次及以上的公司占 2.5%。

从公司市值来看，配售次数多的公司的市值往往偏低。发起配售的 931 家公司在融资期间的平均市值约为 118.94 亿港元，配售次数在 5 次及以上的公司的市值在融资期间基本不超过 21.3 亿港元，远低于整体平均值，其中，西伯利亚矿业配售 16 次，相当于平均每年配售 2 次，其平均市值仅为 2.21 亿港元，而配售 13 次的汇创控股的平均市值仅为 8 800 万港元。

值得注意的是，近几年，港股再融资的次数明显减少。2017 年以后，再融资次数出现了明显下滑，2017 年港股再融资 423 次，较 2016 年下降 21.1%，而此段时间内恒生指数上涨了 34.9%。

从再融资的次数来看，2017 年港股再融资的次数不仅低于历年平均次数，甚至接近历史最低次数。2010—2017 年，港股创业板的年平均再融资次数为 102.8 次，高于 2017 年的 71 次，具体见图 4－3。① 港股主板年平均再融资次数为 380 次，高于 2017 年的 352 次，具体见图 4－4。② 再融资次数的整体下滑，表明其已经脱离了市场。香港市场在再融资方面的监管逐步收紧，这也是保护小股东的重要措施。

（1）香港证监会封杀“借壳上市”。

在“卖壳”的过程中，通过大折让、大规模配股取得控制权是较为常见的方式，因此配股与“借壳上市”有着密切的关系，从而影响了配股。2013—2016 年，香港市场出现了较为严重的“啤酒壳”事件，扰乱了金融市场。所谓的“啤酒壳”公司是指利用香

① 资料来源：万得资讯。

② 资料来源：同上。

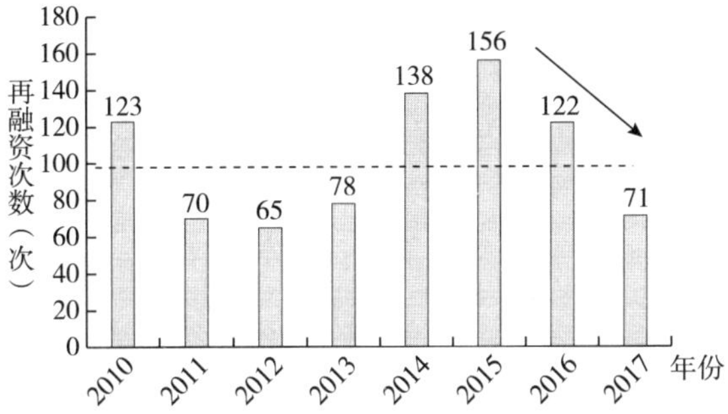

图 4-3　港股创业板再融资次数（2010—2017 年）

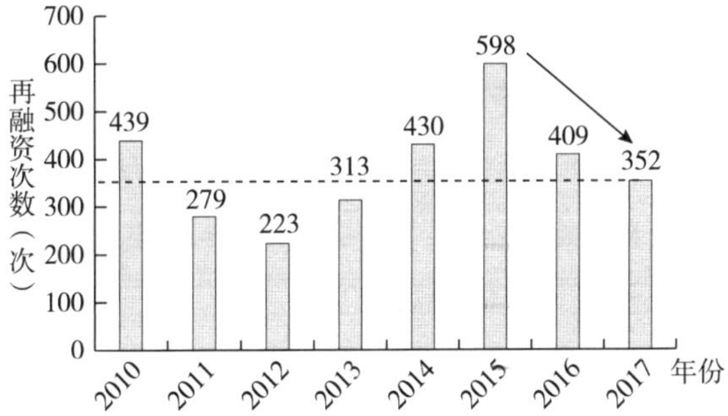

图 4-4　港股主板再融资次数（2010—2017 年）

港市场宽松的监管条件上市，但只为成为“啤壳”，然后再“卖壳”图利。一方面，这和当时内地 A 股 IPO 的“停摆”有关。内地公司寻求上市途径，导致内地“壳市”疯狂，引来中国证监会的严厉打压[①]，从而间接导致香港“壳市”暴涨；另一方面，大量的内地公司加快了“走出去”的步伐，为了缩短在香港上市的申请时间，采用了“借壳”的办法，不少轻资产的主板或创业板公司成为目标，动辄上亿港元的收购规模，导致了“啤酒壳”在主板和创业

① 2016 年 6 月，中国证监会就打击“借壳上市”活动新规征求意见，其中包括取消重组上市的配套融资，上市公司原有股东的禁售期锁定为 36 个月，新进股东的禁售期由 12 个月增加一倍至 24 个月，同时控股股东或实际控制人于近一年遭交易所公开谴责的不得“卖壳”。

板的泛滥。数据显示，2015 年创业板新上市公司的数量达 34 家，对比 2014 年的 19 家，大幅增加了 79%。这些只为“卖壳”而上市的公司往往具备两个特点：“低市值”；绝大部分资产为流动资产。

2016 年 6 月，香港证监会开始新一轮专业投资者制度咨询，其内容包括计划延长大股东禁售期、提升盈利要求、改善上市发售机制及提高专业投资者门槛等六项措施，目的是提高上市公司素质，打击“啤酒壳”活动。数据显示，2016 年第四季度香港创业板发生配售 17 起，同比下降 23%，环比下降 37%；而主板发生配售 76 起，同比下降 16.5%，环比下降 8.4%。

（2）香港证监会于 2017 年开始加大对供股的监管。

作为“老千股”的重灾区，香港的供股同样受到了监管的打压。2017 年 9 月，港交所发布咨询文件，对上市后集资及除牌程序等有关规则进行修改，其中提出，禁止摊薄效应超过 25% 的供股，废除后必须做出包销安排的规定。

供股行为自此开始逐渐减少，2017 年在股市大涨期间，供股次数同比下降 28.8%。现选取再融资公司的平均流动资产与总资产的比例作为指标，来证明监管力度对再融资的影响。2012—2016 年，随着“啤酒壳”事件的持续发酵，大量的轻资产公司登陆香港市场，并在“壳”被卖出后进行配股，所以这段时间内再融资公司的平均流动资产与总资产的比例持续上升。但是，2015—2016 年，在香港证监会开始加强对配售和供股的监管后，平均流动资产与总资产的比例迅速下降，从侧面印证了 2017 年以后，发起再融资的公司以不受这类监管政策影响的非“啤壳”公司为主，因此绝对数量减少了。

第五章

产品多元化：多空兼备的香港证券市场[①]

港交所产品

港交所位于亚洲国际金融中心——香港，是全球领先的交易所及结算所营运机构，通过旗下全资拥有的三家交易所与五家结算所营运股本证券、大宗商品、定息及货币等多种资产的交易，为投资者提供丰富的产品及灵活多样的交易策略（见表5－1）。港交所是一个集合了各种交易产品的大平台，而在内地，证券类交易所有上交所和深交所，股指期货类交易所有中国金融期货交易所（简称“中金所”），商品期货类交易所有上海期货交易所、大连商品交易所和郑州商品交易所等，黄金方面有上海黄金交易所。

表5－1　港交所的组织架构及产品组成

联交所、香港结算、联交所期权结算所	期交所、期货结算公司	LME、伦敦金属交易结算所（LME Clear）
单位信托/互惠基金	**股市指数产品**	**期货合约**
交易所买卖基金	行业指数期货	伦敦铝
REITs	恒生指数期货和期权	伦敦铝合金

① 特别感谢港交所周晓殷先生对本章撰写做出的贡献。

（续表）

联交所、香港结算、联交所期权结算所	期交所、期货结算公司	LME、伦敦金属交易结算所（LME Clear）
杠杆及反向产品	H股指数期货和期权	伦敦北美特种铝合金
结构性产品	小型H股指数期货和期权	伦敦铜
衍生权证	小型恒生指数期货和期权	伦敦铅
牛熊证	股息期货	伦敦镍
股票挂钩票据	恒指波幅指数期货	伦敦锡
股本证券（股票）	**股票产品**	伦敦锌
预托证券	股票期货	伦敦钴
股票产品	**利率及定息产品**	**期权合约/交易平均价期权合约**
股票期权	港元利率期货	伦敦铝
	货币期货	伦敦铝合金
	美元兑人民币（香港）期货	伦敦北美特种铝合金
	欧元兑人民币（香港）期货	伦敦铜
	日元兑人民币（香港）期货	伦敦铅
	澳元兑人民币（香港）期货	伦敦镍
	人民币（香港）兑美元期货	伦敦锡
	货币期权	伦敦锌
	美元兑人民币（香港）期权	**掉期**
	商品	伦敦铝
	伦敦铝期货小型合约	伦敦铝合金
	伦敦锡期货小型合约	伦敦北美特种铝合金
	伦敦铅期货小型合约	伦敦铜
	伦敦锌期货小型合约	伦敦铅
	人民币黄金期货合约	伦敦镍
	美元黄金期货合约	伦敦锡
		伦敦锌

如表5－1所示，港交所全资拥有三家交易所：联交所、香港期货交易所有限公司（简称“期交所”）以及伦敦金属交易所（简称“LME”）。值得一提的是，联交所及期交所经营着香港唯一被认可的证券市场及衍生品市场。

港交所同时经营着香港仅有的四家结算所：香港中央结算有限公司（简称“香港结算”）、香港期货结算有限公司（简称“期货结算公司”）、香港联合交易所期权结算所有限公司（简称“联交所期权结算所”）及香港场外结算有限公司（简称“场外结算公司”）。香港结算、期货结算公司及联交所期权结算所向参与者提供综合的结算、交收、存管及代理业务，而场外结算公司则向会员提供场外利率衍生品及外汇衍生品结算服务。

香港是全球最活跃及流动性最高的证券市场之一。于联交所挂牌交易的证券产品不仅有大众熟知的股本证券（股票），还有多种多样的结构性产品（衍生权证、牛熊证和股票挂钩票据）、交易所买卖产品（ETP）、房地产投资信托基金（REITs）及面向专业投资者的债务证券。联交所提供的交易所买卖产品包括107只交易所买卖基金（ETF）和27只杠杆及反向产品。其中，ETF产品使投资者能够接触不同市场及建立各类投资组合，因而深受投资者喜爱，成为全球增长最快的投资产品之一。自港交所于1999年推出首只ETF以来，香港一直是备受发行商、流通量提供者及投资者欢迎的交易所买卖产品市场，目前已成为亚洲重要的交易所买卖产品枢纽。

除了证券化衍生品外，联交所与期交所也提供交易所买卖的标准化期货及期权，投资者可通过160多个交易所参与者（多为国际金融机构的联系机构）买卖期货及期权合约。众所周知，香港的衍生品市场效率高且多样化，该多样化体现在衍生品标的资产的多样化。衍生品标的资产包括股市指数、单只股票（个股）、汇率、利率和商品等，每个资产类别又有多种资产可供选择。在股市指数中，恒生指数作为香港股票市场变化的指标，广受市场瞩目，而挂钩恒生指数的期货理所当然地成了港交所旗下衍生品市场最受欢迎的期货产品；与 A/H 股关系密切的恒生中国企业指数期货的交易量也随着市场对中国市场兴趣的日益增加而增长。为了满足更多投资者的需要，期交所推出小型期货合约，其与标准化期货合约的主要区别在于合约价值、保证金及手续费不同。

港交所通过 LME 在基本金属期货及期权交易中占据全球领先地位。LME 汇集了现货实业与金融社群的参与者，全天运作且监管稳健，是全球大部分有色金属的交易平台，投资者可以期货、期权、交易平均价期权、月均期货及 LME 小型期货合约买卖 14 种金属及指数产品。可交易的金属多种多样，有黑色金属钢及钢坯，小金属钼、钴，有色金属铝、铜、锡、镍、锌、铅等。

对于一般投资者而言，投资的主要标的是股票。随着近期市场的剧烈波动，于期交所挂牌的个股期货凭借其交易费用低廉、沽空便捷、高杠杆对冲、成本效益高等优势成为继个股期权后另一个方便投资者管理投资组合、寻找套利机会的个股衍生品。

股票期货与期权

股价从未停止波动。特别是 2018 年，国内、国际的负面因素频现，在结构性去杠杆进程中，企业的信用违约风险不断暴露，中美贸易摩擦、美元升值等不确定性因素压制了整个市场的风险偏好，受市场情绪影响，股价震荡进一步加强。

股价的波动既是风险，又是机会。判断正确的投资者获得价差收益，判断错误的投资者遭受损失。对于投资者来说，如何管理股价波动的风险以及如何在股价的涨跌中增厚收益是两个重要的问题。港交所为投资者提供了有效的个股风险管理工具——股票期货。

港交所股票期货产品

股票期货是金融期货中的一项创新。相对于过去的股票衍生工具，股票期货有交易费用低、卖空方便等优势，有效弥补了个股风险管理工具的空缺。有了股票期货，投资者可以对冲风险、运用杠杆交易、降低成本沽空，实现更多的投资策略。目前，股票期货已在港交所、芝商所、欧洲期货交易所、韩国交易所、印度国家证券交易所、澳洲证券交易所等市场进行交易。

股票期货合约是一种买卖协议。买卖双方根据合约的约定，在合约到期的那一天按照合约约定的价格买卖约定数量的股票。例如小米股票，在刚上市那天推出了小米 7 月底合约，一手股票期货合约约定，买卖双方在 30 日后按照 18 港元的价格买卖 1 000 股小米股票。

与传统的股票交易相比，股票期货有以下几点优势。

（1）交易费用便宜。

交易股票期货无须缴纳印花税，这对于喜欢日内交易或者高频交易的投资者来说，就极大地节省了交易成本。

（2）做空股票便捷。

无须融券，投资者就可以便捷地做空股票期货。所以，在“熊市”时，投资者可通过做空股票期货来获利，以达到风险对冲的目的。

（3）杠杆效应，节约成本。

投资者买卖股票期货合约只需要缴付占合约面值一小部分的保证金，相比于直接买卖、融资融券，投资者通过股票期货合约进行对冲及交易的成本更低。一般来说，港交所的股票期货的杠杆为 10～15 倍。

（4）通过电子交易系统进行买卖，市场透明度高。

股票期货合约通过电子交易系统进行买卖。所有买卖盘会按价格及时间的先后次序执行监盘，并实时显示买入价、卖出价及成交价，市场透明度达到了最高水平。

港交所股票期货

港交所股票期货是优秀的个股风险管理工具。

截至 2018 年 7 月，港交所共有 76 只股票期货在电子交易系统（HKATS）进行买卖，覆盖了交易活跃、成交量大的主要个股，如小米集团、碧桂园、腾讯控股、金沙中国有限公司、中国平安、汇丰控股等。

股票期货合约到期的时候不通过股票现货交收，而是通过现金结算。

结算金额等于股票期货合约的立约价格与合约到期日股票的结算价的差价乘以合约乘数。在合约到期的时候，结算所会从合约持有人的保证金账户中扣除或者存入相应的结算金额。

最后，结算价是合约约定的特定股票在最后交易日的收盘价。

如果股票期货的投资者想在合约到期前平仓，原来卖空的投资者只需买入一张期货合约，而买入期货合约的投资者需要卖出一张期货合约。

在买卖期货时，买卖双方需要先缴付一笔保证金，作为履行合约的保证。结算所在每日收市后按照市场价格计算所有未平仓合约的盈亏，并按此盈亏在投资者的保证金账户中存入或者扣减相应的金额。如果市场行情不利导致投资者亏损到保证金数额低于规定水平，期货交易所会要求投资者在规定的时限内补齐保证金。港交所股票期货合约细则见表 5 -2。

表 5 -2　港交所股票期货合约细则

项目	合约细则
相关股票及 HKATS 代码	股票期货名单①
合约乘数	一手对应的股票数量②
合约价值	立约成价乘以合约乘数
最低价格波幅	0.01 港元
合约月份	现月，随后两个月及随后的两个季月

① 参见 http://sc.hkex.com.hk/TuniS/www.hkex.com.hk/products/listed-derivatives/single-stock/stock-futures?sc_lang=zh_cn#list_of_stock_futures。

② 有关个别股票期货的合约乘数，可参见股票期货名单。

（续表）

项目	合约细则
交易时间	上午9时30分至中午12时及下午1时至下午4时
最后交易日	该月倒数第二个营业日
最后结算日	最后交易日之后的第一个营业日
最后结算价①	在最后交易日当天，联交所所报的相关股票的收市价
结算方法	以现金结算
交易费用②及征费	第一类 3.0港元 第二类 1.0港元 第三类 0.5港元 证监会征费 0.1港元 佣金可商议

港交所股票期货合约的应用举例

（1）灵活应用杠杆，有效管理现金。

投资者看法：投资者已经持有股票A，但又看好股票B并希望买入。

考虑：手上的现金不够。

策略：买入股票A期货；买入股票B期货；卖出股票A套现，部分现金用于支付期货保证金，部分现金用于收取利息。具体见表5－3。

例子：投资者持有1 000股股票A（每股100港元，价值100 000港元），但又希望买入股票B（2 000股，每股25港元，价值50 000港元）。

① 从2018年7月3日开始，最后结算价的厘定方法将修改为相关股票于最后交易日当天联交所所报的正式收市价。

② 从2018年7月3日开始，将推出新三级收费类别。有关收费类别请参阅通告MKD/EQD/16/18。

表 5－3　灵活应用杠杆的策略

仓位	现在价格	30 天后价格	回报
持有 1 000 股股票 A	股票 A：100 港元	股票 A：103 港元	（103－100）×1 000＝3 000 港元
卖出 1 000 股股票 A	—	—	—
买入一张股票 A 期货合约（1 000 股，保证金 7 000 港元）	股票 A 期货：100.08 港元	股票 A 期货：103 港元	股票 A 期货：（103－100.08）×1 000＝2 920 港元
买入一张股票 B 期货合约（2 000 股，保证金 3 500 港元）	股票 B 期货：25.02 港元	股票 B 期货：26 港元	股票 B 期货：（26－25.02）×2 000＝1 960 港元
持有 89 500 港元现金（100 000－7 000－3 500＝89 500 港元）	—	—	利息收入：89 500×（1%×30÷365）＝73.56 港元（假设利息率为 1%）
			共赚：4 959.56 港元

（2）看空市场表现，股票期货做空比融券做空的资金回报更高。

投资者看法：投资者对个别股票（如电讯股 A）的表现并不看好。

考虑：做空融券的成本；做空规则的限制。

策略：电讯股 A 期货空单（500 股）。具体见表 5－4。

表 5－4　做空融券的策略

策略	融券卖空股票 A	1 张 9 月到期的电讯股 A 期货空单
2017 年 9 月 1 日	以 82.50 港元向券商融券卖空 500 股	期货价为 82.5 港元
2017 年 9 月 28 日	以 79.45 港元买回股票	期货价为 79.40 港元
期货空单/融券卖空股票回报	（82.50－79.45）×500－113.01＝1 412 港元	（82.50－79.40）×500＝1 550 港元
资金开支	融券保证金：82.5×500×120%＝49 500 港元	保证金：82×500×6.7%＝2 747 港元
资金回报	1 412÷49 500×100%＝3%	1 550÷2 747×100%＝56%

注：该案例所计算的成本不考虑实际交易费用、经纪商费用等。信息仅用于解释概念，不支持任何投资参考。过往表现不等于未来回报。

（3）避险交易：保障资产价值。

投资者看法：投资者长期持有股票 A 并看好股票 A。

考虑：预期股票 A 可能受短期数据影响而下跌；投资者希望保障持有投资的组合价值。

策略：用股票 A 的股票期货空单锁定股价下跌的风险，具体见表 5－5。

表 5－5　避险交易策略

<table>
<tr><th>仓位</th><th>2017 年 11 月 1 日</th><th>2017 年 11 月 27 日</th><th>期货价/股价回报</th><th>组合回报</th></tr>
<tr><td rowspan="2">5 张 2017 年 11 月到期的股票期货 A 空单</td><td>期货价：6.09 港元</td><td>期货价：5.35 港元</td><td rowspan="2">7 400 港元</td><td rowspan="4">100 港元</td></tr>
<tr><td>期货价值：
2 000×6.09×5＝60 900 港元</td><td>期货价值：
2 000×5.35×5＝53 500 港元</td></tr>
<tr><td rowspan="2">股票 A 持仓 10 000 股</td><td>股价：6.08 港元</td><td>股价：5.35 港元</td><td rowspan="2">－7 300 港元</td></tr>
<tr><td>股票价值：
10 000×6.08＝60 800 港元</td><td>股票价值：
10 000×5.35＝53 500 港元</td></tr>
</table>

（4）期货对冲交易：多空配对交易。

多空配对交易：持仓及卖空配合运用，获取相对表现的利润。

多空配对交易适用于“牛市”“熊市”或震荡市况。

投资者看法：市场前景不明朗，但投资者认为股票期货 A 会跑赢股票期货 B。

考虑：市场中性策略。

选择产品及策略：买入股票期货 A 并卖出股票期货 B；买入卖出同等价值的股票期货，具体见表 5－6。2017 年 11 月 1 日至 29 日的期货组合回报如图 5－1 所示。

表5－6　多空配对交易的策略

仓位	2017年11月1日	2017年11月29日	盈亏
买入1张2017年11月到期的股票A期货合约	期货价：360.61港元	期货价：421（+14.3%）港元	—
	期货价值：360.61×1 000＝360 610港元	期货价值：412×1 000＝412 000港元	51 390港元
卖出30张2017年11月到期的股票B期货合约	期货价：6.06港元	期货价：5.24（－13.5%）港元	—
	期货价值：6.06×2 000×30＝363 600港元	期货组合价值：314 400港元	49 200港元
合计	—	—	100 590港元

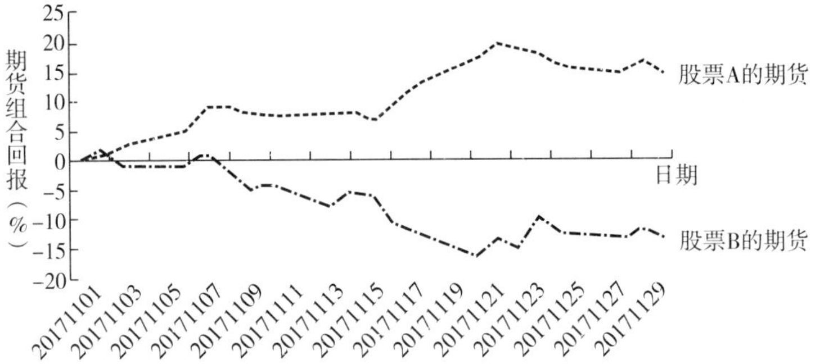

图5－1　期货组合回报（2017年11月1日至29日）

（5）套利交易。

①已持有股票。

投资者看法：投资者看好股票A，进行中长线投资。

考虑：若有机会则执行无风险套利策略。

策略：持有股票A；待股票A期货高于理论值，做空股票A期货，赚取套利差价，具体见表5－7。

表 5－7　套利交易的策略（已持有股票）

仓位	不用期货策略		使用期货策略	
	现在	30 天后回报	现在	30 天后回报
股票	持有股票 A	股价＋10%	持有股票 A	股价＋10%
	每股 100 港元，股数为 1 000 股	利润为 10 000 港元	每股 100 港元，股数为 1 000 股	利润为 10 000 港元
	价值 100 000 港元	股价－10%	价值 100 000 港元	股价－10%
	—	利润为 －10 000 港元	—	利润为 －10 000 港元
期货	—	—	卖出 1 000 股股票 A 期货合约	股价＋10%
			以 99.00 港元限价卖空，高于理论值 98.58 港元	利润为 －11 000 港元
				股价－10%
				利润为 －9 000 港元
现金支出	—	每股 1.5 港元股息	缴付期货保证金	每股 1.5 港元股息
		共 7 000 港元	共 1 500 港元	共 1 500 港元
总计	—	股价＋10%	—	股价＋10%
		—	利润为 500 港元	利润为 11 500 港元
		—	股价－10%	股价－10%
		—	利润为 －500 港元	利润为 －8 500 港元
		—	年化回报率 6%	—

②未持有股票。

投资者看法：投资者希望通过期货与个股价格的误差，赢得低风险的投资机会。

考虑：投资者须付出资金，同时持有股票及期货空单。

策略：在期货价格大幅高于理论价或股价时卖出期货合约，同时持有相同股数的股票；当股票的期货和现货价格变回合理水平时平仓。具体见表 5－8。

表 5－8　套利交易策略（未持有股票）

产品	假设	策略	回报（假设股价不变）	回报（假设股价提高 2 港元）
股票	股票 A 股价：100 港元	当期货成交后即时买入股票 100 港元	股价：100 港元	股价：102 港元
	股数：1 000 股		卖出股票 A：100 港元	股价利润：2 000 港元
			利润：0 港元	
股票期货	期货到期：30 天	挂限价单 101 港元期货卖空（高于理论价）	期货价：100.3 港元	期货价：102.04 港元
	股息：0 港元		期货利润：700 港元	期货利润：－1 040 港元
	利息：1%			
	股票期货理论价值：100.10 港元			
总利润			700 港元	960 港元

小米上市案例中股票期货的应用

2018 年 7 月 9 日，小米在港交所上市，小米上市首日早盘的最大跌幅达到了 6%，经过激烈的多空对决，小米收盘上涨了 1.2%，小米上市首日的成交金额达到 76.82 亿港元，成为当日成交金额最大的股票。在多方投资者看好小米的情况下，7 月 10 日，小米股价一路上升到 19.34 港元，创下新高，最后收盘价为 19 港元。总的来看，小米上市后两个交易日的波幅高达 20.9%，提供了大量交易机会。

港交所在小米上市当天推出了股票期货和股票期权，为市场参与者提供了风险管理工具，使一些交易策略得以实现。7 月 10 日，小米股票的质押率高达 70%，融券资源集中在券商手中，融券成本高，年化利率一度高达 50% 以上。普通投资者可以用股票期货、期权进行交易和对冲，提高资金利用率。在市场波动较大的行情下，多种期货策略可以得到良好应用。

（1）通过股票期货融券或做空，增厚收益。

投资者看法：投资者认为小米股价会上涨到 19 港元。

策略：在小米股价下跌到 16 港元时买入小米期货。

在小米上市首日以 16 港元的价格买入一手小米期货，并在 7 月 10 日以 19 港元的价格卖出，可以获利（19 - 16）×1 000 - 3.1 = 2996.9 港元（交易费用为 3.1 港元，不含佣金）。因为一手小米期货只需要缴付 5 280 港元的保证金，所以这笔交易的单月投资收益率高达 56.76%。

正常情况下，股票期货的杠杆倍数为 10 ~ 15 倍，所以通过股票期货交易可以增厚收益。但是，由于小米期货在 IPO 当天就可以交易，相对比较保守，保证金收取较高。

（2）通过股票期货和融券交易实现无风险套利。

投资者看法：小米上市当天融券成本高，如果投资者已经持有股票，可以借出股票，赚取融券利息，同时卖出期货合约。

策略：在融券成本高时，借出小米股票，再卖空等值的小米期货合约。

如果投资者以 17 港元的成本持有小米股票 1 000 股，可以借给有融券需求的投资者，对冲股价下跌的风险，同时在市场上以 17 港元卖空一张小米期货合约（MIU 7 月份合约），价值 34 000 港元。

30 日后，即使小米股价下跌，投资者也可以获得稳定的回报，34 000×50% ÷12 －3. 1 =1413. 56 港元（3. 1 港元为一张小米期货的交易费用，不含佣金），月回报率达到了 4. 16%，换算成年回报率高达 49. 92%。

（3）多空配对交易，减小对市场整体走势判断的压力。

投资者看法：小米上市后短期内股价的表现会比腾讯好。

策略：买入两张 MIU 7 月份合约，卖空一张 TCH 7 月份合约。

小米期货每手合约股数为 1 000 股，腾讯期货每手合约股数为 100 股；7 月 10 日开盘后，小米股价为 17 港元，腾讯股价为 396 元，买入两张小米期货合约（MIU 7 月份合约），价值 34 000 港元；卖空一张腾讯期货合约（TCH 7 月份合约），价值 39 600 港元。由于合约股数限制，多空配对没有完全对等，这个组合相当于多看空了价值5 600 港元的腾讯期货。

2017 年 7 月 11 日，由于小米股价上涨，腾讯股价下跌，此组合的正回报一度达 24%。

（4）依照折价率过多买入，折价率缩小卖出的思路做短周期操作。

投资者看法：小米股票在一个月之后看跌，折价率为 4% ~5%。

策略：在小米股价折价率过多时买入小米期货，在折价率缩小时卖出小米期货。

7 月 9 日，小米上市当日上午 10 点至 11 点，小米股票期货的折价率为 4% ~5%，11 点半时 MIU 7 月份合约的折价率达到 7%，此时投资者以 15. 81 港元买入一手 MIU 7 月份合约，对应 1 000 股小米股票，当日需要缴付保证金 5 280 港元。待 MIU 7 月份合约的折价率回到 4. 5%，投资者以 16. 23 港元卖出一手 MIU 7 月份合约，则交手续费前获利（16. 23 －15. 81）×1 000 =420 港元，扣除 3. 1 港元的手续费（不含佣金），收益率为 7. 9%；实际情况是，7 月 9 日下午 1 点 45 分，MIU 7 月份合约的折价率降低到 2%，也就是说，这个策略在当日创造了7.9%的日收益率。

港交所股票期权产品

联交所于1995年9月8日推出股票期权后，交易活跃，成交额不断上升。投资者在经纪商平台开户后，方可进行股票期权的买卖，买卖只能通过联交所的注册期权交易会员在联交所进行。

与股票、期货等投资工具相比，期权的与众不同之处在于其非线性损益结构。正是期权的非线性损益结构，使期权在风险管理、组合投资方面具有了明显的优势。通过不同期权、期货与其他投资工具的组合，投资者可以构造出不同风险收益状况的投资组合。股票期货和股票期权的对比见表5-9。

表5-9　股票期货和股票期权的对比

项目	股票期货	股票期权
合约定义	承诺于指定到期日，以指定的价格买入或卖出指定数量的股票	在合约到期日或之前，有权决定是否以指定的行使价买入或卖出股票
种类	1种，可以融券或做空	2种，分为看涨期权和看跌期权，可以融券或做空
交易	随时按照市价开仓或平仓	随时按照市价开仓或平仓
定价	股价+持仓成本（+利息-到期前股息）	内在价值（股票结算价与行权价之差）+时间价值（受到期时间长短、隐含波动率及利息影响）
最后合约结算	合约价与股价之差	行权价与股价之差
资金需求	多单：保证金；空单：保证金	多单：期权金；空单：保证金
按市值计价	浮动盈亏，若损失低于保证金的80%，追加保证金	买入：不用追收保证金；卖出：浮动盈亏，若损失低于保证金的80%，追加保证金

港交所股票期权发展情况

与首只个股期权产品相关的股票是汇丰控股。经过多年的市场培育，从交易分布上看，交易量最大的股票衍生品是股票期权，差不多占了整体成交量的50%。港交所股票期权的日均成交量和期末未平仓合约如图5－2所示。①

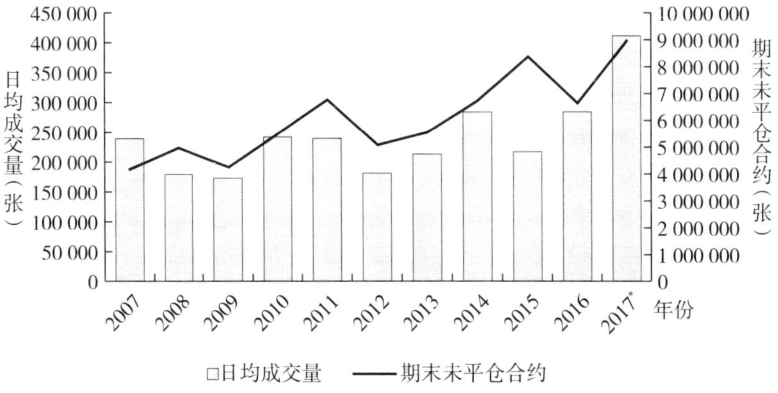

图5－2　港交所股票期权的日均成交量和期末未平仓合约

注：数据截至2017年11月3日。

主要衍生品年度日均交易量如图5－3所示。②

港交所股票期权合约的设计

股票期权是指买方在交付了期权金后即取得在合约规定的到期日或到期日以前按协议价买入或卖出一定数量的相关股票的权利。

对于期权交易者来说，买方与卖方均面临着期权金不利变化的风险。这点与期货相同，即在期权金的范围内，如果低买高卖，平仓就能获利，相反则亏损。但在期权交易中，买卖双方的权利义务不同，面临的风险状况也不同。

期权买方的风险控制在期权金范围内。当价格发生不利变动

① 资料来源：港交所。

② 资料来源：同上。

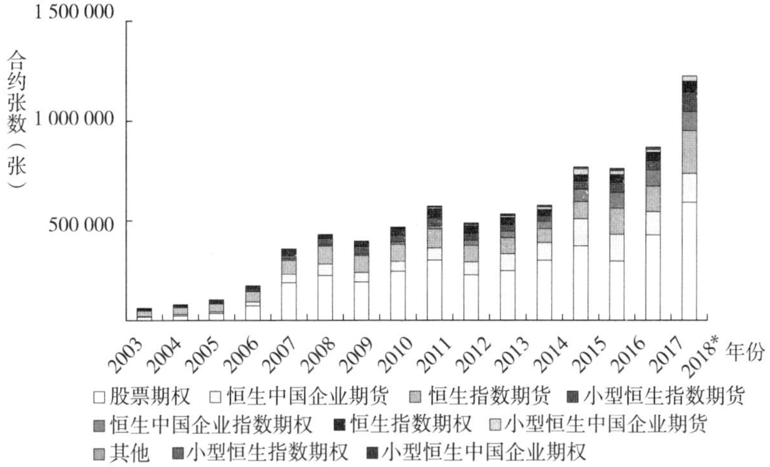

图 5－3　主要衍生品年度日均交易量

注：数据截至 2018 年 5 月 31 日。

时，不行使权利即可。但其亏损的比例却有可能是 100%，有限的亏损加起来就变成了较大的亏损，而期权空头持仓的风险具有不确定性。期权卖方收到的期权金能够为其提供相应的担保，从而在价格发生不利变动时，能够抵消其部分损失。尽管期货的价格不可能跌至零，也不可能无限上涨，但从资金管理的角度来看，一旦价格发生较大的不利变化或者波动率大幅升高，对于许多交易者来说，此时的损失已经比较大了。港交所股票期权合约细则见表 5－10。

表 5－10　港交所股票期权合约细则

项目	合约细则
相关股票及 HKATS 代码	可买卖的股票期权名单①
期权类别	认沽及认购
合约股数	有关个别股票期权的合约股数及期权类别，可参考股票期权名单
合约价值	期权金乘以合约股数

① 参见 http://sc.hkex.com.hk/TuniS/www.hkex.com.hk/Products/Listed-Derivatives/Single-Stock/Stock-Options?sc_lang=zh-CN。

（续表）

项目	合约细则
合约月份	现月、随后三个月、随后三个季月（交易所可按需要对个别股票期权类别增加到期月份）
最低价格变动	0.01 港元 从 2013 年 12 月 9 日起，以下四个股票期权系列的最低价格变动收窄为 0.001 港元： （1）中国银行股份有限公司 （2）中国建设银行股份有限公司 （3）中国工商银行股份有限公司 （4）中国农业银行股份有限公司 （5）中国邮政储蓄银行股份有限公司
期权金	以指定最低价格变动港元报价
交易时间	上午 9 时 30 分至中午 12 时及下午 1 时至下午 4 时
到期日	到期月份最后营业日之前一个营业日
行使方式（美式）	期权持有人可于任何营业日（包括最后交易日）的下午 6 时 45 分之前随时行使
行使费用	2.00 港元
交收	期权行使时以相应的股票价格交收，交收期如下：T+1（缴付所有期权金）或 T+2（行使后交收股票）
交易费用	第一类　3.00 港元 第二类　1.00 港元 第三类　0.50 港元 经纪佣金可商议

港交所股票期权的应用

股票期权的主要用户有企业、资产管理公司、基金公司、自营交易公司和专业投资者等，他们使用股票期权的目的不尽相同。但基本应用包括如下四种策略。

（1）股价下跌时的风险管理策略。

背景假设：

股票 ABC 的现价为 175 元，投资者持有股票 ABC，担心股价下跌带来损失。

可应用期权：

买入执行价格为 200 元的 ABC 三月看跌期权（有权以 200 元每股的价格卖出股票），付出期权金 20 元。

情景假设：

期权到期时，如股价为 170 元，投资者行使期权，以 200 元每股的价格（高于市场价 30 元）卖出股票，相比于不使用股票期权的情况，盈余 30 - 20 = 10 元；如股价为 230 元，投资者不行使期权，可以以 230 元的市场价格卖出股票，考虑期初成本 20 元，相当于以 210 元的价格卖出股票。具体见表 5 - 11。

潜在风险与回报：

潜在风险：投资者需付期权金。

潜在回报：股价下跌时，投资者可以按较佳价格卖出股票。

表 5 - 11　股价下跌时的风险管理策略

仓位	买入“ABC 三月 200 元看跌期权”
期权金净额	付出 20 元
盈亏平衡点	200 - 20 = 180 元
获得盈利	当相应的股票价格跌破 180 元
潜在盈利	180 元 - 相应的股票价格
潜在亏损	20 元
时间价值影响	负面

（2）股价上涨时的风险管理策略。

背景假设：

股票 ABC 的现价为 175 元，投资者计划三个月后购买该股票，担心股票 A 的价格上涨带来损失。

可应用期权：

买入执行价格为 200 元的 ABC 三月看涨期权（有权以 200 元

每股的价格买入股票)，付出期权金 20 元。

情景假设：

期权到期时，如股价为 230 元，投资者行使期权，以 200 元每股的价格（低于市场价 30 元）买入股票，相比于不使用股票期权的情况，总成本减少 30 - 20 = 10 元；如股价为 170 元，投资者不行使期权，可以以 170 元的市场价格买入股票，考虑期初成本 20 元，相当于以 190 元的价格买入股票。具体见表 5 - 12。

潜在风险与回报：

潜在风险：投资者需付期权金。

潜在回报：股价上涨时，投资者可以按较佳价格买入股票。

表 5 - 12　股价上涨时的风险管理策略

持仓	买入“ABC 三个月 200 元看涨期权”
期权金净额	付出 20 元
盈亏平衡点	200 + 20 = 220 元
获得盈利	当相应的股票价格超过 220 元
潜在盈利	相应的股票价格 - 220 元
潜在亏损	20 元
时间价值影响	负面

（3）卖出看跌期权的风险管理策略。

背景假设：

投资者认为三个月后股票 ABC 的价格不可能低于 180 元。

可应用期权：

卖出执行价格为 200 元的 ABC 三月看跌期权（期权买方行使期权时，需要以 200 元每股的价格买入股票），收取期权金 20 元。

情景假设：

期权到期时，如股价为 190 元，期权买方行使期权，投资者需要以 200 元每股的价格（高于市场价 10 元）买入股票，考虑收取的 20 元期权金，总成本减少 20 - 10 = 10 元；如股价为 210 元，期权买方不行使期权，投资者的收益为收取的 20 元期权金；若股价为 160 元，期权买方行使期权，投资者需要以 200 元每股的价格（高于市场价 40 元）买入股票，考虑收取的 20 元期权金，总成本增加 40 - 20 = 20 元。具体见表 5 - 13。

潜在风险与回报：

潜在风险：股价下跌时，期权买方行使期权，投资者需要以较市场价高的价格购买股票。

潜在回报：收取期权金，股价上涨时，期权买方不会行使期权。

表 5 - 13　卖出认沽期权的风险管理策略

仓位	卖出“ABC 二月 200 元看跌期权”
期权金净额	收取 20 元
盈亏平衡点	200 - 20 = 180 元
获得盈利	当相应的股票价格超过 180 元
潜在盈利	20 元
潜在亏损	180 元 - 相应的股票价格
时间价值影响	正面

（4）卖出看涨期权的风险管理策略。

背景假设：

投资者认为三个月后股票 ABC 的价格位于 220 元以下。

可应用期权：

卖出执行价格为 200 元的“ABC 三月认购期权”（期权买方行使期权时，需要以 200 元每股的价格买入股票），收取期权金 25 元。

情景假设：

期权到期时，如股价为 210 元，期权买方行使期权，投资者需要以200元每股的价格（低于市场价10元）卖出股票，考虑收取的25元期权金，总成本减少25－10＝15元；如股价为190元，期权买方不行使期权，投资者的收益为收取的25元期权金；若股价为240元，期权买方行使期权，投资者需要以200元每股的价格（低于市场价40元）卖出股票，考虑收取的25元期权金，总成本增加40－25＝15元。具体见表5－14。

潜在风险与回报：

潜在风险：股价上涨时，期权买方行使期权，投资者需要以较市场价低的价格卖出股票。

潜在回报：收取期权金，股价下跌时，期权买方不行使期权。

表5－14　卖出看涨期权的风险管理策略

仓位	卖出“ABC三月200元看涨期权”
期权金净额	收取25元
盈亏平衡点	200＋25＝225元
获得盈利	当相应的股票价格跌到225元以下
潜在盈利	25元
潜在亏损	相应的股票价格－225元
时间价值影响	正面

美元兑人民币（香港）期货和期权

美元兑人民币（香港）期货和期权是管理人民币风险和增厚收益的首选工具。

人民币双向波动使人民币风险管理的需求和套利机会剧增

汇率市场化和全球经济形势的不稳定推动人民币双向波动

2015年8月11日，中国人民银行推出以市场供求为基础、有管理的浮动汇率制度，人民币汇价参考上一个交易日银行间外汇市场收盘汇率、外汇供求情况及一篮子货币汇率的变化进行调节。改革前一个月，美元兑人民币（香港）期货的一个月波幅还是1%～2%，改革一年后已增至4%～10%。

近期，全球贸易局势的不确定性加剧，环球市场波动，中美贸易摩擦引发的对未来进出口的担忧情绪也使汇率承压，人民币汇率在2018年6月连续下跌超过3 000点逾4%后趋势暂缓。美元指数强势上涨是近期人民币走弱的主要原因，自2018年3月美联储年内首次加息以来，美元指数借力持续上行，加之4月后新兴市场国家频现不稳定因素，美联储会议对年内仍将加息的表述推动资金回流，进一步推高美元价值。美元兑人民币走势如图5－4所示。①

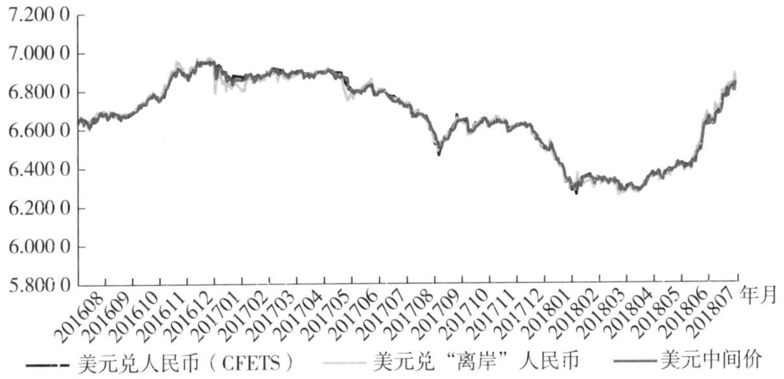

图5－4　美元兑人民币走势

汇率波动会对经济活动的参与者带来一定程度的影响，影响主要包括三个方面。第一，对于某些出口营业收入占比较高的企业而言，当本国货币汇率贬值时，其出口产品以外币计价会下降，产品竞争力相对提高；贬值将有利于这部分企业产品出口额的提升。第二，对于经营性活动而言，如果一家公司的产品出口量占比较高，

① 资料来源：万得资讯。

出口产生或得到的外币或者应收账款较多，那么在贬值区间内将产生汇兑收益。第三，对于融资性活动而言，当人民币整体贬值时，如果一家公司的综合外币负债高于综合外币资产，则会产生汇兑净损失。总之，汇率波动会给一些公司的成本或收益带来风险，进而使利润的不确定性增强，提高了经营风险。同样，对于将来需要将持有的外币资产兑换成人民币资产，或将人民币资产兑换成外币资产的一般投资者或金融机构来说，风险的增加是必然的。

伴随着人民币的双向波动及全球市场不确定性的增强，越来越多的市场参与者转向以美元兑人民币（香港）期货和期权来对冲潜在的货币风险。汇率波动也带来了更多的套利机会，更多的投机者加入，增强了市场的流动性，使其更加完善和成熟。

港交所强有力的平台支持

投资者对人民币汇率风险管理和投资的需求日增。对此，港交所一直在多方面加大投入，希望能成为人民币产品交易及风险管理中心。现在，港交所旗下交易平台提供不同类型的人民币产品，包括债券、交易所买卖基金、房地产投资信托基金等，其中，美元兑人民币（香港）期货和期权旨在提供更成熟的金融工具，协助市场参与者在人民币波幅加剧的情况下更有效地对冲货币风险。

环顾全球交易所，无论在证券还是衍生品市场，港交所的人民币产品在上市及交易方面均独占鳌头。市场上提供人民币证券产品的其他交易所寥寥可数，产品种类不多、成交量低。另外，人民币货币期货及期权是全球多家交易所都会提供的产品，然而成交量集中在亚洲的交易所，其中以港交所的交投最为活跃。事实上，成交数据表明，港交所的人民币期货合约于人民币汇率极度波动之时已尽展其作为人民币货币风险管理工具的功能。

港交所在“离岸”人民币的产品交易及风险管理上享有相对优势，原因主要是香港在“一带一路”建设中扮演着重要角色，庞大的人民币资金池支持活跃的香港人民币业务，港交所旗下市场汇聚国际投资者且拥有高效率的市场基础设施等。

作为人民币产品和风险管理工具供应充裕的“离岸”市场，香港市场是支持人民币国际化并维持稳定汇率水平的基础。为此，港交所旗下证券及衍生品市场的人民币产品配套将会日益丰富，以迎合在人民币稳步推进国际化的情况下日益增长的投资者需求。除了美元兑人民币（香港）期货和期权及内地国债期货外，港交所日后也可能推出其他人民币风险管理工具。例如，2017 年 7 月 10 日，港交所先在大宗商品市场推出“双币”（美元及人民币定价及结算）交易、实物交收的黄金期货合约，为黄金生产商、用家及投资者提供风险管理及投资的有效解决方案，管理黄金现货与期货市场之间以及人民币与美元之间的价差所产生的风险。

港交所优化基础设施平台，为人民币衍生品在香港市场的进一步发展奠定稳定的基础。港交所旗下附属公司场外结算公司于 2013 年开业，提供了重要的资本市场基础设施，满足定息及货币产品（尤其是人民币计价衍生品等区内交易产品）市场参与者对结算服务的需求。相关的事务历史记录会于衍生品结算及交收系统（DCASS）内实时更新。DCASS 是一个涵盖期货、期权产品并可处理大量交易的综合系统。由于 DCASS 与交易系统的基本作业设施一样，部分硬件和软件可共享，从而降低了成本。

港交所美元兑人民币（香港）期货和期权的发展情况

自 2018 年以来，由于全球贸易局势的不确定性加剧，环球市场走势波动，市场对管理汇率风险工具的需求增加，港交所人民币产品成交相当活跃，港交所美元兑人民币（香港）期货 8 月 6 日的单日成交量和 8 月 3 日收市后交易时段的成交量双双创下历史纪录，7 月为历来成交量最高的月份。截至 2018 年 8 月 6 日，总成交量突破 100 万张，已远超 2017 年全年 732 569 张合约的成交量，成交名义价值更是首度突破 1 000 亿美元，创历史新高。美元兑人民币（香港）期权交易量和未平仓合约如图 5 – 5 所示。[①]

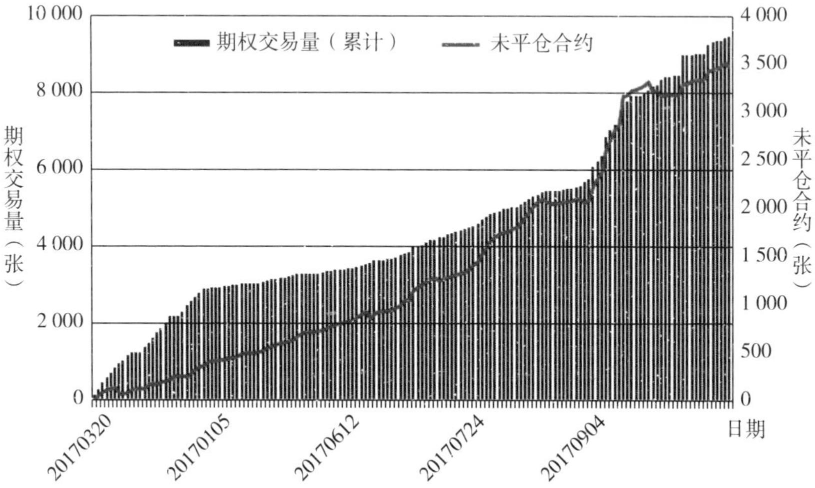

图 5 – 5　美元兑人民币（香港）期权交易量和未平仓合约

同时，港交所的美元兑人民币（香港）期权也不断刷新历史纪录，未平仓合约数于 2018 年 8 月 6 日创下 6 202 张合约（名义价值为 6.2 亿美元）的新纪录，单日交易量于 2018 年 7 月 20 日创下 1 127 张合约（名义价值为 1.1 亿美元）的新纪录。

港交所人民币市场已持续增长成高流动性市场，其合约月份的买卖价差比其他市场有明显优势，为投资者提供了良好的市场流动性和市场深度及高资本效益。为客户交易人民币期货的期货交易商数量也稳步增加，现有超过 120 家有国际、中国内地及中国香港背景的期货交易。港交所不断扩大及优化产品系列并在近期推出美元兑人民币（香港）期货的第六个跨期合约。港交所人民币期货和期权的投资者基础相差不大，人民币货币的客户群日趋多元化，包括各类银行、机构投资者、自营交易公司、固收自营交易部门、资产管理公司、进出口企业以及散户投资者。

① 资料来源：港交所。

港交所美元兑人民币（香港）期货

货币期货

期货交易作为一种特殊的交易方式，是人们在贸易过程中不断追求交易效率、降低交易成本与风险的结果。现货交易是一手交钱、一手交货的交易，马上或一定时期内获得或出让商品的所有权，是满足买卖双方需求的直接手段。而期货交易是指交易双方事先约定某一特定价格，在将来某一特定的时间和地点交割（买卖）一定数量和质量的标的物。

期货交易的目的一般不是到期获得实物，套期保值者的目的是通过期货交易转移现货市场的价格风险，投资者的目的是从期货市场的价格波动中获得风险利润。在期货市场中，大部分交易者买卖的期货合约在到期前以对冲的形式了结。也就是说，买进期货合约的人，在合约到期前可以将期货合约卖掉；卖出期货合约的人，在合约到期前可以买进期货合约来平仓。先买后卖或先卖后买都是被允许的。一般来说，期货交易中进行实物交割的只占很小一部分。

外汇期货，又称货币期货，是一种在最终交易日按照当时的汇率将一种货币兑换成另外一种货币的期货合约。有的投资者利用货币合约来对冲外汇汇率风险，也有的投资者愿意承担这种风险，从事投机，以期从汇率变动中获利。在合约交割前的任何时候，投资者都可以选择平仓来锁定利润或亏损。

过去，我国投资者管理汇率风险的传统方式是选择银行远期结售汇交易来锁定汇率，但是银行远期结售汇市场的主体是机构投资者，未从银行取得信用额度的个人投资者和中小企业极少有机会参与远期结售汇交易，同时，保证金的多少视银行对客户的授信额度而定，一般为10%～20%，合约期限越长，保证金越高，并且远期结售汇交易是场外交易，必须到交割日交割，如果选择提前交割，还需要交纳一笔不菲的违约金，交易非常不灵活。相比之下，香港人民币期货交易优势明显。

港交所于2012年推出的美元兑人民币（香港）期货，是全球首只人民币可交割货币期货合约，其报价、按金计算以及结算交割均以人民币为单位。由于“离岸”人民币的用途没有限制，市场能真正反映“离岸”人民币的供求，港交所的衍生品市场电子交易平台提供了一个极为规范且价格透明度高的交易市场，因此外汇期货合约的价格更公正、透明。投资者可以利用美元兑人民币（香港）期货进行套期保值，也可以利用期货的损益来抵消现货市场的盈亏。

港交所美元兑人民币（香港）期货的优势

港交所的美元兑人民币（香港）期货（场内的人民币衍生品）较场外市场有多方面的优势（见表5－14），包括更加透明的定价、中央结算使对手方风险较低等，这使港交所的美元兑人民币（香港）期货产品可以为投资者提高资本收益。

表5－15 港交所期货和场外期货对比

项目	港交所期货	场外期货
风险管理工具	√	√
实物交割	√	√
没有信用额度的要求	√	×
中央配对交易	√	×
中央对手方结算	√	×
标准化合约	√	×
比一般零售客户汇率佳	√	?
交易便利性	√	?

除相对于场外市场的众多优势外，美元兑人民币（香港）期货还有如下特点。

（1）在人民币波幅下提供最佳流动性支持。

（2）以保证金的方式交易，提供杠杆效应。

（3）进行风险管理和捕捉对冲机会。

（4）大手交易机制，提供场外交易的灵活性及低对手风险。

（5）10 个合约到期月份可供选择，合约期可长达 22 个月。

（6）本金交收的期货合约，适合进行人民币交易的投资者。

（7）交易时段长，覆盖欧美时区。

（8）具有灵活的抵押品政策，以满足人民币保证金的要求。

美元兑人民币（香港）期货的风险

期货合约的风险主要来自两个方面，美元兑人民币（香港）期货也不例外。

（1）杠杆效应可能产生的负面影响。

杠杆效应既能使回报以倍数增加，同样也能使损失以倍数增加。期货交易能在短时间内赢取以倍数计的可观回报，但同时也可使投资者承担相同倍数的重大损失。因此，期货合约的结构和运作复杂，而且涉及杠杆，属于高风险的投资产品，并不适合缺乏经验或风险承受能力较低的投资者。

（2）保证金制度。

在每个交易日结束时，经纪商会把投资者的持仓保证金按市价结算，即根据投资者所持合约在收市时的价值重新估值。如果合约的表现与投资者的预期背道而驰，导致基本保证金跌至低于维持保证金的水平，经纪商通常会要求投资者补仓。在这种情况下，投资者将需要存入额外的资金，以将保证金回升至基本保证金的水平。一旦未能及时补仓，经纪商或会按保证金市价强行替投资者平仓。强行平仓后，如账户内尚有欠款，投资者仍须负上全责。

交易所通常会就买卖的期货合约厘定基本保证金及维持保证金的水平。然而，当市场大幅波动时，经纪商或会与客户订立更高的保证金水平。进行交易前，投资者应了解清楚经纪商就个别期货合约的保证金要求。

美元兑人民币（香港）期货的基础应用

人民币货币期货的主要用户包括企业、资产管理公司和基金公司、自营交易公司、经纪行和专业投资者等，他们使用人民币货币产品的目的不尽相同。以下为美元兑人民币（香港）期货的四个基础应用。

（1）人民币贬值时的风险管理策略。

背景假设：

2017 年 5 月 3 日，美元兑人民币汇率为 6.503 6，投资者需要在 2017 年 10 月 17 日后沽出人民币资产换 100 万美元。投资者担心人民币贬值而需要付出更多的人民币。

可应用期权：

买入 10 张 2017 年 12 月到期的美元兑人民币（香港）期货合约（即卖人民币换美元），合约价格为 6.569 6。

情景假设：

如果到了 2017 年 10 月 17 日，人民币贬值，美元兑人民币汇率为 6.743 0，投资者可以选择以 6.790 3 的汇率将期货合约平盘，对冲账面利润为（6.790 3 − 6.569 6）×10×100 000 = 22 万元人民币，对冲后，换 100 万美元所需要的人民币现金为 674 万 − 22 万 = 652 万元。相比于不使用期货，对冲了人民币贬值的部分风险。

潜在风险和回报：

潜在风险：若人民币升值，投资者需要以较市场价差的汇率将人民币兑换为美元。

潜在回报：若人民币贬值，投资者可按较佳汇价将人民币兑换为美元；锁定汇率，进而锁定了成本或收益。

（2）人民币升值时的风险管理策略。

背景假设：

投资者担心人民币升值。投资者需要在 3 个月后沽出美元资产换人民币资产。

可应用期权：

卖出3个月美元兑人民币（香港）期货（即卖美元换人民币），合约价格为6.80。

情景假设：

如美元兑人民币（香港）汇价升至6.75，投资者可以合约价格6.80沽出美元资产所得款兑换为人民币，相比于市场价6.75多兑换人民币0.05。期货到期时，如美元兑人民币（香港）汇价降至6.85，投资者需要以合约价格6.80沽出美元资产，相比于市场价6.85少换得人民币0.05。

潜在风险与回报：

潜在风险：若人民币贬值，投资者需要以较市场价差的汇率将美元兑换为人民币。

潜在回报：若人民币升值，投资者可按较佳汇价将美元兑换为人民币；锁定汇率，进而锁定了成本或收益。

港交所美元兑人民币（香港）期权

货币期权

期权是一种关于决定权的合约。合约持有人（期权买方）在缴付期权金给卖方后，获得是否执行买卖相关资产的决定权，即可在期权到期前，在有利价格下行使权利；卖方在收取期权买方缴付的期权金后，丧失有关决定权，处于被动位置，若期权买方行使决定权，根据协议买入或卖出相关资产，卖方必须履行有关义务。

例如，有一家店打算在2018年11月1日发售新款手表，售价多少暂不知晓。这家店现在出售一种换领券，换领券的持有人可以在2018年11月30日前以100港元购买一块新款手表，每张换领券售价为5港元。你可以购买一张换领券，等到正式发售的日子，如果新款手表的售价为150港元（高于100港元），你使用换领券以

100港元购入手表，总成本为5+100=105港元，比正价便宜45港元；如果新款手表的售价为90港元（低于100港元），你不会使用换领券，而是以90港元购入手表，总成本为5+90=95港元，虽然比正价贵5港元，但你早已锁定了你最多需要付出的金额（协议购买价加购买换领券所付金额）。

根据决定权的不同，期权可以分为认购期权（买权）和认沽期权（卖权）。认购期权持有者有权在到期日（欧式期权）/到期日或以前（美式期权），以行使价买入相关资产。认沽期权持有者有权在到期日（欧式期权）/到期日或以前（美式期权），以行使价卖出相关资产。

货币期权是指合约购买方在向出售方支付一定期权金后，所获得的在未来约定日期或一定时间内，按照规定汇率买进或者卖出一定数量外汇资产的选择权。

期货和期权对比

期货和期权都是标准化合约，本质的不同在于买卖双方的权力和义务不同。不同投资者对期货和期权的偏好不尽相同。期货和期权的对比见表5-15。

表5-15　期货和期权对比

项目	期货	期权
买卖双方的权利和义务	双向合约，双方都要承担期货合约到期交割的义务	单向合约，买卖双方的权利与义务不对等：买方有以合约规定的价格买入或卖出标的资产的权利，而卖方则被动履行义务
履约保证	期货合约的买卖双方都要交纳一定比例的保证金	买方最大的亏损为已经支付的期权金，不需要支付履约保证金；卖方可能亏损无限，因而必须缴纳保证金作为担保

（续表）

项目	期货	期权
清算交割	在到期日，标的物自动交割	到期日前（美式）或到期日时（欧式），期权买方可以选择行使期权或者放弃权利
盈亏特点	买卖双方都面临无限的盈利与亏损	合约买方最大的亏损为期权金，收益不固定；卖方收益只是期权金，亏损不固定

港交所美元兑人民币（香港）期权的优势

港交所的系列人民币产品为人民币风险管理提供了良好的流动性支持。而期权合约可作为针对非线性敏感度的风险管理工具，使投资者可以利用人民币汇率进行波幅交易，并能提供跨产品对冲及跨产品保证金计算，还可以为相同名义金额提供独有的回报架构。

虽然目前的场外人民币期权市场已十分庞大，日均成交量达180亿美元，但市场对以标准期权对冲货币风险的需求日增，主要原因是场内人民币期权相对于场外期权具有一定优势。一般地，在场外的人民币货币期权市场，投资者必须逐一联络可以提供价格的市场参与者，与之协商并要求期权报价，再自行比较价格。这种交易模式降低了价格发现的效率。相比之下，港交所的美元兑人民币（香港）期权无论在交易执行还是价格发现方面都较场外市场有着显著的优势。一般而言，港交所人民币货币期权的指定流通量提供者可提供大约150个期权系列的持续报价，买卖盘报价串流让投资者可以按指定行使价及持有期限进行交易，有利于流通量的建立。除持续报价外，投资者也可以要求指定的流通量提供者就特定行使价及合约期提供报价。场内交易还可以汇集流通量，具有持续不断地提供流通量及买卖差价较窄等优势。

港交所的美元兑人民币（香港）期权合约的设计反映了其美元兑人民币（香港）期货合约的特色。例如跨产品对冲，美元兑人民币（香港）期权与港交所现有的美元兑人民币（香港）期货两者并用，投资者可以就不同市况制定交易和对冲策略，对手方风险比场外衍生品低。在人民币自由化进程及政策持续朝市场主导方向发展之际，人民币汇价持续波动，两种产品正好在这方面为投资者提供对冲工具。

港交所的美元兑人民币（香港）期权合约是欧式现货期权，主要以当前场外市场惯例为设计基础，只可于到期当日而非之前行使。

除此之外，港交所美元兑人民币（香港）期权还有如下特点。

（1）风险管理。

- 基于期权独有的风险及收益特征，可以作为灵活的风险管理工具。
- 具有多样化的期权及期货产品策略组合。
- 可管理不同的市场风险参数（如即期汇率、隐含波动率和时间价值）。

（2）适用于不同的人民币市场情况。

- 具有应对不同市场情形的灵活策略。
- 可应用于看涨、看跌、区间震荡或波动的市场。

（3）杠杆及成本效率。

- 交易基于期权金及保证金，首笔支付费用为名义价值的一部分。
- 从产品第一个交易日起的首六个月豁免交易费；无香港证监会征费。

（4）透明度及高效性。

- 交易所交易期权标准化、有序且价格透明度高。
- 实时价格可于港交所网站及其他信息提供商处获取。

美元兑人民币（香港）期权的风险

（1）期权交易的流动性风险。

在港交所买卖的期权设有做市商制度，以提供流动性。那些经营买卖期权业务的经纪商或交易商在获委任为庄家后，有责任为期权提供买卖价。投资者可以在港交所网站了解更多关于做市商的责任。

然而，投资者应明白做市商提供的报价不一定是自己心目中的理想价格。此外，期权在某些情况下会变得不流通，例如当市场异常波动时，可能会出现做市商或庄家不能履行责任的情况，届时投资者或难以买卖期权。因此，投资者须留意这方面的流通风险。

（2）期权金制度（见图5－6）。

买入期权要缴付期权金。在买方未能够行使期权的情况下，买方的最大损失一般只限于已缴付的期权金。另外，如果投资者卖出期权，就可以收取期权金，但与此同时，由于投资者有责任购买或出售相关资产，故投资者需要在投资账户内存入一笔保证金。如果相关资产的价格变动与预期背道而驰，投资者有可能需要缴付额外的保证金。投资者的潜在损失有可能远高于所收取的期权金。

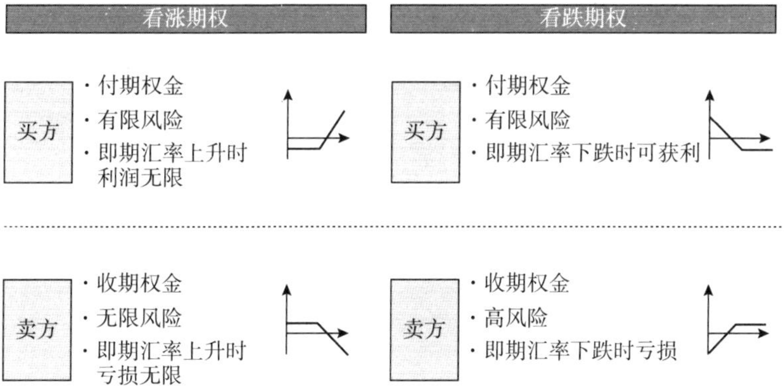

图5－6　期权金制度

美元兑人民币（香港）期权的基础应用

人民币货币期权的主要用户包括企业、资产管理公司、基金公司、自营交易公司、经纪行和专业投资者等，他们使用人民币货币产品的目的不尽相同。以下为美元兑人民币（香港）期货的基础应用。

（1）人民币升值时的风险管理策略。

背景假设：

投资者担心人民币升值。投资者需要在3个月后卖出美元资产换人民币资产。

可应用期权：

买入3个月看跌期权（即卖美元换人民币），行使价为6.80。

情景假设：

期权到期时，如美元兑人民币（香港）汇价为6.85，投资者不行使期权，按6.85这个较佳汇价将美元兑换为人民币。如美元兑人民币（香港）汇价为6.75，投资者行使期权，将卖出美元资产所得款项按原行使价6.80兑换为人民币。

潜在风险与回报：

潜在风险：投资者必须付期权金。

潜在回报：若人民币升值，投资者仍可按较佳汇价将美元兑换为人民币。

（2）人民币贬值时的风险管理策略。

背景假设：

投资者担心人民币贬值。投资者需要在3个月后沽出人民币资产换美元资产。

可应用期权：

买入3个月看涨期权（即买美元卖人民币），行使价为6.80。

情景假设：

期权到期时，如美元兑人民币（香港）汇价为6.75，投资者不行使期权，按6.75这个较佳汇价将人民币兑换为美元。如美元兑人民币（香港）汇价为6.87，投资者行使期权，将卖出人民币资产所得款项按原行使价6.80兑换为美元。

潜在风险与回报：

潜在风险：投资者必须付期权金。

潜在回报：若人民币贬值，投资者仍可按较佳汇价将人民币兑换为美元。

（3）提高收益——卖出看涨期权。

背景假设：

出口商三个月内有应收美元账款，希望届时以高于期货价格的汇价将美元转换成“离岸”人民币。出口商无须在收到账款时立即卖出美元，因此可待汇价较佳时出售，同时利用这笔预期收到的现金提高收益率。

市场策略：

出口商卖出三个月后到期、行使价为7.1的美元兑人民币（香港）看涨期权，收取人民币（香港）775点期权金。美元兑人民币（香港）即期汇率为6.93。三个月后到期的期货价为7.045；以7.40买入。

情景分析：

期权到期时，如美元兑人民币（香港）汇价低于7.1，期权到期后不行使。出口商保留人民币（香港）期权金作为持仓的额外回报。如美元兑人民币（香港）汇价高于7.1，期权被行使，出口商按7.1的汇价将美元兑换成人民币（香港），仍较三个月前进行对冲的期货价为佳。由于出口商收了人民币（香港）期权金，其兑出美元的汇价实际为7.177 5。

潜在风险与回报：

潜在风险：如美元兑人民币（香港）大幅升值，出口商就需要承担按当前汇价卖出美元的机会成本。

潜在回报：出口商通过卖出期权利用了闲置资金，从而获得额外回报。即使买方行使期权，出口商兑出美元的实际汇价也较佳。

港交所美元兑人民币产品的合约细则

（1）美元兑人民币（香港）期货合约概要（见表5－16）。

表5－16　美元兑人民币（香港）期货合约概要

合约	美元兑人民币（香港）期货
交易代码	CUS
合约月份	现月、随后三个月及随后的六个季月
合约金额	100 000美元
报价单位	每美元兑人民币（如1美元兑人民币6.248 6元）
最低波幅	0.000 1元人民币
价位值	10元人民币
交易时间	上午8时30分至下午4时30分（不设午休）及下午5时15分至翌日凌晨1时（到期合约在最后交易日的收市时间为上午11时）
最后结算日	合约月份的第三个星期三
最后交易日	最后结算日之前的一个营业日
最后结算价	由香港财资市场公会在最后交易日上午11时30分左右公布的美元兑人民币（香港）即期汇率
结算方式	由卖方缴付合约指定的美元金额，而买方则缴付以最后结算价计算的人民币金额
交易所费用	8元人民币

（2）美元兑人民币（香港）期货合约的交易费用及征费（见表5－17）。

表5－17　美元兑人民币（香港）期货合约的交易费用及征费

项目	费用
交易所费用	每张合约人民币8元
香港证监会费用	无
总额	每张合约人民币8元

注：以上费用会不时做出修改。

（3）美元兑人民币（香港）期权合约概要（见表5－18）。

表5－18　美元兑人民币（香港）期权合约概要

<table>
<tr><th>项目</th><th>合约细则</th></tr>
<tr><td>交易代码</td><td>CUS</td></tr>
<tr><td>合约金额</td><td>100 000 美元</td></tr>
<tr><td>报价</td><td>每美元兑人民币</td></tr>
<tr><td>期权金</td><td>以四个小数位报价（如 0.000 1 元）</td></tr>
<tr><td>价位值</td><td>人民币 10 元</td></tr>
<tr><td>行使价</td><td>行使价间距设定为 0.05</td></tr>
<tr><td>正式结算价</td><td>由香港财资市场公会在到期日上午 11 时 30 分左右公布的美元兑人民币（香港）即期汇率</td></tr>
<tr><td>行使时的结算</td><td>行使时实物交收
<table><tr><th></th><th>持有人</th><th>沽出人</th></tr><tr><td>认购期权</td><td>以最后结算价计算的人民币支付</td><td>美元交付</td></tr><tr><td>认沽期权</td><td>美元交付</td><td>以最后结算价计算的人民币支付</td></tr></table></td></tr>
<tr><td>行使方式</td><td>欧式</td></tr>
<tr><td>合约月份</td><td>现月、随后三个月及随后的四个季月（即三月、六月、九月和十二月）</td></tr>
<tr><td>最后结算日</td><td>合约月份的第三个星期三</td></tr>
<tr><td>到期日</td><td>最后结算日之前的两个营业日</td></tr>
<tr><td>交易时间</td><td>上午 9 时至下午 4 时 30 分（最后交易日的交易时间为上午 9 时至 11 时）</td></tr>
<tr><td>交易费</td><td>人民币 8 元（2017 年 3 月 20 日至 2018 年 12 月 31 日豁免）</td></tr>
<tr><td>行使费用</td><td>每张合约人民币 8 元</td></tr>
<tr><td>香港证监会费用</td><td>无</td></tr>
</table>

（续表）

项目	合约细则
持仓限额	美元兑人民币（香港）期货、人民币（香港）兑美元期货和美元兑人民币（香港）期权合约加总，以所有合约月份持仓合共对冲值8 000（长仓或短仓）为限，并且在任何情况下，直至到期日（包括该日）的五个营业日内，现货美元兑人民币（香港）期货及现货美元兑人民币（香港）期权持仓对冲值不可超过2 000（长仓或短仓）；所有合约月份的人民币（香港）兑美元期货合约净额的仓位不可超过16 000张（长仓或短仓）
大额未平仓合约	任何一个系列为500张未平仓合约
假期安排	按照香港假期安排

（4）美元兑人民币（香港）期权交易费用及征费（见表5－19）。

表5－19　美元兑人民币（香港）期权交易费用及征费

项目	费用
交易所费用	每张合约人民币8元 （2017年3月20日至2018年3月30日豁免）
香港证监会费用	无
总额	每张合约人民币8元

注：以上费用会不时做出修改。

下篇

从细分行业看A/H两地市场投资趋势

第六章

大周期板块

沪深港通开通后，A/H 两地市场一体化，从投资角度来看，香港市场上 65% 的市值和内地相关，这些占整个成交量的 70% 以上，例如石油石化行业，因为都有“两桶油”作为权重股，行业基本面接近，而另一些行业，如房地产，上市公司并未重合，但香港市场的内房公司基本面和内地房地产行业整体联系紧密，最大差异可能在估值层面。

在接下来的几章中，我们将详细探究每个行业中港股与 A 股的异同，以及两地市场中驱动股价的原因。首先，是大周期板块。

石油石化行业：更具上游属性的港股[①]

港股与 A 股的同与不同

整体而言，在石油石化行业，港股与 A 股的重合度极高。具有行业代表性的四家公司为 A/H 两地上市公司，分别是中国石油（港股名称：中国石油股份）、中国石化（港股名称：中国石油化

---

① 资料来源：《A + H 行业比较系列专题之一：油气煤炭篇——港股：A 股的一个缩影》，特别感谢张樨樨、祖国鹏和孟凡杰对本文撰写做出的贡献。

工股份)、中海油服（港股名称：中海油田服务）与上海石化（港股名称：上海石油化工股份），这四家 A/H 两地上市公司在 A 股的流通市值合计占行业总流通市值的 90%，在港股的流通市值合计占行业总流通市值的 84%，两地行业的关联效应明显。

石油石化行业的产业链可分为上游的石油开采、石油炼化、油田服务和偏下游的油气销售与储运。石油开采工业包含原油与天然气的勘探、开发、生产及销售的整条产业链；石油炼化工业以原油为原料，生产多种石油化工基本原料，包括汽油、煤油、柴油、石脑油等石油产品，经进一步催化、裂解、脱硫等工艺处理后，产出乙烯、丙烯、丁二烯、芳烃、三苯等化工中间品。

石油石化行业 A 股其余的上市公司，涵盖了石油石化行业的整个产业链。其中，石油开采行业有 8 家上市公司，炼油化工行业有 7 家，油服行业有 2 家，油品销售行业有 4 家。石油开采行业公司的民营属性显著，在炼油化工行业中，除华锦股份与沈阳化工外，其他均为新型的民营炼油化工企业。民营炼油化工企业具有明显的后发优势：规模效应明显，单位加工量的成本低；30% 的炼化一体化率明显高于国企。

石油石化行业港股其余的上市公司的主营业务偏油气销售与储运。在香港上市的非 A/H 两地上市公司中，中国海洋石油属于石油开采细分行业，公司市值、股性与“两桶油”相似。其他三家（光汇石油、中石化冠德、昆仑能源）均属油气销售与储运行业，其特征为：以油气销售为主要业务，同时产业链延伸到上游勘探、开采，一体化特征明显；公司战略偏向天然气业务。从盈利角度分析，油气销售与储运公司的收入主要受成品油售价、下游行业景气指数、油气输送通道建设和产业政策驱动；在成本方面，像中石化冠德和昆仑能源分别是中国石化和中国石油的控股子公司，因此成品油多以内部价格采购，成本间接受国际油价影响。

现以昆仑能源为例，昆仑能源属于天然气销售与储运细分行业，是中国石油集团燃气业务运营平台。公司业务涵盖油气田勘探与开发、天然气管道、液化天然气（LNG）的加工与储运、天然气终端销售与综合利用等。2016 年，公司合并集团另一个从事天然气终端销售和利用的平台公司（昆仑燃气），成为集团旗下唯一的燃气业务运营平台。公司背靠中国最大的天然气生产商，拥有其他天然气终端销售公司无法比拟的资源优势。2010—2015 年，公司自中国石油获得的气源从 22.2 亿立方米增至 138.7 亿立方米。从营业收入占比来看，2016 年，昆仑能源主营业务收入的 98% 来自天然气分销，该项业务的盈利由天然气供给水平与天然气消费量驱动。

同样，中石化冠德也属于天然气销售与储运细分行业，其中，天然气销售与储运占 58.85%，原油码头服务占 33.20%，船舶租赁服务占 7.95%，这三类为主要业务，从营业收入占比来看，天然气销售行业的景气指数对公司盈利的影响较大，母公司中国石化的天然气销售量对股价有显著的驱动作用。A 股与港股石油石化行业细分行业的分布情况如图 6－1、图 6－2 所示。[①]

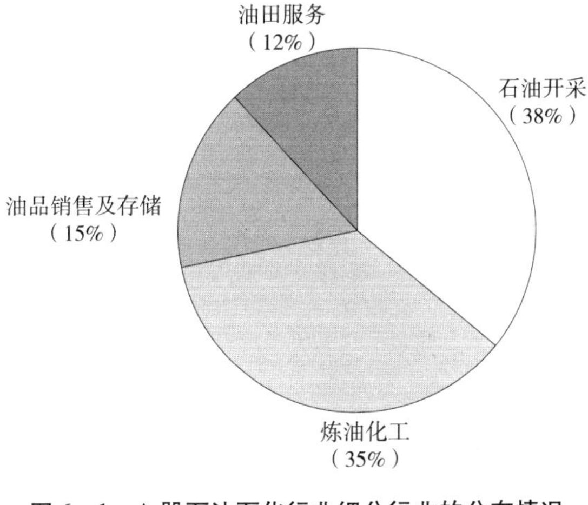

图 6－1　A 股石油石化行业细分行业的分布情况

① 资料来源：万得资讯。

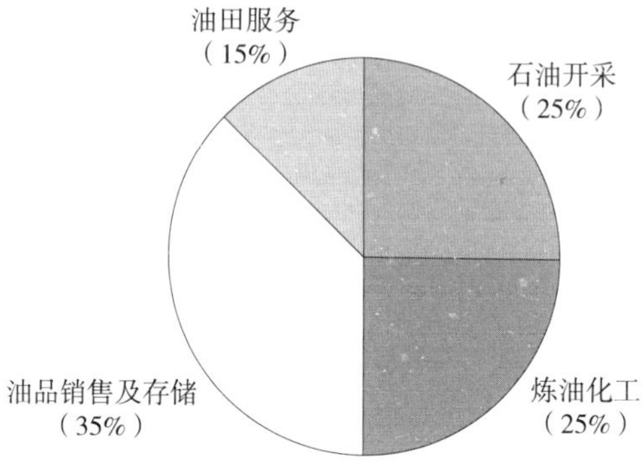

图6－2 港股石油石化行业细分行业的分布情况

从财务层面看 A/H 市场的异同

港股与 A 股的 A/H 大市值公司重合，两地石油石化行业的基本面趋同。2016 年以前，国际油价快速下跌拖累产品价格，主要石化产品供给过剩，国内经济转型调结构的需求疲软，中国石油、中国石化的业绩受到一定拖累。2016 年以后，随着国际油价的反弹，以及供给侧改革的效果初步显现，大部分企业的盈利环比开始改善，使得 2016 年业绩的下滑速度有所减缓。

考虑到四只 A/H 股票的体量太大，我们将 A/H 两地上市公司剔除，然后观察香港市场与内地市场的差异。港股与 A 股的不同在于，香港市场整体对油价变动更敏感，上市公司多聚集于上游石油开采行业（除 A/H 两地上市公司外，还有中国海洋石油），而 A 股则有较多与炼油化工相关的上市公司。

低油价刺激消费需求，叠加原油库存收益使得炼油化工行业的盈利明显改善。例如，在 2015 年油价下行阶段，A 股上市公司净利润整体同比下降 29%，港股上市公司同比下降 68%，A 股上市公司的营业总收入同比下降 20%，港股上市公司同比下降 32%。A 股上市公司的净利润下降幅度较小，主要受益于油品销售行业和炼油化工行业，当年 A 股油品销售行业净利润同比增长 245%，炼油化工行业同比增长 136%。相反，港股受累于昆仑能源与中国海洋石油，导致净利润增速大幅下滑。

对于重资产公司，净资产收益率（ROE）的趋势和平均市净率（PB）的估值紧密相关。在行业复苏初期，周期品价格和需求上升导致毛利率和资产周转率上升，ROE 上升带动股价稳步上升，PB 估值保持相对稳定（可能会因 ROE 而下降）。当景气见顶，ROE 开始拐头向下，周期的后半程基本靠 PB 估值，PB 估值在这个阶段抬升最快。之后，毛利率和 PB 估值开始回落。

石油石化行业周期性较强，净利润不稳定，拥有大量固定资产，并且账面价值相对较稳定，用 PB 估值衡量能更好地反映股价水平。在过去几年，油价下跌导致 ROE 和 PB 估值一路下滑。2016 年，油价有所恢复，ROE 从底部的 2% 开始恢复，但无论 A 股还是港股，均受到毛利率影响，资产周转率有小幅上升，A 股相对港股较好，但整体变化不大。

什么在影响 A/H 两地资本市场的股价差异

我们之前曾指出，A/H 价差并不是来自公司基本面，而是来自投资者结构。当然，股价首先是公司基本面的反映，公司属性决定其核心驱动力。

石油石化行业的四个 A/H 两地上市公司为中国石油、中国石化、上海石化、中海油服。中国石油作为石油开采行业的上市公司，其盈利主要由国际原油价格驱动；中国石化、上海石化作为炼油化工行业的上市公司，其盈利主要由裂解价差驱动；中海油服作为油田服务行业的上市公司，其盈利主要由上游公司资本支出驱动，间接受油价驱动。

但更重要的是投资者结构。石油石化是特殊的行业，其特殊之处体现在权重和流通盘上。A 股流通盘中 80% 以上被母公司控制，市场筹码极少，在特殊时期，和指数涨跌的关系更紧密。中国石油占上证指数4.1%的权重，在内地市场仅次于工商银行的4.6%，中国石化占1.9%的权重，排名第六，具体见表6－1。[1]“两桶油”的股价波动对大盘指数的贡献率高，因此其股票不仅可以融资，还可以调节股市。当A股指数快速上涨时，石油石化行业A股走势与大盘走势趋同，逐步脱离基本面。

表6－1　上证指数权重排名（前10名）

排名	简称	权重（%）	总股本（亿股）	总市值（亿元）	行业
1	工商银行	4.7	3 564	20 315	银行
2	中国石油	4.2	1 830	14 898	石油石化
3	农业银行	3.5	3 248	12 310	银行
4	中国银行	2.6	2 944	11 923	银行
5	贵州茅台	1.9	13	6 065	食品饮料
6	中国石化	1.9	1 211	7 434	石油石化
7	中国人寿	1.8	283	8 005	非银行金融
8	中国平安	1.8	183	9 879	非银行金融
9	招商银行	1.7	252	6 714	银行
10	浦发银行	1.2	281	3 777	银行

以2015年的A股牛市为例。从2014年12月5日起，中国石油与中国石化接连涨停，奠定牛市基调；2015年7月，当内地市场的恐慌情绪到达顶点时，石油石化行业的权重股连拉涨停，意在护盘维稳。整体而言，在2014年12月到2015年8月的时间窗口下，中国石油、中国石化、上海石化和中海油服A股股价与沪深300指数的相关系数分别为0.94、0.93、0.9和0.78，行业属性与盈利变

① 资料来源：万得资讯。

化基本脱离，这点与港股有非常大的区别。

港股并非一直比A股便宜，投资者偏好仍是关键。2007—2011年的五年内，A股整体略有溢价。2007年，A股牛市的余温未退，叠加年末中国石油、中海油服等龙头上市公司在A股上市，受到A股投资者的热捧，股价脱离基本面，导致A股溢价。此后，全球性金融危机导致海外投资萎缩，港股受此影响，股价缺乏上行动力，整体呈现A股对港股溢价的情况。

但在2011—2015年的五年内，A/H价差收窄，中国石油、中国石化的A股甚至对港股有折价。2011年以后，全球经济复苏，港股流动性向好，港股投资者偏好行业龙头个股，作为石油石化行业的龙头，盈利稳定的“两桶油”港股反而获得溢价，反映了境外投资者对“确定性”和“龙头”的偏好。

2015年，由于A股股价跟随大盘波动，脱离基本面，导致A/H价差拉大，A股溢价率到达峰值。2016年至今，A股大幅下跌，石油石化行业A股逐渐回归价值投资，A/H价差企稳，但整体而言，A股仍有一定程度的溢价。

有色金属行业：“龙头”之别，估值之辩[①]

港股与A股，“龙头”之别

从产业链的分布来看，A股上市公司多聚集于下游金属加工环节，而港股多为上游采矿、冶炼龙头上市公司。具有行业代表性的四家公司为A/H两地上市公司，分别为紫金矿业、中国铝业、江西铜业和洛阳钼业，这四只A/H股票在A股的流通市值合计占行业总

① 资料来源：《A+H行业比较系列专题之二：有色钢铁篇——龙头之别，估值之辩》，特别感谢敖翀和孟凡杰对本文撰写做出的贡献。

流通市值的17%，在港股的流通市值合计占行业总流通市值的70%。A/H两地市场有色金属行业上市公司的分布情况见表6－2。[①]

表6－2　A/H两地市场有色金属行业上市公司的分布情况

	A股数量占比（%）	A股市值占比（%）	港股数量占比（%）	港股市值占比（%）
工业金属	51	48	73	56
稀有金属	38	37	9	20
贵金属	11	15	18	24

除去四只A/H重合股票，港股市值200亿港元以上的公司有四家，分别是中国宏桥、中国忠旺、招金矿业和五矿资源。除中国忠旺是铝加工行业上市公司外，其他三家公司分别为铝、黄金、铜产业链的上游龙头，主要业务为矿山经营，进行金属开采及冶炼。这类上游龙头公司的成本普遍控制得较好，股价与金属价格走势的趋同度较高。两地其余的上市公司中，从行业分类来看，A股上市公司中工业金属和稀有金属的生产商占比较大，而港股的稀有金属上市公司相对较少。

A股由于上游资源开采公司的垄断性较强，进入壁垒高，因此大部分上市公司聚集于下游加工领域，盈利由加工附加值驱动，低附加值加工领域的竞争激烈，高附加值加工领域的进入门槛高，结构性问题比较突出，所以股价与金属价格走势的相关性比港股弱。

A股的优势体现在其稀有金属及小工业金属（铅锌、镍钴等）的上市公司丰富，而港股在这两方面几乎是空白的。A股的有色金属行业龙头包括铅锌行业唯一的代表——中金岭南，以及稀有金属行业代表——天齐锂业、北方稀土和金钼股份。

① 资料来源：万得资讯。

港股的优势体现在其上游的龙头上市公司丰富，这些龙头股的业务集中度比较高，得益于成本控制，其毛利空间普遍较大，且经营方式更加全球化。现以两家代表公司（五矿资源和中国宏桥）为例进行分析。

五矿资源目前为多元化上游金属采矿公司，2011 年由中国最大的氧化铝进口商及供货商之一转型而来。作为五矿集团旗下上游基本金属的国际化及多元化发展平台，五矿资源拥有并运营着一系列世界级基本金属矿山的开发项目和勘探项目。其管理的矿山包括拉斯邦巴斯（Las Bambas）铜矿、赛奔（Sepon）铜金矿、肯斯维尔（Kinsevere）铜矿及罗斯贝里（Rosebery）铅锌矿等。2016 年，拉斯邦巴斯铜矿的营业收入占比为49%。

公司的核心竞争优势有三点。一是经过五年海外优质矿山资源的布局，产能释放即将步入收获期，业绩扭亏后增长强劲：公司于大宗商品“超级周期”结束后收购秘鲁拉斯邦巴斯铜矿，成本优势凸显，未来五年的计划产量（铜金属量）为200 万吨。二是现金流强劲，提供了扩张动力，债务成本优势明显：拉斯邦巴斯的商业化生产使公司亏损由10 亿美元收窄至9 870 万美元，公司净债务减少4. 88 亿美元，资产负债率由82%降到79%。三是公司未来继续执行海外扩张战略，成长性可期：公司五年来对海外优质矿山资源的并购及对低效业务的剥离的全球化布局体现了管理层的远见，公司未来将继续执行海外扩张战略，力争在2020 年之前晋升为全球多样化的中型矿产商。2016 年五矿资源主营金属的转型如图 6 – 3 所示。[①]

作为产业链上游的全球化资源公司，五矿资源主要以伦敦交易所（LME）合约确定销售合同，股价由 LME 金属期货合约价格驱动。2016 年是世纪（Century）矿山关闭和拉斯邦巴斯矿山达产的

① 资料来源：中国五矿集团有限公司官网。

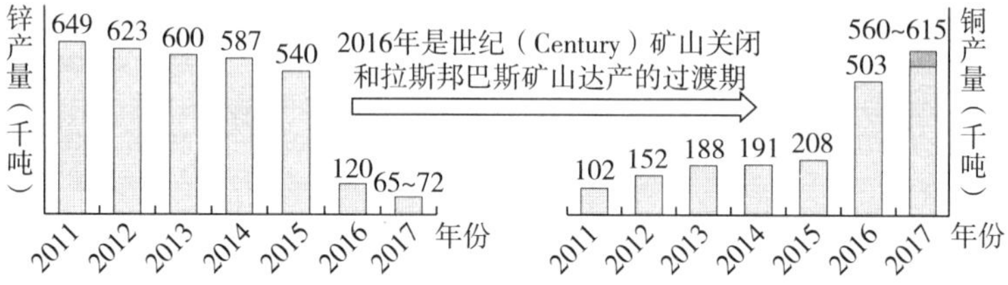

图 6－3　2016 年五矿资源主营金属的转型

过渡期，公司的主要产品由锌向铜过渡，资本市场的股价也逐渐由 LME 的三个月锌价驱动转换为铜价驱动。

中国宏桥为铝产业链的上游龙头，是全球最大的电解铝生产商。主营产品为液态铝合金、铝合金锭及铝合金加工产品，营业收入占比分别为 91.3%、3.9% 和 4.6%。其核心竞争优势在成本控制，公司成本控制的优势体现在两个层面。

一是氧化铝与电力的低成本优势，这种成本优势得益于产业集群效益。

氧化铝方面，中国宏桥的主要生产基地——山东滨州有大量的上游氧化铝企业和下游铝加工企业，与公司签有大量采购协议的高新铝电，与公司在地理位置上较为接近，可为公司节省大量的氧化铝包装及运输成本。此外，由于公司氧化铝的采购量占高新铝电产量的 60%，议价能力强，使得氧化铝采购价低于国内平均采购价。电力方面，公司于 2006 年 6 月与创业集团签订为期 4 年的采购协议，基准电价为 0.45 元/千瓦时（含增值税，无税时基准电价为 0.38 元/千瓦时）。2008 年 6 月，公司与高新铝电签署无固定期限的采购协议，协议一直持续有效，基准电价为 0.34 元/千瓦时（含增值税，无税时基准电价为 0.29 元/千瓦时），若煤价波动 20%，采购电价可再协商。

二是在铝行业低迷时期逆市扩张，获得规模优势，并充分利用产业集群优势降低运输和分销费用。公司主营产品为液态铝合金，与铝合金锭[1]相比，液态铝合金可避免产生庞大的铸造成本及相关电力、劳力、存储成本等，其劣势在于运输半径较小。但由于客户主要位于山东境内，可便捷地将液态铝合金运至客户制造厂。公司充分利用产业集群优势，使高毛利得以维持。

从财务数据看 A/H 市场的异同

A 股与港股净利润在 2005—2009 年及 2010—2014 年先升后降。2015 年，净利润开始回升。

在净利润结构上，2016 年，A 股净利润由稀有金属、黄金、铝、工业金属中的铜和其他金属的净利润组成；港股净利润由铝、黄金、稀有金属、铜和其他金属的净利润构成，具体如图 6－4、图 6－5 所示。[2] A 股和港股净利润的增速在 2016 年出现较大回升，2016 年因金属价格回升，行业盈利情况改善。

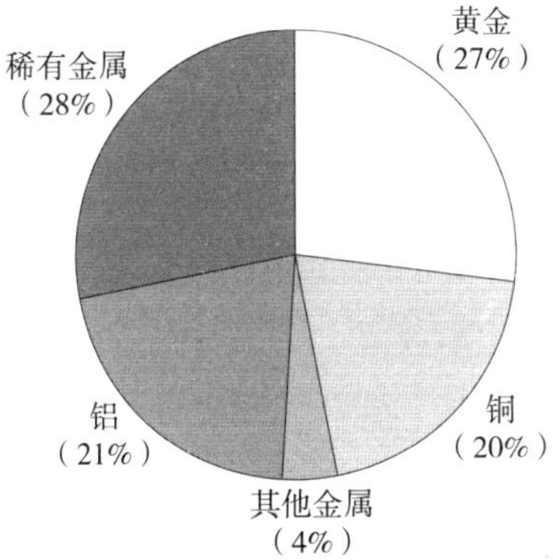

图 6－4　2016 年有色金属行业 A 股净利润结构

A/H 股的净利润对 A 股没有太大的影响，净利润最高的黄金行业占 A 股和港股净利润的比例接近 30%，因此 A 股和港股黄金

① 液态电解铝与多种化学元素结合，之后注入模具可制成铝合金锭。

② 资料来源：万得资讯。

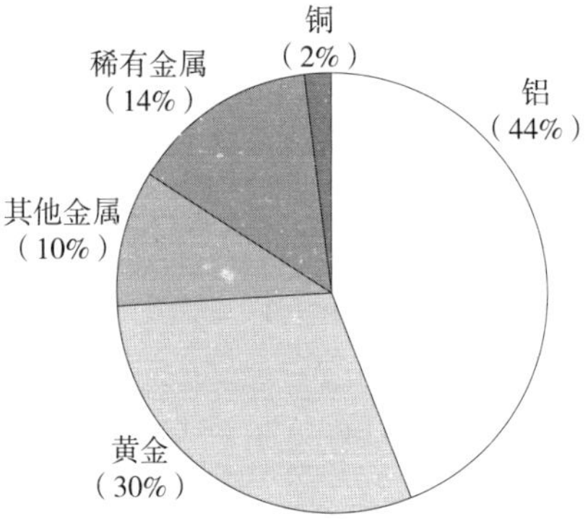

图 6－5　2016 年有色金属行业港股净利润结构

行业的净利润增速较一致，而铜和稀有金属净利润的占比为 20% 左右，最低净利润占比的铝只有 8%。

除 2009 年和 2015 年之外，A 股与港股的营业收入持续增长，营业收入增速基本一致。在营业收入结构上，铜和铝在 A 股和港股中都占主导地位。营业收入增速呈现先降后升再降的周期性特征，与资本性支出的同比增速相关。资本性支出在 2013 年之前基本为正增长，产能扩大，营业收入持续上升。

A 股与港股的销售毛利率下行，2011 年之后，受铜和黄金行业影响，A 股与港股的毛利率趋于一致。A 股各行业均呈下行趋势。两地行业中黄金、铝、铜和稀有金属在净利润和营业收入上占比较大，因此我们将对这几个行业进行单独介绍。在主要行业中，铜和黄金行业 A 股和港股的毛利率有趋近的倾向，铝行业 A 股和港股的毛利率较接近，而稀有金属行业 A 股和港股的毛利率没有趋近倾向。其他行业的影响不大。

因为行业的周期性特征，A 股与港股 ROE 的驱动，都受到毛利率的明显影响。A 股与港股 ROE 的差距收敛，A 股在 2014 年反超港股。2005—2016 年，A 股与港股 ROE 呈下行趋势。A 股 ROE 从 17% 下滑至 4%，港股 ROE 从 22% 下滑至 3%。

我们可以把资产周转率理解成总需求的活跃程度，而销售净利率与毛利率相关，因此本轮 A 股 ROE 下行与毛利率和需求有关，而港股 ROE 下行只与毛利率有关。

接下来，我们进一步将 A 股和港股的各个因素进行对比来看 A 股和港股存在差距的原因。

在杠杆率方面，A 股受铜行业主导，杠杆率水平较稳定，而港股杠杆率水平持续上升并在 2014 年超过 A 股，但杠杆率并非 A 股和港股 ROE 差距的原因。A 股杠杆率从 2010 年的 2.4 上升至 2016 年的 2.6，港股杠杆率上升幅度更大，从 2010 年的 2.1 稳定上升至 2016 的 3.8。其中，铜、稀有金属行业 A 股和港股的杠杆率水平差距不大或差距较稳定，但在黄金和其他金属行业，港股的杠杆率水平反超 A 股，在 2016 年之后，铝行业 A 股和港股的杠杆率水平差距有所扩大。

在资产周转率方面，A 股总资产的周转率较平稳，略有下降，但港股总资产的周转率下降幅度大，从而凸显了 A 股的中游加工属性。A 股总资产的周转率由 94% 略降至 89%，港股总资产的周转率由 91% 下降至 69%。金、铜行业的资产周转率无明显下行趋势，且该行业 A 股与港股的差距没有扩大，稀有金属行业有下行趋势但差距也较稳定，A 股与港股差距的扩大主要受铝行业影响，且其他金属行业也有一定影响。

在销售净利率方面，A 股和港股的销售净利率与 ROE 在 2010—2015 年波动下行，2016 年反弹。A 股的销售净利率从 4% 下降至 2%，港股的销售净利率从 7% 下降至 1%。黄金和铜行业使 A 股与港股的销售净利率降低且差距缩小，铝行业则影响了整体的波动性，而稀有金属和其他金属行业 A 股与港股的差距保持稳定且与总趋势不一致。

什么在影响 A/H 两地资本市场的股价差异

估值可能是这个行业最重要的差异，相同的 ROE 周期对应 A 股的 PB 区间为 0.8 ~ 4x，对应港股的 PB 区间为 0.6 ~ 2x。观察 4 家 A/H 两地上市公司发现，A 股的标准差均高于港股，说明 A 股的 PB 波动范围更大，例如，江西铜业 A 股的 PB 均值为 2.0 左右，在 3.4 和 0.8 之间波动，港股的 PB 均值为 1.1 左右，在 0.6 和 1.7 之间波动。有色金属行业 A 股和港股的 PB 与 ROE 如图 6－6、图 6－7所示。①

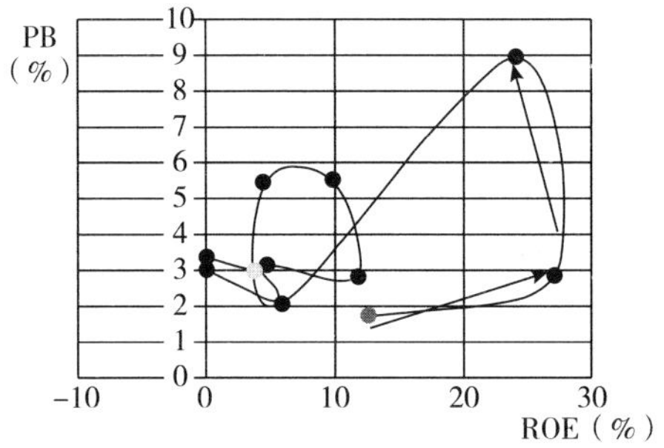

图 6－6　有色金属行业 A 股的 PB 与 ROE

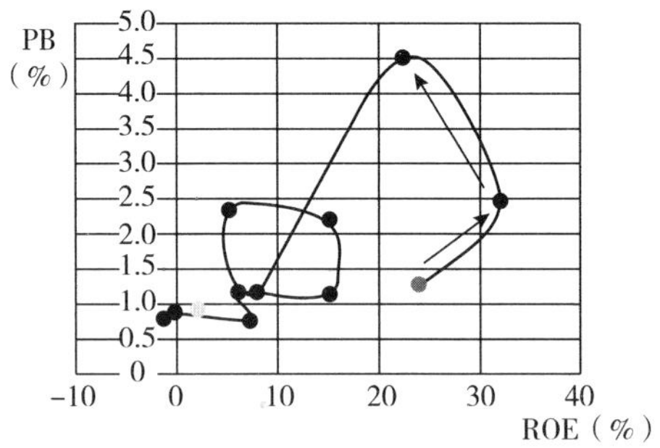

图 6－7　有色金属行业港股的 PB 与 ROE

① 资料来源：万得资讯，其中●为 2005 年位置，●为 2016 年位置。

回溯十年来三次 A 股牛市，几乎都由“煤飞色舞”行情启动。例如，2008 年 9 月，“四万亿”计划出台，A 股流动性充裕带动行业发展，月度涨幅于 2009 年 7 月达到峰值。2008 年 9 月至 2009 年 7 月，紫金矿业、中国铝业、江西铜业 A 股累计涨幅分别为 178%、169%、314%。相应地，美联储于 2008 年 11 月开始执行第一次量化宽松倾向政策（QE1），并于 2009 年 3 月宣布扩大 QE1，有色金属行业港股上市公司虽受流动性驱动有所上涨，但涨幅远不及 A 股。反观港股，盈利驱动的逻辑更加清晰。

A 股股价更多反映盈利预期，港股股价更多反映内生价值。A 股投资者对行业层面的景气拐点、行业政策的盈利预期，包括对个股重组、并购等重大事项的盈利预期，一旦有利好或利空信息，A 股投资者往往反应更加迅速，股价波动也更为强烈；反观港股，投资者更看重利好落实到盈利数据上的情况，因此股价波动幅度小于 A 股，且有一定的滞后性。有色金属行业 A/H 两地上市公司十年间折溢价的变动情况如图 6－8 所示。①

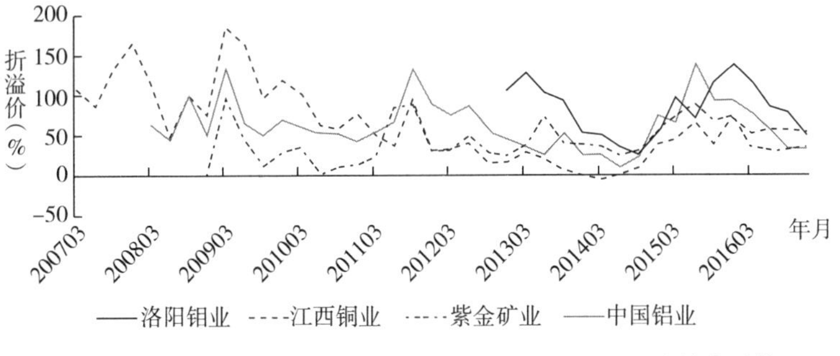

图 6－8　有色金属行业 A/H 两地上市公司十年间折溢价的变动情况

A 股与港股股价的驱动因素不同。在股市流动性充裕或面临结构性调整的特殊时期，A 股有色金属行业上市公司显示出高弹性，

① 资料来源：万得资讯。

股价往往由流动性驱动，脱离行业景气。在香港市场，境外投资者在给公司估值时不仅考虑股权价值，还考虑债权风险，相同的 ROE 对应港股 PB 就会低很多，对有色金属等高负债行业尤其如此。港股折价反映了其对流动性、尾部风险等的补偿，其背后是对周期的估值选择，反映到股价，A 股更多地反映价格的上涨预期，港股则在价格（如铜价）上涨后反映公司内生价值的提升，其不但以 PB 衡量，更以 EV/EBITDA（企业价值倍数）等衡量，两者或者三者（PB，PE，EV/EBITDA）取其低。

煤炭、钢铁行业：港股，A 股的一个缩影

港股与 A 股的同与不同

煤炭行业具有代表性的上市公司基本为 A/H 两地上市公司，其中，中国神华、兖州煤业、中煤能源的流通市值合计分别占煤炭行业 A 股与港股总流通市值的 48% 和 98%。港股主要的煤炭公司基本都是 A/H 两地上市公司，可以说，煤炭行业的港股就是 A 股的缩影。在两地其余上市公司中，A 股上市公司多为出产动力煤的公司（数量占比为 45%），另有 18% 出产炼焦煤。A 股与港股煤炭行业细分行业的分布如图 6－9、图 6－10 所示。[①]

在钢铁行业，港股公司有 3 家，A 股公司有 53 家。

钢铁行业 A 股上市公司多为板材生产商，市值合计占比为 61%，其次为长材生产商，市值合计占比为 16%。板材按品种分为冷轧板卷、热轧板卷和中厚板等，主要用于生产汽车、家电、机械、船舶和交通运输工具等，行业龙头有宝钢股份、河钢股份、首钢股份。长材的代表品种为螺纹钢，主要用于建筑、基建等领域，

① 资料来源：万得资讯。

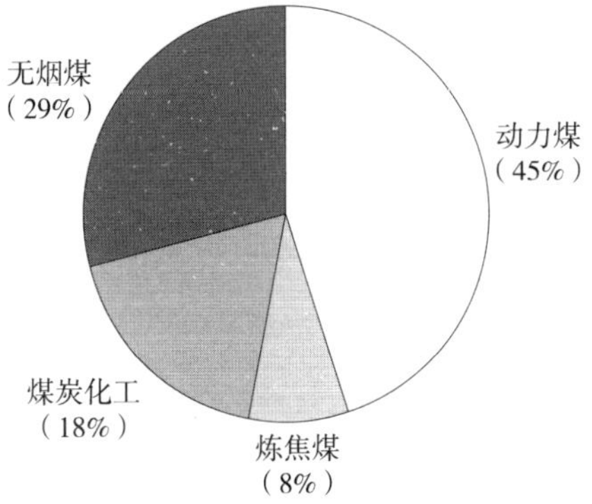

图6－9　A股煤炭行业细分行业的分布

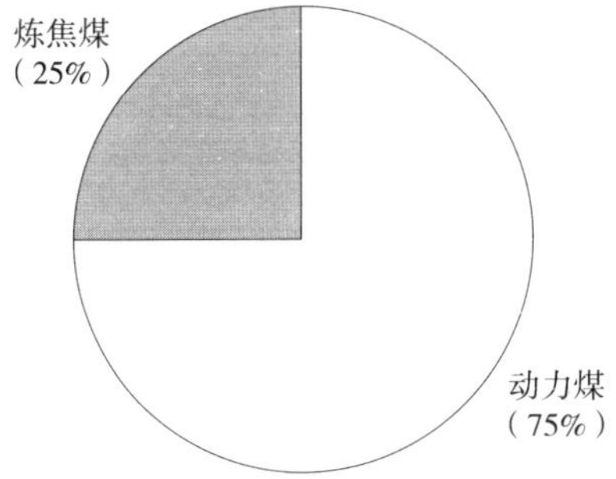

图6－10　港股煤炭行业细分行业的分布

需求主要由房地产、基建等下游行业景气驱动，行业龙头有新兴铸管、三钢闽光。特钢上市公司市值合计占比为11%。特钢包括硅钢、碳素钢等高科技新型钢材品种，主要用于核电站建设、电网建设、航空航天、军工等领域，行业龙头有沙钢股份、方大特钢。另外，钢铁贸易流通与铁矿石企业市值分别占比为7%、6%，行业龙头有海南矿业、藏格控股等。

港股的3家钢铁上市公司为A/H两地上市公司，分别是鞍钢股份、马钢股份（港股名称：马鞍山钢铁股份）、*ST重钢（港股名称：重庆钢铁股份）。和煤炭行业类似，钢铁行业的港股也是A股的一个缩影。

从财务数据看 A/H 市场的异同

港股的煤炭行业，除首钢资源外，其他三家均为 A/H 两地上市公司，而首钢资源体量较小，所以主要由 A/H 股主导，而 A/H 股与中国神华的相关程度最高。2016 年之前，煤炭行业普遍低迷，受宏观经济供过于求的影响，经济增速下滑，需求进一步下滑，单位 GDP（国内生产总值）能耗下降，能源结构调整，煤炭需求负增长，供给渐增，行业景气下行，煤价弱势对企业盈利造成直接影响，造成煤炭行业营业收入和净利润持续下降。

2016 年下半年，盈利下滑速度放缓，主要受益于供给侧改革的推进，煤价在 2016 年出现拐点，自 2016 年 8 月，规模以上企业业绩同比由负转正且增速逐月迅速扩大，并直接反映在企业盈利上。

2016 年之前，港股净利润增速高于 A 股，主要是由于 A/H 股中的中国神华、兖州煤业和中煤能源的净利润增速均高于剔除 A/H 股之后的其他 A 股。2016 年，其他 A 股中动力煤、炼焦煤、焦炭、其他煤化工的盈利水平出现大幅上涨，上涨幅度均在 100% 以上，而港股中由于中国神华 2016 年的净利润同比增长率仅为 41%，导致 A 股净利润增速反超港股。

在毛利率方面，近三年来煤炭行业 A 股与港股销售毛利率的变化幅度较小，略有上涨。A 股方面除其他煤化工行业外，其他各行业均有小幅上涨。港股方面四只股票的毛利率均有上涨。港股销售毛利率由 25.1% 小幅上升至 25.4%，A 股由 21% 上升至 23%。

港股 ROE 主要由 A/H 两地上市公司主导。从整体来看，近三年来煤炭行业 A 股与港股 ROE 均呈先下降后上升的趋势。A 股 ROE 从 5% 下降至 -1% 而后又上升至 4%，港股 ROE 从 8% 下降至 3% 而后又上升至 5%。不同点在于港股 ROE 略高于 A 股，且相对平滑。2015 年，A 股 ROE 大幅降低，而港股稳定，这与大公司如中国神华煤电一体的公司结构有很大关系。

2016—2017 年，影响煤炭行业 ROE 的关键是煤炭价格，反映在销售净利率方面，A 股与港股的销售净利率均呈现先下降后上升的趋势。港股的销售净利率高于 A 股。A/H 股销售净利率显著高于煤炭行业其他 A 股，而港股销售净利率与 A/H 股几乎完全重合，从而使港股销售净利率高于 A 股。其他各细分行业 A 股的销售净利率均低于 A/H 股的销售净利率，中国神华、兖州煤业、中煤能源的销售净利率均高于其他 A 股。

港股的煤炭公司规模较大，整体 ROE 和毛利率都比 A 股高，但 A 股公司分布广，煤价对股价影响更强。煤炭的周期属性极强，因为生产成本相对固定，煤炭价格就成了主要变量。港股中，煤价波动时 ROE 的变化没有 A 股剧烈，A 股中较小规模的煤炭公司涵盖动力煤、炼焦煤、焦炭等，煤价和毛利率的提升对 ROE 的帮助极大。

与煤炭行业类似，钢铁行业港股上市公司仅有三家，且全部为 A/H 股上市公司。钢铁行业港股净利润由鞍钢股份主导，其次是马鞍山钢铁股份，重庆钢铁股份影响很小。钢铁行业 A 股与港股净利润增速基本一致。2011—2014 年，受鞍钢股份影响，钢铁行业港股与 A 股净利润增速出现差距。钢铁行业 A 股与港股的净利润如图 6－11所示。①

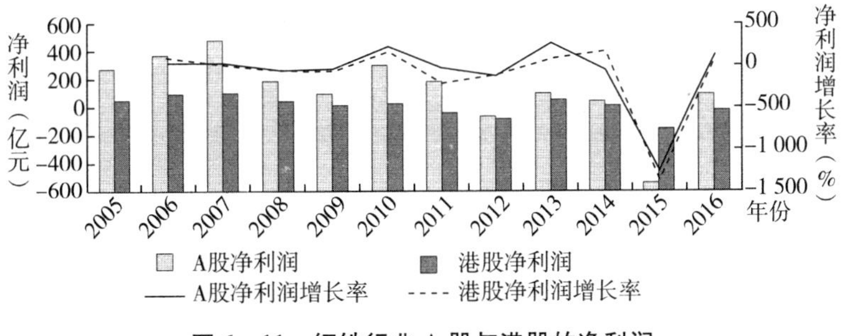

图 6－11　钢铁行业 A 股与港股的净利润

① 资料来源：万得资讯。

从盈利角度来看，具有周期属性的钢铁行业A股和港股ROE都与销售净利率紧密相关。A股与港股ROE下行与资产周转率有一定关系，A股与港股ROE和权益乘数的关系都不大，销售净利率是核心驱动力。钢铁行业A股销售净利率主要受长材、板材驱动影响，两个行业与A股走势基本一致。港股方面，销售净利率与马鞍山和鞍钢股份走势基本一致。因为钢铁行业其他A股的销售净利率高于A/H股，所以A股整体净利率高于港股。

什么在影响A/H两地资本市场的股价差异

煤炭行业港股的上市公司是动力煤开采选洗公司。2013—2017年，中国神华、中煤能源、兖州煤业港股股价与环渤海动力煤综合平均价格指数的相关系数分别为0.67、0.53、0.65。整体而言，煤价驱动股价的逻辑非常清晰。2015年，受A股大幅下跌的影响，A股股价脱离煤价走势，但剔除这一特殊时期后，中国神华、中煤能源、兖州煤业A股股价与环渤海动力煤综合平均价格指数的相关系数分别为0.73、0.75、0.59。整体而言，A/H股股价和动力煤价格关系密切。

中国神华是中国最大的煤炭企业。值得注意的是，在中国神华主营业务收入中，发电业务的营业收入占比为38%，因此煤炭和发电盈利相互平衡。在中煤能源的主营业务中，煤化工业务的营业收入占比为17%，煤化工行业的主要经济效益取决于煤化产品和石油化工产品的竞争，原油价格大幅下跌，使原本靠原油价格高而盈利的煤化工行业面临巨大的冲击。

但在2010—2015年，A/H价差维持在低位，与石油石化行业相似，中国神华A股对港股有折价，主要原因是，港股的海外投资者偏好行业龙头个股，作为煤炭行业市值第一且盈利状况较好的龙头公司，中国神华港股获得溢价，使得整体呈现出A股较港股折价的情况。行业内市值排名第二的中煤能源，其盈利状况较中国神华差，因此港股溢价不显著。而这一阶段的兖州煤业，由于海外业务亏损严重导致盈利状况不佳，对港股投资者的吸引力降低，导致港股股价低位震荡，从而整体上呈现出兖州煤业 A 股对港股略有溢价的情况。

2015 年，由于 A 股指数走高，A 股煤炭行业走势与大盘走势趋同（中国神华在上证指数的权重占比是 1.2%，排名第十），而脱离当时的煤价走势，导致 A/H 价差拉大。A 股大幅下跌之后，A 股煤炭行业逐渐回归价值投资，A/H 价差企稳，A 股仍有一定程度的溢价。2016 年，中国神华、中煤能源、兖州煤业 A 股溢价率均值为 26%、78%、156%。

港股的钢铁同属于强周期行业，除鞍钢股份外，其他两家公司的 A 股 PB 波动比港股大。鞍钢股份的 A 股和港股 PB 较接近，但 A 股波动略高于港股，A 股 PB 平均值为 0.78，在 1.1 和 0.5 之间波动，港股 PB 均值为 0.74，在 1.1 和 0.4 之间波动。马钢股份 A 股均值为 1.0 左右，在 0.6 和 1.3 之间波动；港股均值为 0.7 左右，在 0.4 和 1.0 之间波动。钢铁行业 A 股和港股的 PB 与 ROE 如图 6－12、图 6－13 所示。[①]

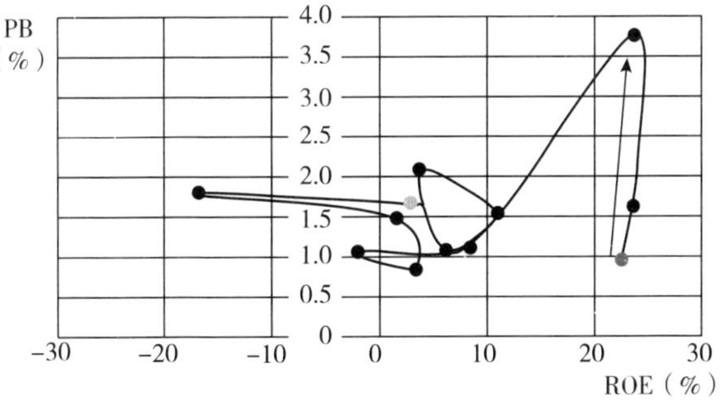

图 6－12　钢铁行业 A 股的 PB 与 ROE

① 资料来源：万得资讯，其中●为 2005 年位置，●为 2016 年位置。

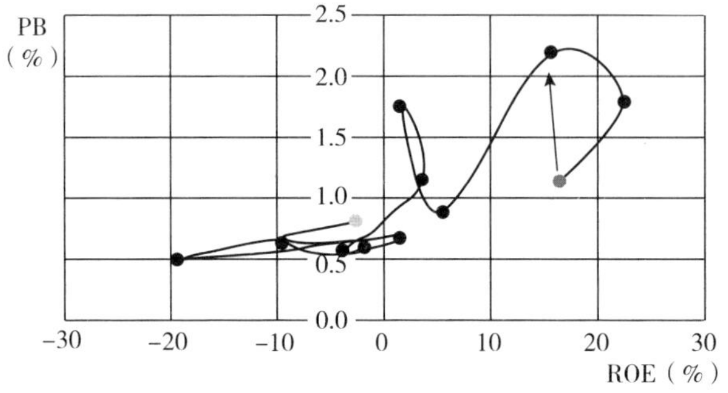

图 6－13 钢铁行业港股的 PB 与 ROE

钢铁行业 A 股与港股的不同之处在于，作为上游权重行业，钢铁行业受国民经济政策影响明显，因此 A 股受政策预期的驱动不容忽视，如供给侧改革、“一带一路”、国企改革、雄安新区的设立等均对 A 股股价有一定影响。例如，2013 年 11 月召开的十八届三中全会，通过了《中共中央关于全面深化改革若干重大问题的决定》（后简称《决定》），其中大量篇幅用以论述国有企业改革。这一时期，钢铁行业基本面正承受较大的压力，钢价处于长达 3 年的下行通道，热轧板卷价格累计跌幅 25%，冷轧板卷价格累计跌幅 20%，行业毛利维持在低水平。《决定》的颁布，对 A 股股价提振作用显著，股价上行，与钢价背离，A 股反应强烈，但港股基本平稳。

第七章

大消费板块

在这一章中，我们将重点讨论大消费行业中 A/H 行业的差异，A/H 行业主要包括汽车行业、食品饮料行业、商贸零售行业、医药行业、纺织服装行业及家电行业等。

汽车行业：一个被南下资金深刻改变的行业[1]

2017 年，内地资金加速布局香港市场，有两个行业的投资逻辑被内地南下资金深刻影响，一是房地产行业，二是汽车行业。最新数据显示，在汽车行业，内地南下资金持股达 8%，是内地南下资金持股比例最高的下游消费行业。全行业港股通的持股比例排序如图 7－1 所示。[2]

A 股投资者偏爱汽车股，这不难理解，汽车已不是简单的消费品，它还具备高端制造、产业升级等的“成长性”逻辑（如新能源汽车）。

港股与 A 股的同与不同

整体来看，汽车行业可分为乘用车、商用车、零部件和销售四

---

① 资料来源：《A＋H 行业比较系列：汽车家电篇——被南向资金深刻改变的行业》。特别感谢陈俊斌对本文撰写做出的贡献。

② 资料来源：万得资讯和港交所。

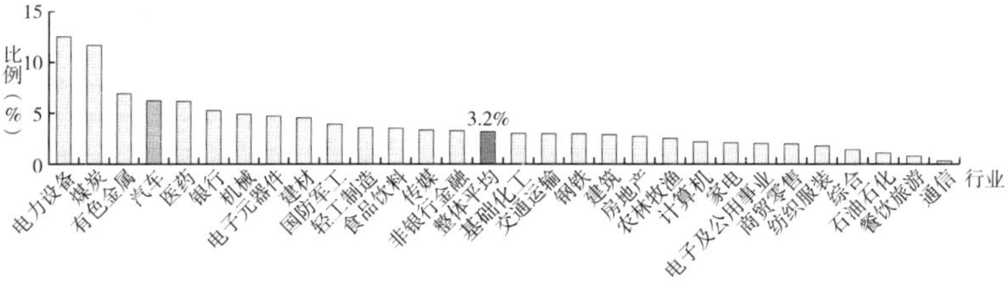

图7－1　全行业港股通的持股比例排序

大细分行业。但香港市场一般将商用车（中国重汽）划分为工程机械行业，A/H 市场汽车行业主要由乘用车、零部件和销售公司组成。两个市场各有千秋，A 股分布于产业链的不同环节，港股整体定位更高端。

A/H 两地上市公司数量占比的差异主要集中在商用车和汽车销售行业，A 股商用车细分行业为卡车、客车、专用汽车，共计 15 家上市公司，数量占比为 9%，而港股仅有中国重汽一家商用车公司。在汽车销售细分行业，A 股 161 家汽车行业上市公司中只有 11 家汽车销售公司，数量占比为 7%，而港股 4 家汽车销售公司的数量占比为 19%。

两地共有 6 家 A/H 两地上市公司，分别是广汽集团、比亚迪、长城汽车、福耀玻璃、潍柴动力、浙江世宝，前三家属于乘用车细分行业，后三家属于汽车零部件细分行业。这 6 只 A/H 股票在 A 股市值合计占行业总市值的 22%，在港股市值合计占行业总市值的 47%。A 股和港股汽车行业细分行业上市公司的数量占比如图 7－2、图7－3所示。①

从结构上来看，港股的特色是“定位中高端＋海外业务突出”。在乘用车细分行业，港股上市公司多为中高端汽车生产商，A 股多为定位于中低端市场的自主品牌生产商。

我们以港股的吉利汽车为例。2010 年，吉利汽车收购沃尔沃，

① 资料来源：万得资讯。

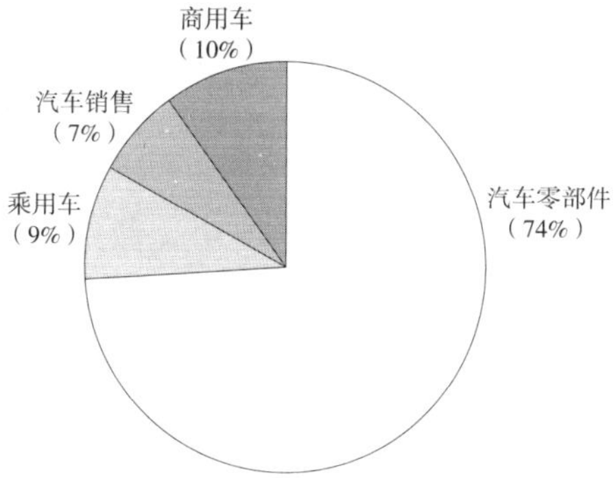

图 7－2　A 股汽车行业细分行业上市公司的数量占比

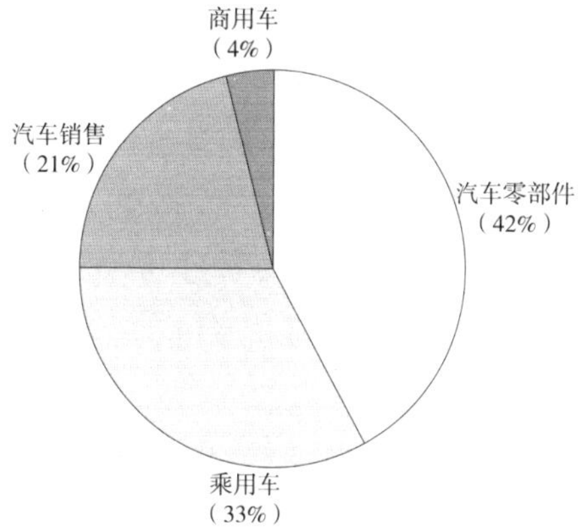

图 7－3　港股汽车行业细分行业上市公司的数量占比

以填充高端汽车生产的空白，并于 2017 年合资成立定位于中高端汽车的领克（Lynk & Co）品牌，目前主营整车及动力总成产品的产销，旗下拥有吉利汽车①、沃尔沃汽车、伦敦出租车、领克四个品牌。

公司目前的经营亮点有两个。一是经营重点转入 SUV（多功能车）领域，量价齐升使盈利复苏。SUV 是目前发展增速最快的乘用车，2016 年，吉利汽车顺势投放博越、帝豪 GS、远景 SUV 三款重

① 吉利汽车，2014 年由英伦、全球鹰、帝豪三个品牌整合而成，目前有 10 多款车型。

磅车型，市场份额快速提升。受益于消费者的偏好，SUV 车型比轿车具有更大的定价溢价，盈利能力高于行业平均水平。二是借力沃尔沃创建领克品牌，进一步优化产品结构。2016 年 5 月，沃尔沃推出 CMA（紧凑模块化架构）平台，吉利汽车与沃尔沃共享此平台。

从资本市场的股价来看，在盈利驱动的逻辑下，作为整车产销商，吉利汽车的股价与整车总销量走势趋同，受产品周期影响。2016 年之前，吉利汽车的整车销量主要受轿车（尤其是 A 级车）销量驱动，SUV 的销售亮点不多。公司 A 级车主打帝豪系列，于 2009 年首次推出帝豪车型，并于 2010 年 9 月推出帝豪 EC7，2014 年 12 月，其销量达到 2.6 万辆的峰值。此后，吉利汽车相继推出帝豪百万款与帝豪 GL，每个新车的发布周期均伴随股价的大幅上升。2016 年之后，随着市场对 SUV 的需求进一步扩大，公司先后推出博越、帝豪 GS、远景 SUV 三款车型，SUV 的销量成为总销量的主要驱动力，叠加 SUV 车型更具溢价，量价齐升驱动股价上行。

香港市场的第二家整车代表是华晨汽车，华晨汽车是中国第一家在海外上市的公司。[①] 营业收入的主要来源分两部分，一是轻型客车、自主品牌轿车及零部件产销，旗下品牌有金杯、华颂、中华。二是合资企业华晨宝马（控股 50%）在国内生产的宝马品牌汽车的生产、销售及售后服务。后者是公司营业收入的主要来源，主要产品为宝马 X1 系列、宝马 3 系列、宝马 5 系列。从销量来看，中高级轿车（B 级 3 系列、C 级 5 系列）是华晨宝马的热销车型，SUV 与 A 级车销量占比较低，但 SUV 车型的销量有逐年增长的趋势。

2016 年，宝马 2 系旅行车与下一代长轴距 X1 系列于 3 月和 5 月先后问世。作为国内生产的第四款宝马系列产品，宝马 2 系旅行车是第一款使用新前轮驱动式平台生产的产品，上市以来，年销量达14 400辆。宝马 X1 系列第一次配备长轴距，满足了中国客户的需

---

① 华晨汽车于 1992 年在纽交所上市。

求，自5月上市以来，销量可观，年累计销售44 054辆。2017年上半年，新车销量达17.3万辆，同比增幅达22%，其中宝马X1系列增幅142%，宝马2系列增幅53%，宝马3系列增幅28%，只有宝马5系列销量同比缩小15%，为应对老款宝马5系列逐渐步入产品周期尾部，公司于2017年6月推出宝马新5系Li，全面启动新产品周期。

目前，在港股乘用车上市公司中，仅有吉利汽车和比亚迪的估值高于华晨汽车，但吉利汽车未来的盈利受益于布局新能源汽车以及推出新品牌领克，比亚迪的盈利不局限于其汽车业务，高估值主要来源于其二次充电电池业务、手机部件及组装业务，因此华晨汽车应是营业收入由新产品周期推动的乘用车公司中估值最高的上市公司。

在汽车销售领域，港股的上市公司聚焦于豪华汽车及中高端汽车的销售。例如，宝马汽车的核心经销商广汇汽车、永达汽车、正通汽车、和谐汽车均为港股独有上市公司，其中广汇汽车有宝马4S店70家，① 永达汽车有32家，正通汽车有25家，和谐汽车有19家，四者合计占据了宝马汽车经销商的31%，集中度较高。反映到基本面，高端定位支撑港股行业的高毛利，经销商突出的特征决定了港股盈利的高弹性。

以目前港股市值最大的中升控股为例，其专注于经营豪华汽车和中档品牌组合，包括梅赛德斯-奔驰、雷克萨斯及奥迪等豪华汽车品牌，以及丰田、日产、本田及通用等中高档汽车品牌，目前公司销量最大的两个品牌是丰田与克莱斯勒。港股正通汽车专注于豪华品牌汽车（如宝马、奥迪）及超豪华品牌汽车（如保时捷）的经销，此外还经营日产、别克、现代、本田、雪佛兰等中高档品牌的汽车。

在汽车零部件细分行业，A/H股龙头上市公司主营业务各有侧重，港股的海外业务突出。A股除华域汽车为综合性汽车零部件公

① 广汇汽车于2016年收购宝信汽车，其中广汇汽车有28家宝马4S店，广汇宝信有42家宝马4S店。

司外，其他如光启技术、中国动力分别侧重汽车座椅金属零部件和蓄电池业务。港股方面，敏实集团、信义玻璃、耐世特分别为内饰件、汽车玻璃、汽车转向系统的细分行业龙头。接下来，简单介绍一下这几家公司。

敏实集团的核心产品为饰条、饰件和车身结构件。其客户及生产基地遍布全球，2016 年，敏实集团的海外营业收入额占比是 38%，客户遍及全球 136 家厂商，并于近年开拓豪车 ABB 新业务。此外，公司在中国、美国、墨西哥和泰国建厂，在日本和德国设有研发中心，且研发投入高，2016 年，研发费用占营业收入的比例为 4.2%，共获得 166 项专利授权。

耐世特曾是通用汽车下属转向业务部门，2010 年被中航集团收购，2013 年于港交所上市，主营转向助力系统和动力传动系统，下游核心客户包括通用、宝马、菲亚特克莱斯勒、福特、PSA 等全球知名整车厂。2016 年，公司电动助力转向产品（EPS）的市占率达 12%，排名全球第三、全美第一，营业收入占比为 62%，在美国市场的营业收入占比为 65%，是公司目前的核心产品，也是未来主要发展的产品。

目前，公司专注于电动助力转向产品，同时积极在智能驾驶领域布局。近五年来，公司的年均研发费用超过 6%，经营利润率为 10.8%，电动助力转向产品的毛利率为 21%，均属行业前列，此外，公司在智能驾驶领域发力，线控转向技术和静默方向盘已于 2017 年亮相。中资背景使公司得以挖掘内地市场的巨大潜力。公司比内地自主品牌具有技术优势，与外资品牌相比，有中资助力开拓市场的优势。自 2010 年被中航集团收购以来，在内地市场的营业收入占比增长到 22.3%，5 年 CAGR（复合平均增长率）为 38.4%，与东风集团合资有望进一步提升其在内地的市场份额。目前，耐世特为全球第三大电动助力转向产品供应商，仅次于捷太格特（JTEKT）和博世（BOSCH）。

从财务数据看 A/H 市场的异同：中高端定位和显著的下游属性

作为下游消费行业，整车销量是较为核心的表观指标。对于单个整车生产厂商而言，其销量更多取决于新车的产品周期。整车销量自上而下受行业政策的影响较大。复盘近十年来国内汽车的年销量及增速发现，增长最快的年份为 2009 年和 2010 年，汽车销量同比分别增长 48% 和 32%，关键原因之一是一系列促进汽车消费政策的出台，而 2011 年由于政策退出，汽车销量增速急剧放缓。2015—2016 年汽车年度销量及同比增长率如图 7 – 4 所示。[①]

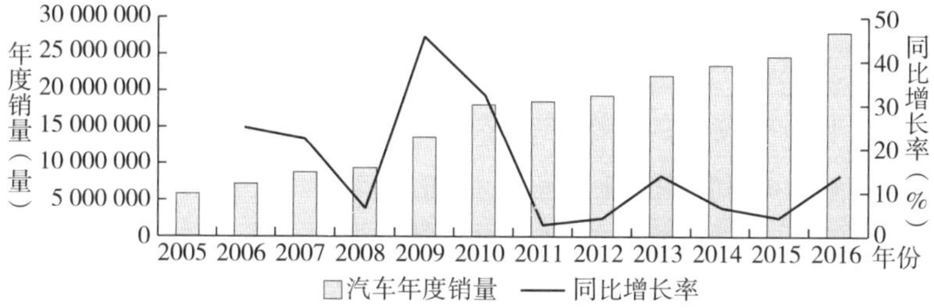

图 7 – 4　2005—2016 年汽车年度销量及同比增长率

除 2008 年和 2012 年外，汽车行业 A 股与港股的净利润持续增长。A 股和港股净利润的增长率基本一致，但在 2009 年出现较大差距，A 股因消费刺激政策的影响，净利润同比增长 169%，港股净利润同比增长 64%。在净利润结构上，2016 年乘用车细分行业 A 股净利润占总体的 60%，港股净利润占总体的 73%，汽车零部件细分行业 A 股净利润占总体的 30%，港股净利润占总体的 22%。香港市场中乘用车细分行业的净利润影响更大。

接下来，我们对汽车行业的细分行业进行具体分析。

乘用车

自 2014 年以来，乘用车销量基本实现同比正增长，但在 2015

① 资料来源：万得资讯、中国汽车工业协会。

年第三季度达到最低点（-2%），2015年第四季度，购置税开始减半，销量同比陡升（19%）。随着2017年购置税提升预期，2016年第三季度的增速成为拐点，达到最高点28%后增速回落。在乘用车细分行业，SUV是销量增速的主力，自2015年以来，SUV销量增速高于MPV（多用途车辆）和轿车。

乘用车行业A股和港股的净利润持续增长，净利润增速在2015年和2016年出现较大差距，2015年，A股净利润上涨18%，港股净利润持平，主要是因为港股乘用车细分行业中净利润占比最大（32%）的东风集团净利润下跌了10%。

在毛利率方面，自2011年以来，乘用车细分行业港股持续高于A股。港股毛利率较稳定，介于16%和19%之间，其中长城汽车的毛利率较高且较稳定，维持在22%以上；北京汽车受益于北京奔驰，毛利率提升明显，近五年来从1%升至23%。2016年，乘用车细分行业的毛利率与消费升级、厂商新推车型价格区间的提升有关。在净利率方面，A股净利率稳定在6%~7%，港股净利率在2013年陡增，是因为东风集团调整会计准则导致营业收入大幅降低。乘用车细分行业A股与港股的毛利率与净利率的对比如图7-5、图7-6所示。[①]

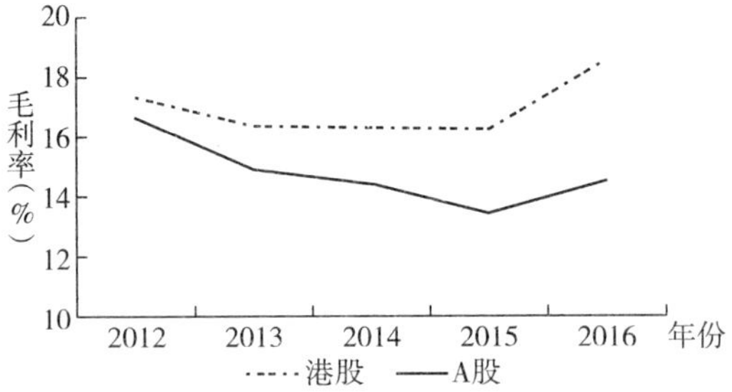

图7-5　乘用车细分行业A股与港股毛利率的对比

① 资料来源：万得资讯。

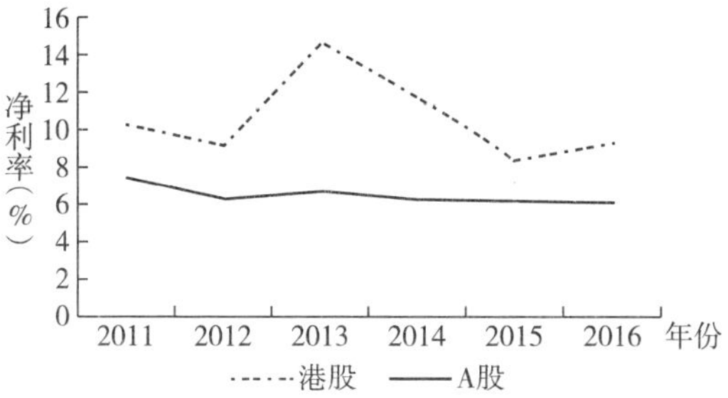

图7－6　乘用车细分行业A股与港股净利率的对比

汽车零部件

自2011年以来，汽车零部件细分行业A股和港股的净利润除2012年和2015年同比下降之外，总体上行。除2014年外，A股和港股净利润增速基本一致。2014年，A股净利润同比上涨28%，而港股净利润同比下降2%，主要原因是信义玻璃的净利润从28亿元降至11亿元，下滑61%，剔除信义玻璃之后，港股净利润同比上涨16%。

汽车零部件细分行业的毛利率维持在稳定的区间。A股的毛利率先下降后上升，近五年来介于19%和21%之间；港股的毛利率先上升后下降，天能动力和超威动力的毛利率均为20%左右。汽车零部件细分行业的毛利率一直比较稳定，是因为汽车零部件细分行业紧邻下游整车细分行业，下游整车给予零部件企业较为稳定的毛利率区间。

汽车销售及服务

如前文所述，在汽车销售及服务细分行业，港股汽车销售公司定位于中高端汽车的销售，四家港股汽车经销商公司中有三家是宝马汽车在国内的主经销商。这体现到财务指标上，一是港股的高毛利，二是盈利的高弹性。

由于豪车的毛利率较高，在汽车销售及服务细分行业，港股毛利率整体高于A股，近五年来，A股的毛利率从8%降至5%，港股的毛利率稳定在8%～10%。从盈利弹性来看，由于普通品牌溢价不高、产品线较多、产品更新周期分散，很难出现短时间集中出现多款热销车型和新车持续加价的现象，因此其销量和盈利曲线一般较为平稳；而豪车品牌由于大换代产品的投放较为密集，新产品品牌的溢价高，加价销售频繁，因此豪车经销商对于豪华品牌的车型周期更为敏感，其盈利较非豪华品牌经销商更具弹性。汽车销售及服务细分行业A股与港股的毛利率与净利率的对比如图7－7、图7－8所示。①

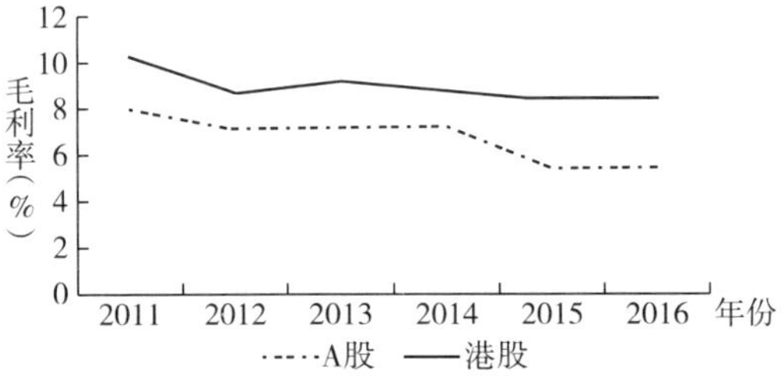

图7－7　汽车销售及服务细分行业A股与港股毛利率的对比

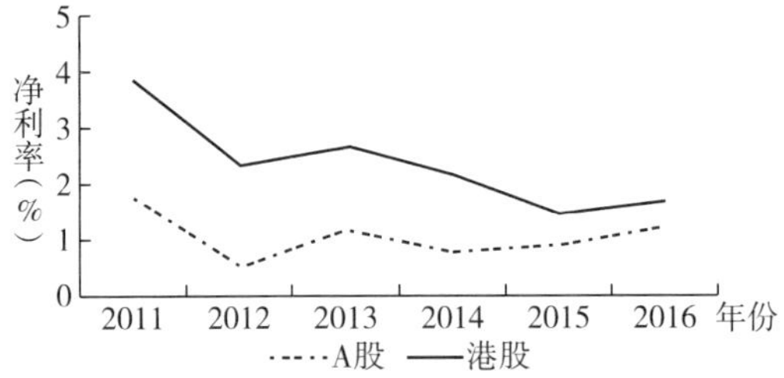

图7－8　汽车销售及服务细分行业A股与港股净利率的对比

什么在影响A/H两地资本市场的股价差异

目前，A/H两地上市公司中，长城汽车和广汽集团的A股投资者的持股比例明显上升（长城汽车突破30%），变化非常明显。在经销商领域，港股的豪车经销商具备“稀缺性”，正通汽车、中

① 资料来源：万得资讯。

升控股等经销商的港股通持股比例已上升到2%～4%。

投资者结构的变化直接导致投资逻辑的改变，具体到汽车行业，就是从单纯的“产品周期”到“潜在龙头溢价”。作为下游可选消费行业，汽车行业中港股的典型投资逻辑是需求判断，核心在产品周期。产品周期伴随着销量大幅提升的预期，新车型（如SUV）能改善公司产品结构，其均价较高，提高了公司的毛利率，从而使公司的股价获得溢价。

现以长城汽车为例。长城汽车是目前中国最大的SUV制造企业，旗下有长城、哈弗、WEY三个品牌，涵盖皮卡、轿车、SUV三个品类。2016年，哈弗系列产品年销93.3万辆，在自主品牌SUV中居于行业领导者地位，SUV具有溢价，公司盈利能力显著领先于同行业其他公司。2016年，长城汽车的毛利率达24%，居行业之首（见图7－9）。[①] 反映到资本市场股价，自2016年以来，股价进入上行通道的原因有三点：一是哈弗系列进入新产品周期，H2与H6的销量大幅回升；二是WEY系列的推出；三是长城汽车作为皮卡产销商，受益于雄安新区的政策。

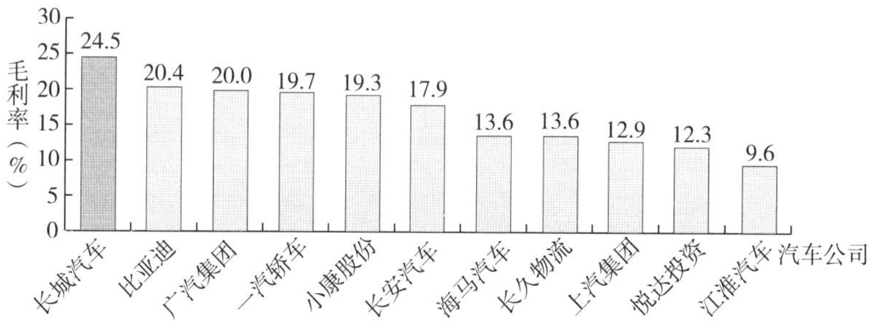

图7－9 2016年部分汽车公司的毛利率

国内资金参与港股，这种“潜在龙头溢价”逻辑开始改变港股的投资逻辑。乘用车细分行业推出新产品系列或者布局新能源汽车

① 资料来源：万得资讯。

会更容易引起内地投资者的关注。此外，A/H 两地市场的融合带来的不仅是股价与估值差的弥合，更是两地投资者投资逻辑的弥合。

2015 年是 A/H 溢价迅速拉大的一年，之前没有沪深港通。在新能源汽车方面，A 股投资者给布局新能源汽车的上市公司股价的估值溢价，市场认为其有望成为行业未来龙头，而在港股市场，资本开支的不确定反而降低了这类公司对投资者的吸引力。

2015 年是新能源汽车爆发式增长的一年，广汽集团在大金融与新能源汽车领域布局，吉利汽车发布“蓝色吉利行动”等，大量合资品牌与自主品牌整车厂商在洪流下布局新能源领域，受乘用车需求猛增的驱动，比亚迪、中航锂电等动力电池公司股价应势上行，产业链上下游都在分享行业高速发展带来的红利。

2015 年，汽车行业 A 股受到“新能源”概念驱动明显，叠加宏观背景下的流动性充裕，涨幅剧烈。而港股方面，上行的资本开支以及不确定的盈利预期降低了其对投资者的吸引力，港股获得折价，导致 2015 年两市价差被放大。2015—2017 年港股长城汽车的估值变化如图 7-10 所示。[1]

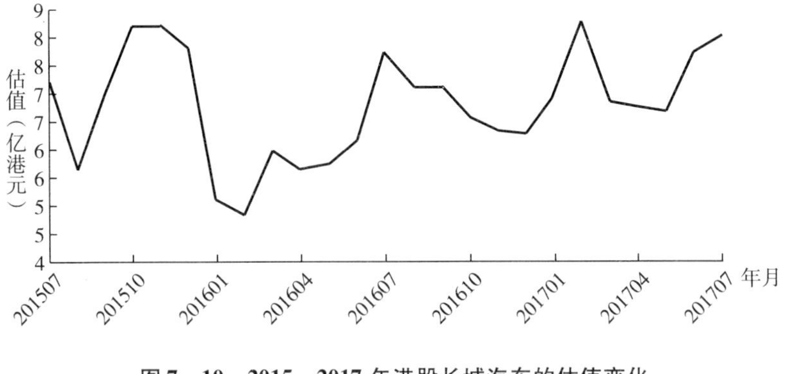

图 7-10　2015—2017 年港股长城汽车的估值变化

① 资料来源：万得资讯。

与2015年不同的是，2017年沪深港通开通后长城汽车的股价表现。由于长城汽车计划推出WEY系列，A股投资者普遍看好其未来盈利，而2017年半年报业绩显示，上半年归属母公司股东的净利润同比减少51%，不同于先前股价紧跟盈利数据的情况，此次面对大幅的业绩下滑，港股股价却依然坚挺，仅有5%的微跌。内地南下资金的影响，是港股汽车行业估值进入上行通道的重要驱动。

食品饮料行业：不同的市场，相同的故事[①]

食品饮料行业包含的细分产品众多，从白酒到啤酒、葡萄酒、软饮料，从乳制品到调味品、保健品，每个细分产品都有自己独特的周期。内地市场与香港市场，虽然是不同的市场，却有相同的故事。

A股与港股的同与不同

A股与港股在食品饮料细分行业有明显的结构差异，各自彰显出龙头特征。从行业分布来看，A股中白酒行业占据重要地位，剔除白酒与葡萄酒，A股的食品饮料行业与港股具有诸多相似之处。

具体到细分行业，两市龙头往往是可比公司，例如，液态奶方面，A股伊利股份与港股蒙牛乳业；调味品方面，A股海天味业与港股阜丰集团；卤制品方面，A股绝味食品与港股周黑鸭；此外，两市在奶粉、保健品等细分行业均有优质龙头企业。食品饮料行业细分行业A股与港股上市公司数量占比如图7-11、图7-12所示。[②]

从总量上看，A股上市公司聚集在白酒与葡萄酒、食品加工与

---

① 资料来源：《A+H行业比较系列：食品餐饮篇——不同的市场，相同的故事》，特别感谢戴佳娴、杨家骥对本文撰写做出的贡献。

② 资料来源：万得资讯。

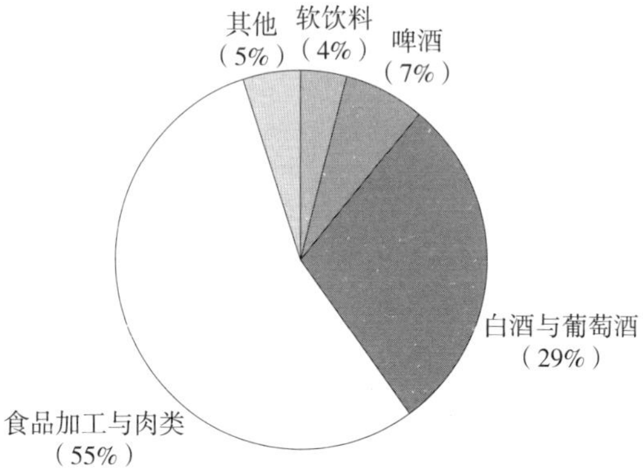

图 7－11　食品饮料行业细分行业 A 股上市公司数量占比

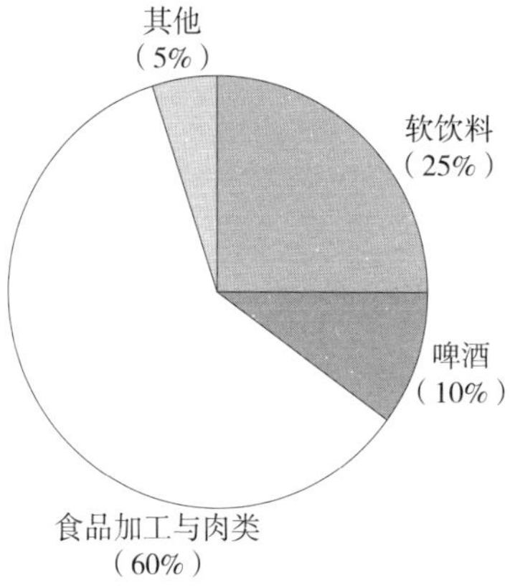

图 7－12　食品饮料行业细分行业港股上市公司数量占比

肉类两大细分行业，其中白酒与葡萄酒市值的占比较大；港股无白酒与葡萄酒上市公司，食品加工与肉类的公司数量和市值均占据主要地位。A 股食品加工与肉类公司共 52 家，占公司总数量的 52.4%，占总市值的 29.4%；白酒与葡萄酒占公司总数量的 30.2%，占总市值的 62.9%，这得益于贵州茅台、五粮液等大市值白酒龙头的贡献。港股食品加工与肉类公司共 12 家，占公司总数量的 60%，占总市值的 56.5%。

除白酒与葡萄酒上市公司的明显差异外，两地食品饮料行业上市公司在结构与总市值上也有分化。A 股流通市值超过千亿元的公司有 7 家，基本分布在白酒与葡萄酒、食品加工与肉类两个细分行业。其中白酒与葡萄酒细分行业包括贵州茅台、五粮液、洋河股份、泸州老窖四只个股，食品加工与肉类细分行业包括伊利股份、海天味业、双汇发展三只个股。港股流通市值超千亿港元的公司有 3 家，包括啤酒细分行业的华润啤酒，食品加工与肉类细分行业的达利食品和蒙牛乳业。

从行业特征来看，食品饮料行业 A 股的优势体现在白酒与葡萄酒丰富、优质的上市公司上，而港股则没有。食品饮料行业 A 股 29 家上市公司中，超过 20 家是上市超过十年的老品牌，拥有成熟的产品和稳定的用户基础。2017 年，内地市场的高端白酒在深度压抑之后，在消费和渠道反弹、中产阶级壮大、房地产周期带动以及名酒集中度提升等因素的共同作用下起势，以贵州茅台为代表的企业连续提价打开行业成长空间，大市值的中高端龙头有望实现更为长期的增长。

在啤酒、食品加工与肉类细分行业，尽管 A 股和港股的上市公司结构、市值分布差异较大，但投资逻辑相似，均属于大众品行业。近几年的投资逻辑也基本遵循“经济周期 + 供给周期 + 龙头效应”的主线。受低线城市增长驱动，景气持续向好，及 2017 年年末到 2018 年年初预期通胀的影响，各细分行业龙头凭借定价权优势通过提价改善盈利表现。2018 年，低线城市增长驱动将继续维持景气度，两地大市值龙头公司均是重要的投资上市公司。

港股食品饮料上市公司以快消品为主，从上市时间看基本分为两个阶段：2010—2015 年，老牌食品公司在消费升级的背景下，转型艰难，净利润长期滞涨。港股 ROE 从 15% 持续下滑至 2015 年的 6%。香港市场以康师傅控股、统一企业中国、维他奶国际等老品牌公司为主，这和 A 股以高盈利水平（占净利润的 65%）的白酒为主的特性明显不同。

2016年之后，新品公司在消费升级的趋势下表现优异，港股整体ROE开始回升。港股2010年后上市的公司，例如，专注于婴幼儿配方奶粉的雅士利国际，调味料龙头颐海国际，休闲食品及饮料龙头达利食品和卤制品龙头周黑鸭等，多受益于消费升级趋势。

从财务数据看A/H市场的异同

如果除去酒类公司，则A股与港股公司的基本面基本趋同。自2007年以来，食品饮料行业（剔除白酒与葡萄酒）A股的毛利率与港股走势一致，在2011—2014年的调整期，两者差距收敛，2015年后再次扩大。

在历史上，食品饮料行业A股与港股的净利润在2010年之前经历了快速发展时期。但2008年受金融危机影响，港股净利润增速为 -45.6%，而A股仅为 -1.6%，可见其较强的抗风险能力。2010年之后，两市出现分化，港股进入净利润长期滞涨的状态，而A股继续冲高，直至2013年进入调整期，调整期延续到2014年。2015—2016年，两市净利润增速朝着相反的方向发展。在净利润结构上，A股仍然以白酒为重，白酒占据净利润的65.1%；而港股拥有康师傅控股、统一企业中国、维他奶国际等老品牌公司，因此软饮料的净利润占比远超A股。2005—2016年两市食品饮料行业净利润及同比增长率如图7-13所示。[①]

由于A股各细分行业上市公司多样，观察近五年来白酒、调味品和乳制品上市公司的基本面可以发现，不同细分产品的表现周期并不相同。白酒于2014年达到低谷，2015年受低基数影响企稳恢复，2016年蓄力爆发，营业收入、利润实现两位数增长，2017年继续提速，高端龙头表现最佳。调味品于2015年年末至2016年年初达到低谷，之后迅速反弹，2017年随着调味品龙头提价效

① 资料来源：万得资讯。

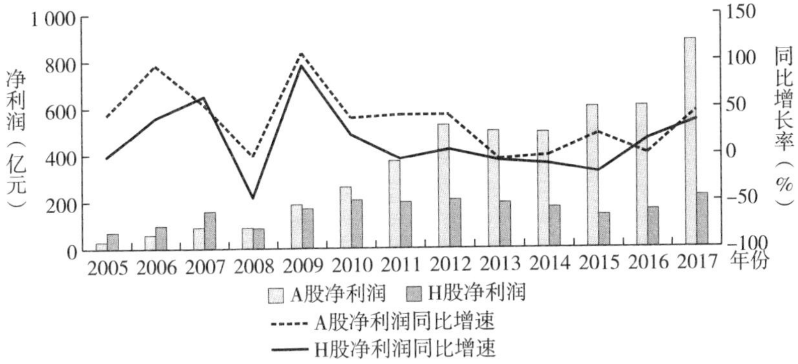

图 7-13　2005—2016 年两市食品饮料行业净利润及同比增长率

应的全面显现，龙头盈利能力提升，酱醋及榨菜龙头受益最大。乳制品（包括液态奶和奶粉）2016 年达到低谷，2017 年在需求回暖的趋势下，龙头公司市占率稳步提升，营业收入、利润于 2017 年实现两位数增长。

观察 A 股近十年来各细分行业的毛利率发现，2005 年酒类的毛利率整体超过 40%，随后白酒与葡萄酒的毛利率从 2005 年的 46% 攀升至 2013 年的 73%，2014 年小幅回调一个百分点，2015 年大跌至 69%，2016 年上涨一个百分点，毛利率平均水平远高于其他食品饮料细分行业。2005—2015 年，啤酒的毛利率维持在 38% ~42%，2016 年跌至 36%。软饮料的毛利率从 2005 年的 20% 攀升至 2014 年的 36%，随后下跌，2016 年跌至 33%。食品加工与肉类的毛利率自 2010 年开始步入稳定上升通道，毛利率从 2010 年的 21% 上升至 2016 年的 29%。综合来看，最近 3 次食品饮料行业 A 股毛利率的上升，是由 2008—2009 年全品类毛利率上涨及 2010—2012 年和 2015—2016 年白酒和食品毛利率上涨所致。2005—2017 年食品饮料行业 A 股与港股的毛利率如图 7-14 所示。①

接下来，我们看 ROE 的驱动。除 2008 年金融危机的影响外，

---

① 资料来源：万得资讯。

图 7－14　2005—2017 年食品饮料行业 A 股与港股的毛利率

2005—2016 年，A 股与港股 ROE 有明显不同的拐点。受白酒与葡萄酒细分行业影响，A 股食品饮料行业 ROE 在 2012 年达到高点，随后下滑明显。剔除白酒与葡萄酒口径，A 股食品饮料行业 ROE 于 2009—2014 年稳定在 10%～12%，2015 年冲高至 13%，次年回落至 12%。港股 ROE 则从 2010 年的 15% 持续下滑至 2015 年的 6%，2016 年回升至 7%，其中，港股 ROE 于 2013 年开始低于 A 股食品饮料行业（剔除白酒与葡萄酒）的 ROE 水平。2005—2016 年食品饮料行业 A 股与港股 ROE 的对比如图 7－15 所示。①

从中可以看出：A 股与港股 ROE 和权益乘数的关系不大；A 股与港股 ROE 和资产周转率的相关性较大，尤其是在拐点处走势一致；A 股与港股 ROE 和销售净利率的相关性小于净资产周转率，但 A 股剔除白酒与葡萄酒口径后，销售净利率是 ROE 的最主要影响因素。

详细观察可以发现，在资金周转也就是销售方面，A 股（剔除和非剔除口径）资产周转率均下降，与 ROE 没有明显联系；而港股资产周转率在 2015 年迎来拐点，开始上升，与 ROE 走势完全一致。整体来看，A 股剔除口径下资产周转率比港股平均高出 0.2～

① 资料来源：万得资讯。

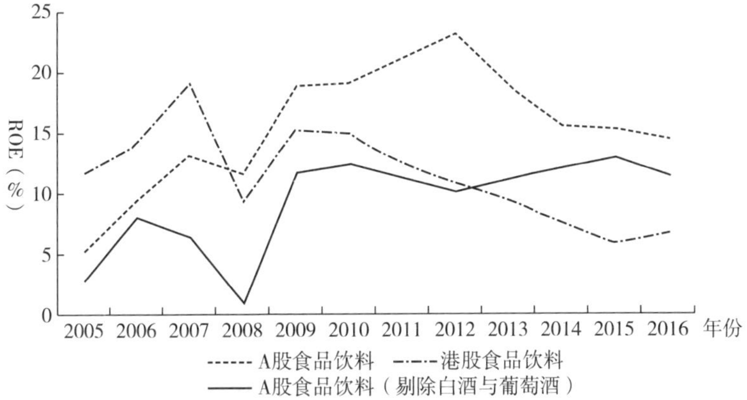

图7-15　2005—2016年食品饮料行业A股与港股ROE的对比

0.4，而白酒与葡萄酒细分行业资产周转率较低，导致A股食品饮料整体的资产周转率与港股相同。

在销售净利率方面，A股与港股走势一致，于2013—2014年下滑，2014—2016年缓慢回升，与ROE没有明显联系。由于白酒与葡萄酒行业高盈利水平的特性，A股销售净利率高出港股近10个百分点。A股销售净利率自2013年的14.7%降至2014年的13.1%，随后缓慢回升至2016年的13.8%；港股销售净利率自2013年的4.3%降至2014年的3.3%，随后缓慢回升至2016年的3.9%。A股剔除口径下，销售净利率与ROE关联性明显。

总之，食品饮料行业A股与港股ROE基本受资产周转率影响，销售净利率的影响较小；A股剔除白酒与葡萄酒口径下，ROE主要受销售净利率影响，资产周转率的影响较小。

什么在影响A/H两地资本市场的股价差异

考虑到A/H两市结构性差异主要集中在白酒与葡萄酒细分行业，我们将A股食品饮料行业按照上市时间（2010年前后）、细分行业是否包含白酒与葡萄酒拆分成四大类别，将港股食品饮料行业按照上市时间（2010年前后）拆分成两大类别。

在内地市场，2010 年之前上市的公司（老牌公司）受白酒与葡萄酒细分行业影响明显。2013 年，酒类和食品细分行业分化明显，受限制公务消费政策的影响，白酒细分行业的产量和销售收入均下滑，景气度触底，但消费回归大众品属性，对行业整体而言，有利于龙头提升市占率，也为 2014—2018 年的业绩与估值奠定基础。从 2015 年开始，白酒细分行业弱复苏趋势开始显现。

相比之下，2010 年前上市的公司在剔除白酒与葡萄酒口径下则呈现高开低走的局势，2013 年乳业政策预期兑现，乳制品业绩高速增长，食品细分行业景气度维持高位，2014 年乳制品受进口可替代品挤压和消费升级影响，量价齐跌。虽然 2015 年牛市期间股价有一波上涨，但 2016 年食品细分行业分化严重，乳制品企业收入小幅微增，调味品增速放缓，互联网休闲食品和海外保健品高速增长，剔除口径下老牌公司维持稳定调整的格局，2017 年，大众品景气回暖显著，且低线城市的驱动明显，上市公司股价上升明显。

食品饮料行业 A 股 2010 年后上市的公司（新品公司）中，白酒与葡萄酒行业的公司较少且市值较小，因此剔除和非剔除口径下上市公司的表现相差不大。2014 年 2 月，市场表现突变是由于大市值调味品龙头海天味业上市，高股价提振市场表现，之后走势与老牌公司无明显差异。其中，2015 年 9 月至 2017 年 9 月，剔除口径下的老牌公司月均股价为 18. 14 元，略低于同时期新品公司的 19. 27 元。

整体来看，A 股食品饮料行业受白酒公司影响巨大，剔除口径下，老牌公司和新品公司更看重消费升级的方向，例如，2015 年之前，老牌公司在转型期表现较差，而新品公司的表现稳中有升。

按上市时间分类，港股与 A 股有很多相似之处。港股新品公司在 2016 年之前的抗风险能力较强，而老牌公司在消费升级背景下转型艰难，股价有较大下滑。2017 年 9 月至 2018 年 3 月，再通胀和消费升级投资主题下，新品公司表现更佳，股价涨幅高达 55%，而老牌公司股价涨幅为 40%，差距明显小于 A 股。对比 A/H 两市公司的表现发现，港股与A股的剔除口径有诸多相似之处，股价走势完全一致，可见不论细分行业、龙头分布、ROE驱动因素是否相同，市场风格都是驱动股价变化的重要因素。港股新老上市公司的表现如图7－16所示[①]。食品饮料行业A/H两地上市公司的表现如图7－17所示。[②]

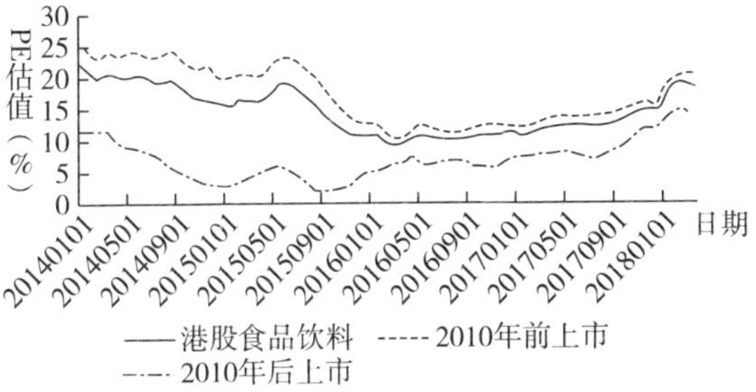

图7－16　港股新老上市公司的表现

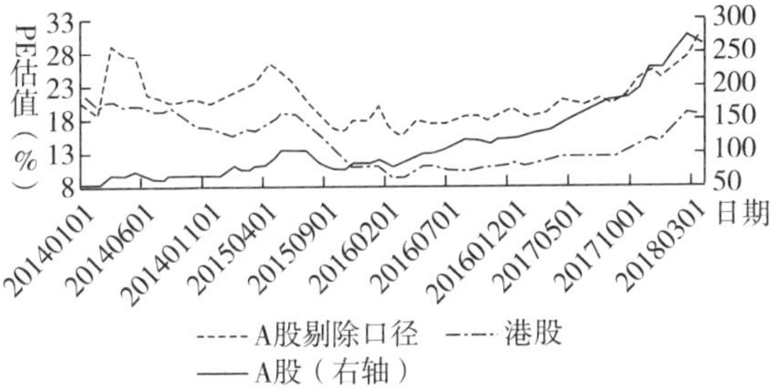

图7－17　食品饮料行业A/H两地上市公司的表现

从估值来看，港股估值走低，2017年底有企稳上升趋势；A股在2015年牛市的助推下估值提升，2017年受消费升级影响，估值再次步入上升通道，且两市估值差距缓慢扩大，特别反映在龙头如贵州茅台、伊利股份上。这些大市值公司的龙头地位日益突出，预期盈利不断上升，推动估值不断走高，同时也带动了A股整体估值的上升。

---

① 资料来源：万得资讯。

② 资料来源：同上。

自 2015 年以来，两市市盈率的 PE（利润收益率）值维持在相近水平。两地市场在奶粉、保健品等细分行业均有优质龙头企业，资金在两地市场并没有明显的投资偏好。考虑到消费升级影响，港股 2010 年后上市的公司多受益于消费升级趋势，例如专注于婴幼儿配方奶粉的雅士利国际，调味料龙头颐海国际，休闲食品及饮料龙头达利食品和卤制品龙头周黑鸭。A 股也有类似趋势，例如 2010 年之后上市的汤臣倍健、洽洽食品、好想你、海天味业等细分行业龙头受益于消费升级的趋势，而大市值的白酒与葡萄酒细分行业个股基本集中在 2010 年之前上市。

餐饮旅游和商贸零售行业：A/H 市场，巨大的结构化差异①

接下来，我们简单介绍一下 A/H 市场存在巨大结构差异的两个行业，一是餐饮旅游行业，二是商贸零售行业。

餐饮旅游行业：景区与博彩

餐饮旅游行业 A/H 市场最大的差异在于结构，这种差异是根本性的。广袤的祖国大地上有无数自然奇景，景区成为 A 股餐饮旅游行业中重要的细分行业，而港股却没有；受国家政策的约束，内地市场没有博彩类公司，但在香港市场中，博彩类公司占很大权重，其余的上市公司中，豪华酒店占据“半壁江山”，且流动性较大。

具体来看，A 股上市公司聚集在旅游服务与景区细分行业，其中景区类公司占多数；港股无景区上市公司，但其特有的博彩类公司在数量和市值上占很大比重，且港股上市公司的平均市值较高。

① 资料来源：《A + H 行业比较系列：食品餐饮篇——不同的市场，相同的故事》。特别感谢杨家骥对本文撰写做出的贡献。

A 股酒店餐饮类公司共有 8 家，占公司总数的 25%，占总市值的 25.6%，旅游服务与景区企业共有 22 家，占企业总数的 68.8%，占总市值的 63.0%，具体如图 7－18 所示。① A 股上市公司的市值整体偏小，除中国国旅超过千亿元外，其余均小于 400 亿元，全部 32 家公司的平均市值为 140 亿元。

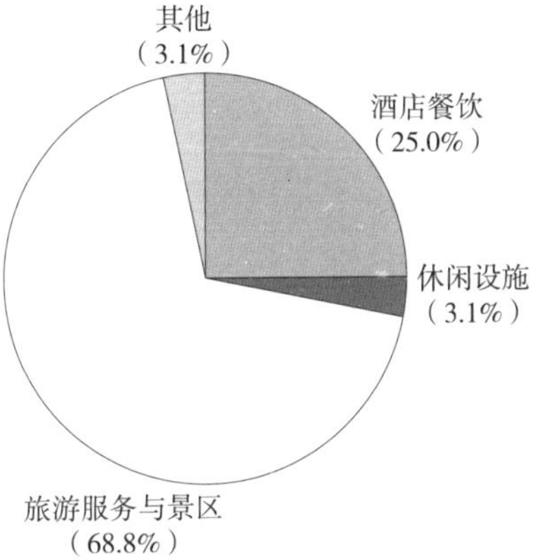

图 7－18　A 股餐饮旅游行业细分行业上市公司的数量占比

相比之下，港股 14 家公司的平均市值高达 827 亿港元，其中 3 家总市值超过千亿港元的公司金沙中国、银河娱乐和永利澳门集中在博彩细分行业，博彩行业共有 8 家公司，占据公司总数的 57.1%，占总市值的 89.2%，具体如图 7－19 所示。②

除博彩行业外，6 家港股上市公司的平均市值为 205 亿港元，仍高于 A 股。在酒店细分行业，两市结构略有差异，港股大市值上市公司香格里拉（亚洲）、大酒店等主要为豪华酒店品牌，A 股大市值上市公司锦江股份等主要为经济型酒店品牌。

A/H 股餐饮旅游行业的净利润都有波动剧烈的特点。其中，餐

① 资料来源：万得资讯。

② 资料来源：同上。

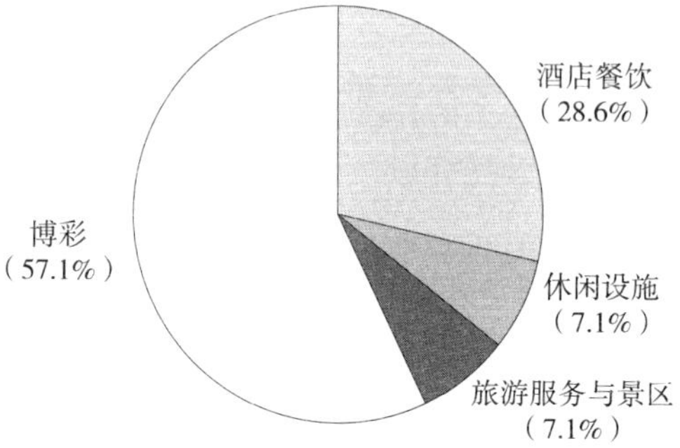

图7－19　港股餐饮旅游行业细分行业上市公司的数量占比

饮旅游行业A股净利润在2011年达到顶峰，2013年跌至谷底后重新上升；而港股净利润在2013年上升至顶峰，2015年跌至较低水平。在净利润结构上，A股拥有丰富的景区、免税、旅游服务上市公司，因此旅游服务与景区细分行业占净利润总额的68.9%；港股除了香格里拉（亚洲）、大酒店等豪华酒店品牌贡献了净利润的6.4%，其余几乎全部由博彩细分行业贡献，占净利润总额的91.9%。

之前，博彩和高端消费有着强相关性，但近期与大众博彩消费增长的相关性更强。自2013年营业收入高增长以来，博彩股陷入调整期。2017年开始复苏，最重要的因素之一就是中国经济触底回升，房地产复苏的财富效应提振高端消费。值得一提的是，尽管高基数效应等挤压博彩业VIP（贵宾）业务盈利的上升空间，但大众博彩因旅客停留时间和人均支出的增加，成为行业新的增长点。

商贸零售行业：本地化特征明显

商贸零售行业的地域属性非常明显。A股为内地百货、贸易和连锁三足鼎立，而港股多为本地连锁零售珠宝及化妆品公司。两地唯一的A/H两地上市公司为红星美凯龙。在港股公司中，香港连锁零售占主要地位，贡献行业盈利的65%～70%，但从2013年开始，香港内地游客受到其他出境游分流，港股公司净利润下滑，近些年开始企稳。

在非 A/H 两地上市公司中，A 股商贸零售行业的细分行业各有分布，港股几乎只集中在连锁细分行业。A 股百货共有 43 家上市公司，占 A 股商贸零售行业上市公司总数的 32.0%，之后依次是贸易（35 家，占 22.2%）、连锁（18 家，占 29.1%）和超市（11 家，占 16.7%）。港股只有 8 家商贸零售公司，略显单薄，其中连锁细分行业有 5 家。A 股和港股（不含 A/H 股）商贸零售行业的市值占比如图 7－20、图 7－21 所示。①

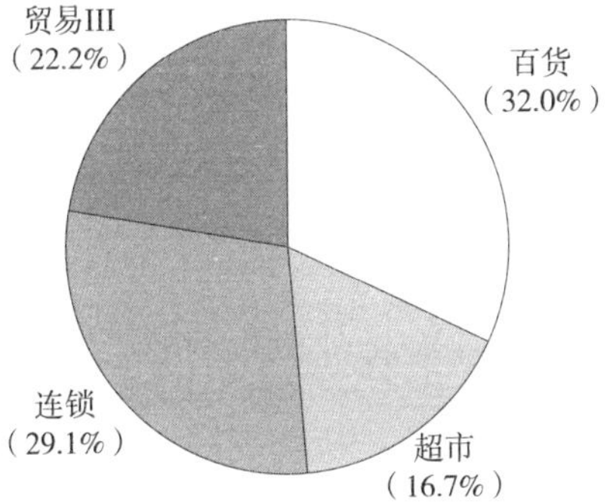

图 7－20　A 股（不含 A/H 股）商贸零售行业的市值占比

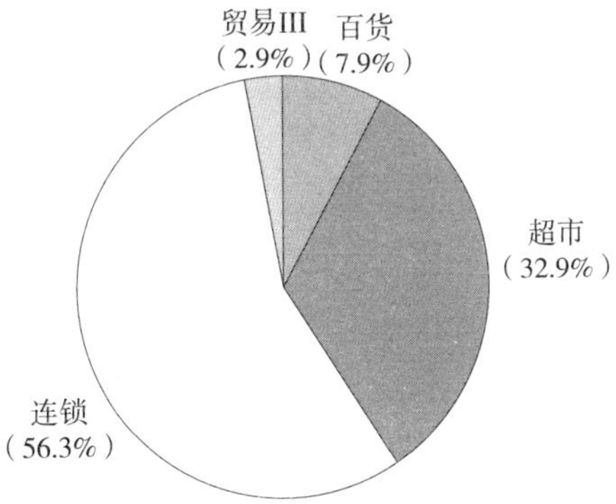

图 7－21　港股（不含 A/H 股）商贸零售行业的市值占比

① 资料来源：万得资讯。

从细分行业的市值占比来看，A 股分布较为均匀，港股连锁和超市占多数。港股连锁细分行业的市值占比最大（56.3%），而超市细分行业虽然仅有高鑫零售一家，但该公司是行业内新零售超市的龙头企业，总市值接近 700 亿港元，所以港股超市细分行业占比高达 33%。

港股上市公司虽少，但颇具地域特色。例如，在百货细分行业中，纯粹从事香港零售业务的利福国际目前在香港经营两家百货门店，其中位于铜锣湾的崇光百货店是香港最大的百货公司。2017 年，公司决定维持 5.5% 的股息派出率，这在内地上市公司是比较少见的。

A 股与港股的净利润趋势相对一致，但港股受连锁行业影响显著，波动较大。2007—2011 年，A 股和港股净利润保持高速增长。2012 年，受连锁细分行业净利润下跌的影响，A 股整体净利润同比减少 7.3%，港股净利润同比减少 3.4%。之后，A 股进入低速增长阶段，平均年增长率仅为 1.0%。2013 年，港股受到连锁行业提振，叠加前年基数较低，获得了 41.3% 的高增长，之后也进入下降阶段，2014 年和 2015 年分别下降 7.2% 和 17.1%。2017 年受超市和贸易回暖影响，A 股小有回升，港股跌幅缩窄。

在净利润结构方面，A 股为百货、贸易和连锁三足鼎立，港股为连锁一家独大。A 股净利润在 2007 年以百货为主（占比为 43.3%），之后，连锁和贸易细分行业上市公司不断增加，截至 2016 年，这三个细分行业的净利润总和已经占 A 股总利润的 91.0%，其中百货占 30.9%，贸易占 29.7%，连锁占 30.4%。港股中连锁细分行业的净利润常年占比为 70% 以上，自 2013 年以来，连锁细分行业净利润下降，而百货、超市细分行业表现稳健，连锁细分行业占比开始下滑，但是 2016 年依旧贡献了港股 65.0% 的利润。

在营业总收入方面，除 2008 年和 2011 年外，A 股与港股的趋势和波动基本一致。A 股行业分布分散，而港股 2008 年迎来超市细分行业第一股——高鑫零售。高鑫零售 2008 年披露的营业收入为 378.53 亿港元，占同年港股同行业总利润的 48.3%，因此其对行业整体影响很大。2011 年，港股最大的珠宝商周大福上市，周大福 2011 年的营业收入占同行业总收入的 15.7%，对行业整体表现影响明显。

在毛利率方面，港股整体毛利率高于 A 股，两者差异较大。2007—2009 年，港股毛利率反超 A 股，但两者水平基本一致。2010 年，A 股毛利率开始下降，而港股毛利率则逐年上升，两者差距开始拉大。2016 年，港股毛利率为 23.0%，比 A 股高 6.4 个百分点。

商贸零售行业 A 股和港股的毛利率驱动不同。通过计算 A 股和港股毛利率的贡献率，我们可以看到，A 股以百货、超市和连锁为主要的细分行业，其中百货占主要地位；港股以连锁为主，2008 年之后，超市细分行业开始发挥作用，但港股毛利率的走势还是受到连锁细分行业变化的影响。

医药行业：因不确定性而被低估的优质行业①

医药行业 A 股有近 270 家上市公司，而港股只有不到 30 家。医药行业具有较强的专业属性，可进一步细分为化学制药、中药生产、医疗器械、生物医药及医药流通和医疗服务。

A 股和港股一致，数量上均以化学制药为主，在医药流通和医疗服务等其他方面的公司相对较少。但从市值上来看，两地存在较大差异。除去化学制药这一在两地市值都高的细分行业，A 股医疗服务细分行业的总市值较高，而港股医药流通细分行业的总市值居

---

① 资料来源：《A + H 行业比较系列：医药教育篇——两个“小而美”的行业》，特别感谢李世豪对本文撰写做出的贡献。

前。医疗服务细分行业A股的上市公司仅有14家，占上市公司总数的4.8%，却占了A股总市值的27.4%，仅次于化学制药细分行业的27.9%。同样地，医药流通细分行业港股仅有3家上市公司，却占了总市值的23.5%，这是因为港股的3家医药流通公司的平均市值为近600亿港元。

值得一提的是，香港联交所新上市准则正式生效，除了“同股不同权”等政策之外，港交所特别允许处于初级阶段没有营业收入的生物科技公司进入资本市场。通过咨询多方专家意见，最终选择设定了15亿港元市值和已通过一期临床测试、即将进入二期临床测试这两大主要上市门槛，并根据行业特点为此类上市公司设定了特殊的信息披露要求，以帮助投资者判断投资风险。

港股与A股，同与不同

目前，医药行业有5家A/H两地上市公司，分别是新华制药、白云山（中药公司）、上海医药、复星医药和丽珠医药，其中4家为制药类公司，1家为医药流通公司（上海医药）。

A/H两地上市公司中，新华制药（港股名称：山东新华制药股份）是亚洲最大的解热镇痛类药物生产与出口基地，以及国内重要的心脑血管类、抗感染类和中枢神经类等药物的生产企业。复星医药是中国在医药研发领域具备领先优势的上市公司，专注于消化道、心血管、抗肿瘤、免疫调节、神经系统及抗感染等治疗领域，并且在肝病、糖尿病、结核病、临床诊断产品等细分市场取得竞争优势，此外，公司还涉足医疗服务、医疗器械等细分行业。

白云山是一家大型医药控股公司，主要从事的业务包括“大健康”“大南药”和“大商业”。“大健康”主要是指饮料、食品、保健品、药妆等产品的生产、研发和销售，包括王老吉凉茶、灵芝孢子油胶囊、润喉糖、龟苓膏等。“大南药”是指公司旗下的中一药业、陈李济药厂、奇星药业等12家中华老字号药企，其中10家为百年企业，主要产品包括消渴丸、复方丹参片系列、板蓝根颗粒系列、清开灵系列、小柴胡颗等华南地区乃至全国知名的中成药品牌。“大商业”是指公司的医药流通业务，包括医药产品、医疗器械、保健品的批发、零售与进出口业务等。白云山是南下资金重点关注的上市公司，内地南向资金持股占公司流通股本的比例曾一度达到32%左右，目前保持在23.7%左右的水平。丽珠集团主要经营的产品涉及促性激素、消化道、心脑血管以及抗微生物药物领域等。

在非A/H两地上市公司中，化学制药是最为集中的行业，A股的恒瑞医药龙头地位显著，是目前A股唯一兼具创新性、国际化和仿制药集中度提升的制药巨头。港股目前有两家龙头企业，市值约为恒瑞医药的一半，但营业收入水平与恒瑞医药相当。

一是中国生物制药。中国生物制药多年根植于肝病相关的化学制药，是目前中国最大的肝病药物研发和生产基地。公司拥有阿德福韦酯、恩替卡韦以及异甘草酸镁等知名肝病仿制药，并在近年来加大了对肿瘤仿制药、心血管药物、镇痛、糖尿病、呼吸系统疾病业务的投入，逐步从肝病龙头成长为产品更具全面性的化学制药龙头。

二是石药集团。石药集团致力于转型为国内一流的创新药龙头。公司目前拥有创新药、普药及原料药三大业务。产品主要包括抗生素、心脑血管用药、解热镇痛用药、消化系统用药、抗肿瘤用药和中成药等，知名创新药品牌包括“恩必普”“欧来宁”“多美素”及“津优力”等。原料药产品包括抗生素、维生素C及咖啡因系列。

除此之外，A股的优势行业在于药品处方药及医疗器械等领域。随着医改顶层设计的基本完成，政策细则落地和改革红利开始释放，在一致性评价方面，纳入CFDA（国家食品药品监督管理总局）审评程序的品种数量呈逐月增加的趋势。国务院出台一致性评价政策，配套政策有望加速落地。在优先审评方面，CFDA 已发布 28 批共 482 个受理号，纳入优先审评有望缩短上市进程 1 ~ 2 年。医保目录方面，2017 年医保目录调整品种增长势头良好，预计未来医保目录的调整将成为常态，国内用药结构有望加速“腾笼换鸟”，优质仿制药、创新药和临床需求高的品种有望长期受益。一致性评价政策的相关内容见表 7 – 1。[①]

表 7 – 1　一致性评价政策的相关内容

<table>
<tr><th>日期</th><th>发布机构</th><th>文件名</th><th>重点内容及点评</th></tr>
<tr><td>2018 年 1 月 4 日</td><td>CFDA</td><td>《全面提升仿制药质量和疗效首批 17 个品规通过一致性评价》</td><td>发布第一批通过品种；一致性评价配套政策有望加速出台；已通过品种的上市后监管将加强</td></tr>
<tr><td>2018 年 1 月 30 日</td><td>CDE（国家食品药品监督管理总局药品审评中心）</td><td>《关于进一步做好 289 基药目录中国内特有品种一致性评价工作有关事宜的通知》</td><td rowspan="3">发布第二批通过品种；一致性评价相关政策持续落地</td></tr>
<tr><td>2018 年 2 月 14 日</td><td>CFDA</td><td>《总局关于瑞舒伐他汀钙片等 5 个品种通过仿制药质量和疗效一致性评价的公告（第二批）(2018 年第 20 号)》</td></tr>
<tr><td>2018 年 2 月 14 日</td><td>CDE</td><td>《关于规范使用“通过一致性评价”标识的通知》</td></tr>
</table>

① 资料来源：CFDA，CDE，中信证券研究部。

（续表）

日期	发布机构	文件名	重点内容及点评
2018 年 3 月 13 日	CDE	《药物注射剂研发技术指导意见》	注射剂一致性评价即将拉开序幕，化学仿制药注射剂龙头及制剂出口企业迎来发展机遇
2018 年 4 月 3 日	国务院办公厅	《国务院办公厅关于改革完善仿制药供应保障及使用政策的意见》	以需求为导向促进仿制药针对性研发，明确提出知识产权问题；全方位提升仿制药质量疗效，一致性评价政策延续；全方位完善支持政策是本次文件的最大看点
2018 年 4 月 13 日	CFDA	《关于阿莫西林胶囊等 7 个品种规格通过仿制药质量和疗效一致性评价的公告（第三批）》	发布第三批通过品种

医疗器械方面，为鼓励创新，CFDA 自 2014 年初即开启“绿色通道”，对创新医疗器械予以优先办理，至今总局 CMDE（医疗器械技术审评中心）已批准了 155 个产品进入快速审评通道。从通过品种的细分领域角度分析，心血管、IVD（体外诊断试剂）和医学影像占比较高，产品侧重在临床急需以及国内外技术差距较大的细分领域。“绿色通道”的设置将加速医疗器械领域的技术创新和产品替代，有利于提高行业整体的技术研发水平。2018 年 1 月 CFDA 批准了国内首个伴随诊断试剂盒，结合进入通道的产品数量以及海外市场在产品审批上的突破，我们判断目前肿瘤基因检测有望进入加速发展期。2014—2017 年进入创新医疗器械特别审批通道产

品分类统计如图7－22所示①。

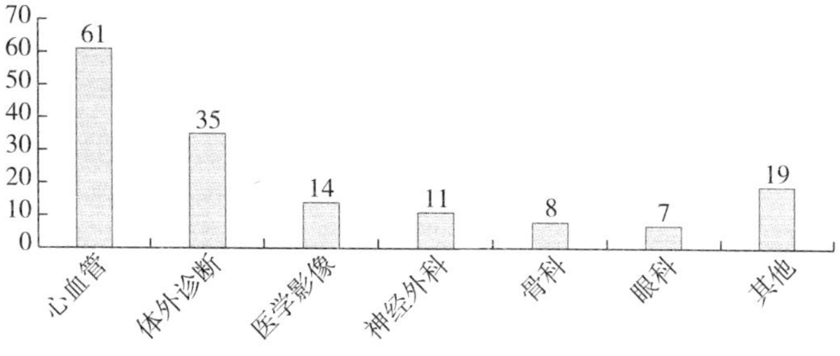

图7－22　2014－2017年进入创新医疗器械特别审批通道产品分类统计

从技术研发角度分析，目前我国与海外市场差距最小的领域主要在肿瘤基因检测领域，并且从进入“绿色通道”的产品数量角度分析，该类产品也是加速审评的“宠儿”：临床对于借助分子诊断技术指导靶向用药和个体化诊疗的需求快速上升；技术壁垒较高的液体活检和基于NGS（新一代测序）平台的癌症突变位点（Cancer panel）在FDA（美国食品药物管理局）均陆续获批，而国内艾德、世和、燃石等企业在相应领域已走在技术前沿，加速创新审评的进程有利于鼓励国产精准医疗技术对接全球，也能及时满足临床所需。

在中药领域，内地市场拥有多家知名龙头公司，包括著名品牌云南白药、同仁堂、片仔癀和东阿阿胶等。目前，港股在中药领域的公司，主要是在中药配方颗粒中占据龙头地位的中国中药，以及同仁堂布局在中药科技领域的同仁堂科技等。

医药流通领域是港股较特殊的细分行业，上市公司多为全国性流通龙头，A股则以区域性龙头企业为主。A股的代表公司如九州通、中国医药等，市值一般为200亿～300亿元左右，业务分布区域集中，且纯销业务占比较高。而国药控股、华润医药等港股上市

① 资料来源：CMDE。

公司则是在全国范围内布局的龙头企业，市值一般在500亿港元以上，业务以分销调拨为主。随着“两票制”的推行，这些龙头公司也在拓展直销渠道，短期业绩可能放缓，但龙头公司通过并购整合，长期来看盈利反而更具韧性。

以华润医药为例，华润医药主营医药制造、分销和零售。在医药制造领域，华润医药是国内第一大非处方药制造商、第二大医药制造商；在医药流通领域，华润医药是国内第二大医药分销公司。目前，其分销网络已覆盖全国23个省份，分销品类达十余万种，且随着“营改增”“两票制”等行业变革，公司上市后有望加速全国的商业整合步伐，进一步提升市场份额。

从财务数据看A/H市场的异同

从净利润角度来看，A股和港股的净利润逐年递增，总体趋势一致。但从增速变化来看，受基数效应影响，港股净利润在部分年份比A股波动更大。2009年、2012年和2017年，两地市场同比增速差距变大，主要是因为港股公司数量不多，有些公司的一次性损益将影响整个行业的盈利表现。

2009年9月，A/H两地上市公司复星医药旗下参股投资的国药控股在港交所挂牌上市，公司通过国有产业投资有限公司持有国药控股对应享有的权益增加，并计入公司当期损益，复星医药业绩同比暴增250%，受此影响，A股净利润同比增长47.5%，港股同比增长93.7%，从而导致差异。

2012年是医药产业变革的“政策年”，药品价格在政策性降价的影响下不断下降，而原材料、人工、能源等成本持续上升，新版GMP（药品生产质量管理规范）的实施所带来的改造成本和管理成本也不断增加，A股医药行业盈利增速受此影响开始放缓，从2011年同比的25.1%降至2012年的14.8%左右。但港股的石药集团通过成功收购欧意、恩必普和新诺威三家企业，实现了从原料制造商到创新和品牌制造商的重大战略转型，带来了高利润、高增长的全新经营模式，2012 年推出了“恩必普”“欧来宁”和“玄宁”三种创新药，新业务较去年增长 103%。

2017 年，A 股受生物医药行业利润下滑以及 2015 年高基数影响，净利润增速同比下滑，而港股从 9.2% 反弹至 39.4%，与丽珠医药在 2017 年处置长期股权投资利得有关。

从净利润结构来看，A 股的化学制药、中药和流通企业贡献的净利润占比较高，三者在 2017 年的净利润占比分别是 33.1%、31.7% 和 16.3%；而港股则以化学制药和流通企业为主，两者在 2017 年的净利润占比分别是 40.3% 和 34.3%，具体如图 7－23、图 7－24 所示。①

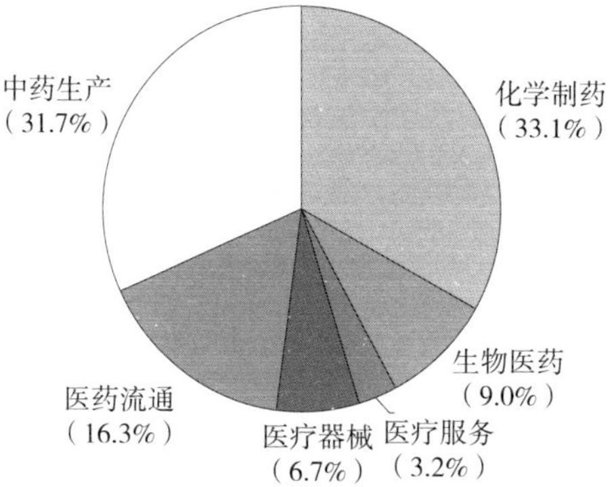

图 7－23　2017 年 A 股医药行业各细分行业的净利润占比

2011 年，全国药品流通行业较 2010 年同期增长了 18% 左右，增至 8 400 亿元，受益于行业集中度提升的趋势，流通行业龙头国药控股积极下沉网络布局，完善自身分销渠道，当年的营业收入增长 47.7%，占港股整体营业收入的 48.1%。

从毛利率来看，港股的毛利率整体低于 A 股，2007—2017 年，

① 资料来源：万得资讯。

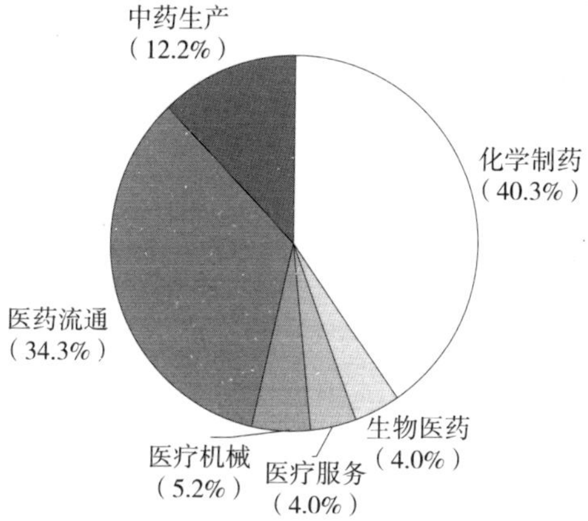

图 7－24　2017 年港股医药行业各细分行业的净利润占比

港股的毛利率为 20% 左右，A 股的毛利率为 30% 左右。医药行业 A 股与港股的毛利率对比如图 7－25 所示。①

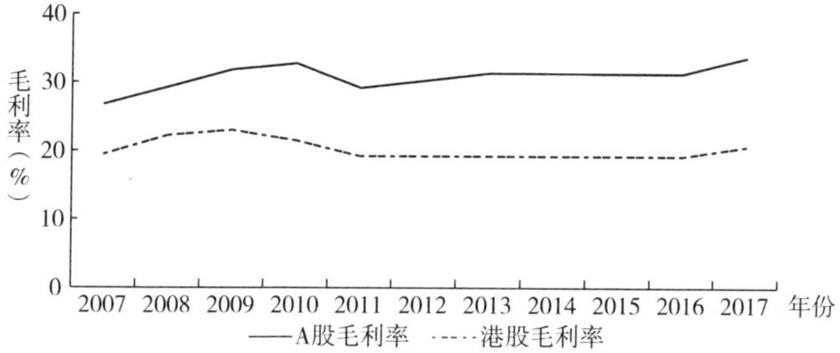

图 7－25　医药行业 A 股与港股的毛利率对比

从历年的营业收入占比来看，药医行业 A 股整体营业收入占比较高的细分行业是医药流通、化学制药和中药，而港股以医药流通为主。因此，A 股的毛利率会受到医药流通和化学制药细分行业毛利率的影响，而港股毛利率主要受医药流通细分行业驱动。

化学制药细分行业的毛利率一般比较高，2007—2017 年，A 股

① 资料来源：万得资讯。

化学制药细分行业整体毛利率为37.4%，生物医药细分行业的毛利率为59.7%，中药细分行业的毛利率为44.9%，流通细分行业的毛利率仅为13.3%。这是因为化学制药细分行业的原材料成本不高，主要投入在前期研发阶段，而流通细分行业以分销流通细分业务为主，赚取上下游差价和流通服务费，因此毛利率整体偏低。

从净利润占比来看，行业净利润占行业整体净利润的比例越高，越容易驱动行业整体ROE的变化。医药行业A股ROE始终主要受化学制药和中药细分行业影响，而港股在2008—2011年主要受化学制药细分行业影响，2011年之后，流通细分行业ROE对港股医药行业ROE的影响显著，与化学制药细分行业一起共同决定港股整体ROE的变动趋势和波动大小。因此，医药行业港股ROE驱动行业的变化可以部分解释2011年之后与A股ROE的分化情况。

什么在驱动A/H资本市场的股价差

医药行业的估值方法比较复杂，不同属性的公司采用的方法不尽相同。例如，化学原料药公司一般会采用PE或者PB-ROE的估值法，因为原料药细分行业发展已经成熟，原料价格决定公司估值，类似于周期行业，而创新药公司（化学制剂、生物药细分行业居多）一般还考虑在新药研制期间，将仍处于研发阶段的品种价值折现，得到公司估值，类似于科技股；至于中成药、饮片类药物因品种稳定，常采用PE估值法等。

从医药行业整体的角度来看，我们仍用PE衡量A股和港股的估值水平。一方面，PE始终是各个细分行业的上市公司在估值时会选择的锚定标准；另一方面，相对估值法能够方便地比较A股和港股以及不同细分行业间的估值水平。

医药行业A股的估值水平基本上是港股的两倍。2007—2017年，医药行业A股的平均PE为43.6x，而港股的平均PE为22.5x。在有些时期，该倍数最大可达3.4倍。目前，A股PE是港股PE的

1.6 倍左右，接近历史低位。从趋势来看，A 股 PE 自 2015 年的 55.9x 缓慢下降至 2017 年的 38.0x，而港股 PE 自 2011 年以来一直保持在 23x 左右的水平，两者之间的差距在不断缩小。

细分来看，估值差排序依次为制药细分行业、流通细分行业、器械细分行业。2007—2017 年，化学制药细分行业 A 股平均 PE 普遍是港股的 2.1 倍以上，而医药流通细分行业 A 股的平均 PE 仅是港股的 1.22 倍，医疗器械细分行业 A 股的平均 PE 甚至低于港股，是其 0.88 倍。

估值差体现了投资者风险偏好对医药各细分行业的估值影响。在香港上市的公司，其主营业务往往在内地，这就使两地投资者在面对收益不确定性较大的制药类企业时，会给出不同的估值。一般而言，港股投资者注重收益的确定程度，而 A 股投资者注重公司的成长性，面对需要投入大量研发的行业，A 股投资者会给出较高的估值（包含对未实现盈利的预期），而港股投资者则寻求更多的风险溢价。

相反，器械类和流通类公司的盈利模式较为稳定，除了需要一定研发的高值耗材公司外，这两类公司的盈利以渠道为主。这样的竞争方式是海外投资者能够分析的，因此两地估值差异相对小很多。

在制药细分行业中，进一步细分可以得到生物医药、中药、化学制药的估值差排序。2007—2017 年，平均来看，化药行业 A 股平均 PE 普遍是港股的 2 倍以上，中药 A 股平均 PE 是港股的 2 倍，生药 A 股平均 PE 是港股的 10 倍。港股对于中药和生物医药估值偏低的逻辑不尽相同。海外投资者对于中药的研发、制造和审核流程比较陌生，因此行业 PE 仅为 18x 左右，低于港股医药整体水平的 22.5x。而生药则因为盈利波动较大，2008 年和 2009 年行业净利润出现亏损，进而导致平均 PE 相对 A 股过低。

我们以上海医药、白云山和丽珠医药为例（见图 7－26）[1]，进行横向对比可验证这一点。药品流通细分行业营业收入稳定，排除

---

① 资料来源：万得资讯。

国家医药监管的政策性风险外，其盈利的确定性要高于研发占比高的制药细分行业，因此折价水平更低。

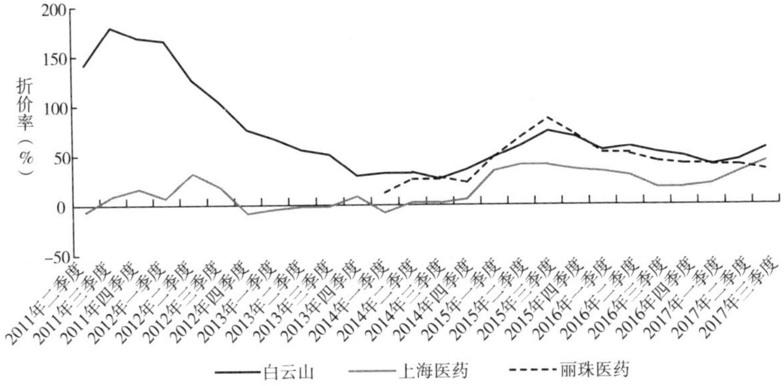

图7-26　上海医药、白云山和丽珠医药的折溢价率

不同公司的折价水平不尽相同，市值越大的公司折价水平越低。其原因有两个：市值大的公司往往是行业龙头，业绩增长稳定，因此港股风险溢价小，对A股折价水平也低；A股投资者会关注中小盘股的成长性而给予高估值，而香港市场“仙股”众多，小盘股往往无人问津，这导致市值越小的港股流动性越差，股价越低，对A股折价越多。A/H两地上市公司市值与折价率之间呈负相关，具体如图7-27所示。[1]

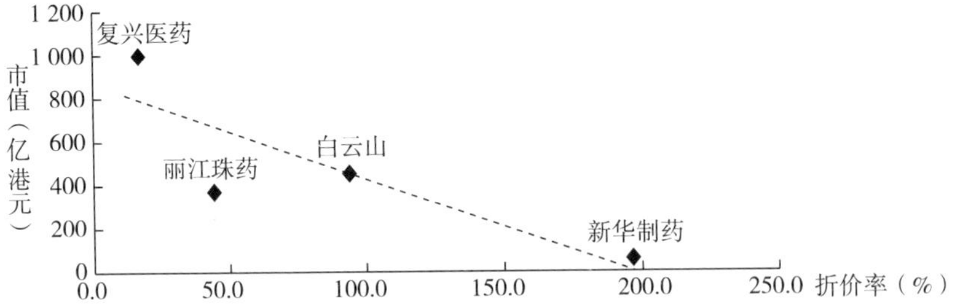

图7-27　A/H两地上市公司市值与折价率之间的关系

① 资料来源：万得资讯。

纺织服装和轻工行业：龙头的时代①

纺织服装和轻工行业都属于体量相对较小的板块，但板块内的上市公司细分却很复杂。纺织服装产业链分为上游、中游、下游。上游主要是纺织原材料的生产，成本与石油、棉花、汇率的关系比较大，企业以出口为主；中游主要包括服装的设计和生产；下游主要是销售，对于企业的品牌影响力、运作效率、销售渠道布局比较看重，下游服装销售占据着纺织服装产业链最大的利润。纺织服装行业的产业链如图7－28所示。②

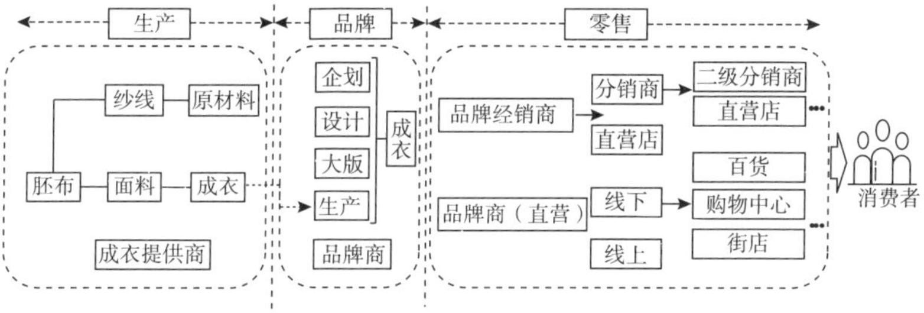

图7－28　纺织服装行业的产业链

服装是典型的非标准化产品，具备多样的场景，为了满足不同消费者的喜好、身材等需求，同一类型的衣服有不同的尺码、工艺、颜色、材质和版型。服装是一个十分成熟的传统行业，其产业链冗长且复杂。上游生产端包括原料、纺纱、织布、染整、成衣织造等多个环节，并且每个环节还因材料、织法、功能性需求等的不同而有所差异。中游品牌商需要统筹企划、设计、打版、生产等多个环节。最终成衣到下游零售端，模式更为纷繁复杂，有直营/经销（经销下设不

① 资料来源：《A＋H行业比较系列专题之六：轻工纺服篇——龙头的时代》。特别感谢杨家骥、薛缘对本文撰写做出的贡献。

② 资料来源：万得资讯。

同层级的分销商)、街店/百货/购物中心/电商、正价/清货渠道等。

因此，尽管纺织服装行业的进入门槛较低，但是非标准化和产业链琐碎冗长的特点使得纺织服装行业要想实现规模化运营，需要长时间的积累沉淀，不易被互联网、渠道或者其他任何力量轻易颠覆。

纺织服装行业的港股公司约有 24 家，A 股公司有 87 家，两市共有 1 家 A/H 两地上市公司：拉夏贝尔。A 股纺织服装板块的总市值为 5 042 亿元，市值排前 20% 的企业共占板块总市值的 50.5%。港股纺织服装板块总市值共 4 010 亿港元，市值排前 20% 的企业共占板块总市值的 69.2%，两市龙头效应明显。

轻工行业虽然板块并不大，但细分为造纸、家具、家装饰品等。港股轻工行业公司约有 8 家，A 股公司共有 103 家，两市共有 1 家 A/H 两地上市公司：晨鸣纸业，属于造纸及纸制品业。A 股和港股轻工板块细分标的数量占比如图 7－29、图 7－30 所示。[①]

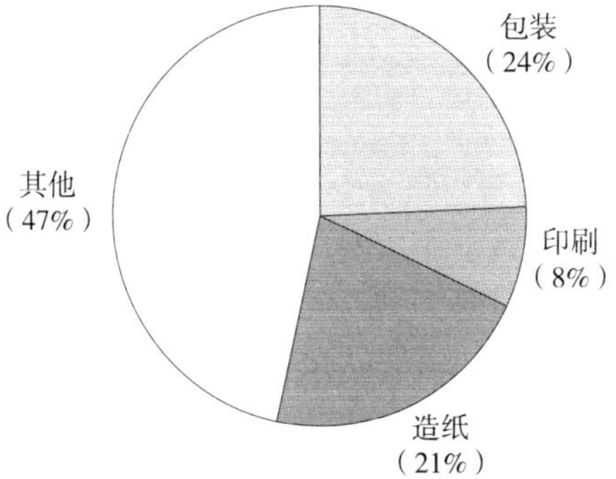

图 7－29　A 股轻工板块细分标的数量占比

A 股与港股，同与不同

在纺织服装板块，A 股与港股较大的不同是，A 股龙头公司以服装、服饰公司为主，而港股大市值标的主要为纺织品和鞋类。

① 资料来源：万得资讯。

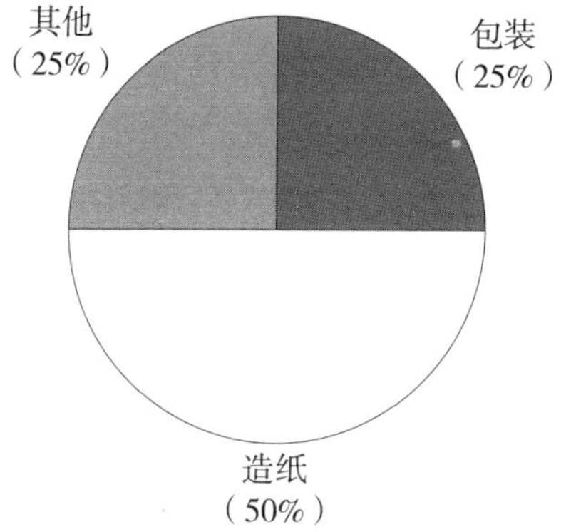

图 7－30　港股轻工板块细分标的数量占比

从总量上看，A 股和港股的纺织服装板块标的主要聚集在服装、服饰与奢侈品，接下来是纺织品。具体而言，A 股纺织服装公司共 87 家，其中，海澜之家、际华集团、森马服饰三家公司的规模最大，三家最大公司的总和占了行业总流通市值的 1/4。纺织服装主要面向 C 端细分用户，用户消费喜好差异大、地区差异大，较多的行业细分领域和多样化的用户需求使得行业整体分布较为分散。未来几年内，中国将是全球最具增长潜力的消费市场之一，而国内市场的集中度，在未来也有望进一步提升。

对比海外各国，我国龙头品牌市占率较低，未来有望不断提升。以美国市场为例，市占率排前三位的鞋服品牌为耐克（Nike）、老海军（Old Navy）、阿迪达斯（Adidas），市占率分别为 6.3%、1.8%、1.6%；而我国排前三位的品牌服饰公司为阿迪达斯（Adidas）、耐克（Nike）、海澜之家，市占率分别为 1.7%、1.6%、1.2%。2017 年中国、美国、日本、德国鞋服市场前三大品牌零售规模及市占率如图 7－31 所示。[①]

香港的服装设计更贴近国际市场，盛产服装设计师，与发达国

① 资料来源：Euromonitor。

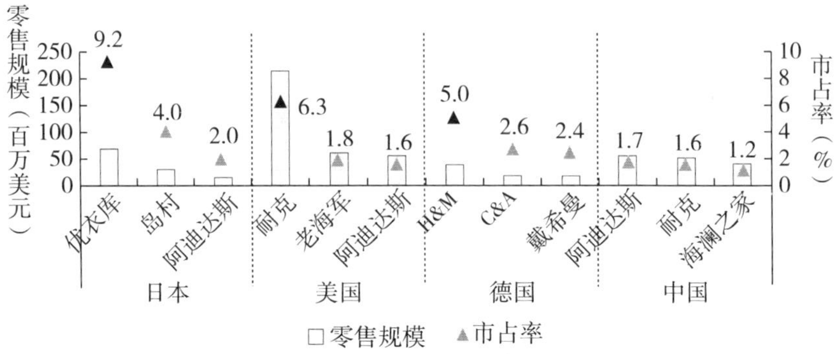

图 7－31　2017 年中国、美国、日本、德国鞋服市场前三大品牌零售规模及市占率

家的流行时尚文化和审美更加近轨，作为“购物天堂”的香港，其当地企业的品牌效应发挥了重要作用，香港作为服装设计和销售之地，在产业链中主要处于下游的位置，销售额与国际经济的景气程度相关。香港市场整合了终端零售和供应链，品牌公司逐步提升自身产品设计的研发能力，并逐步打造品牌故事，深化品牌形象，加速品牌沉淀。消费品多个细分领域的规模巨大，优质品牌在其中拥有足够的成长空间。前期在行业“蓝海”发展阶段，优质品牌可以伴随行业规模的扩张快速成长；后期在行业步入“红海”发展阶段、竞争加剧之时，优质品牌又能通过不断积累的竞争优势淘汰中小品牌，不断提升市场份额，实现持续增长。目前来看，香港的服装品牌在国际上的影响力大于内地。

内地拥有从上游原材料到纺纱、织布、印染、后处理、成衣制造等全产业链资源，加工制造企业整体实力不断提升。因此，A 股和港股在纺织服装产业链上有一定的互补性。纺织服装产业与成本（棉花、石油）密切相关，2018 年 7 月 6 日，中国开始对美国棉花征收关税，长期来看，归结于供需关系，棉花价格仍具有上涨空间。内地纺织服装加工制造板块近年来着重提升自动化、信息化水平，在生产中加入物联网、智能生产、机器人等技术，且拥有较低的人力成本，生产的纺织原料在国际市场比较有竞争力。同样，下游纺织服装销售企业如海澜之家等，在近几年同样注重用户体验、品牌打造、线上化和销售渠道的整合。

从大众认知的品类来看，服装行业细分市场大致可以分为男装、女装、童装、运动服饰等。2017 年品牌服饰板块整体收入逐渐增长。2017 年，女装和童装行业开始复苏，男装和鞋履下滑趋势收窄，反映出消费支出的增加以及女装/男装等品类的中高端消费复苏。此外，运动服销售保持高景气，而床上用品则处于持续低谷。2016—2018 年运动服类和男装类的销售增速如图 7－32、图7－33所示。[①]

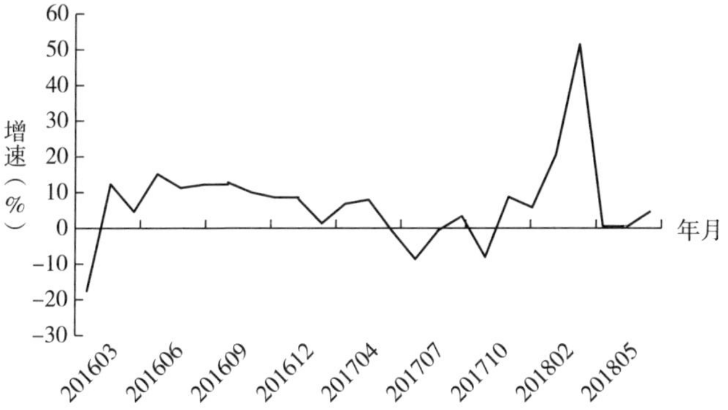

图 7－32　2016—2018 年运动服类的销售增速

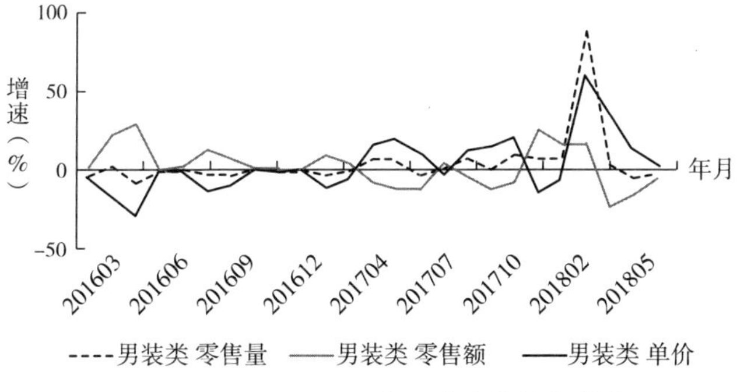

图 7－33　2016—2018 年男装类的销售增速

① 资料来源：中华商业信息中心。

轻工行业细分为造纸、包装、家居饰品等。港股中最重要的细分领域就是造纸业，在供给侧改革和环保减产的压力下，落后产能被淘汰，行业继续集中于优势龙头，造纸细分行业业绩复苏。限于环保督察带来的总体产能下降已经基本反映，行业的产能出清，供给侧改革对盈利造成冲击的阶段基本接近尾声。

近几年，由于成本上升、环保限产等因素，很多高污染的造纸企业面临着减产甚至倒闭的危险，行业整体的毛利率下降，等待行业整合。

后续造纸细分行业纸价基本进入高位波动的阶段，依靠纸价进一步上涨驱动盈利的逻辑已经受到挑战。造纸细分行业的产业链如图 7－34 所示[①]。

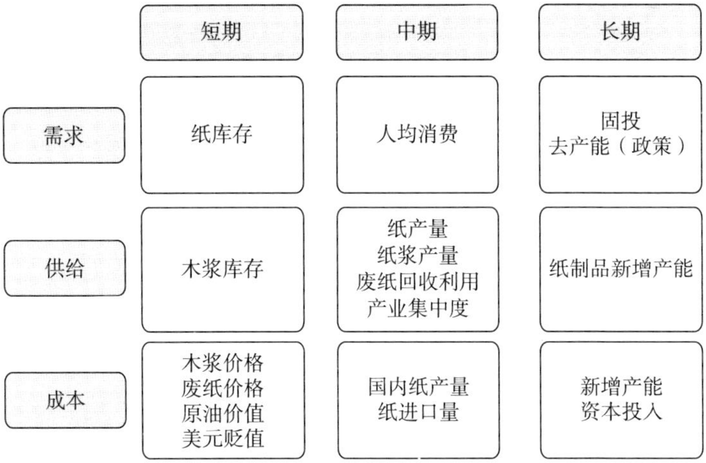

图 7－34　造纸细分行业的产业链

房地产销售增速持续下行，使得家具细分行业承压较为明显。优先布局具有竞争优势的品牌，完善销售渠道的龙头品牌，家居龙头企业在资本、产能、信息化、渠道、产品等重要领域已完成基本布局，有望依靠规模优势维持合理利润并做大规模。

① 资料来源：万得资讯。

2016年房价大幅上涨后，国家陆续出台房地产限购限贷政策，住宅销售面积同比增速持续下滑，房地产竣工面积同样创出新低。家具销售与房地产销售紧密相关且稍微滞后，此外，我国结婚登记人数从2013年开始一直在下降，添置新婚家居的刚需减少，家具企业业绩承压。

从中长期来看，住宅投资增速复苏叠加库存持续消化，销售面积有望迎来拐点。自2016年年初以来，住宅待售面积持续下降，目前已达近四年的低点。全装修率有望持续提升，为家居行业的发展注入新的动力。根据住建部《建筑业发展“十三五”规划》，2020年我国新开工全装修成品住宅面积将达到30%。而从目前各地已推出的政策来看，多个地方政府将2020年的全装修率目标定在100%，住宅全装修率有望不断上升。

值得一提的是，人民币的阶段性贬值利好出口，会降低房地产低迷期的影响。中国是最大的家居出口国，人民币呈贬值趋势，海外出口业务向好，对于近期家居行业的业绩是一个较大支撑。家居消费的影响因素见表7－2。①

表7－2　家居消费的影响因素

需求动因	影响因素
乔迁更新	商品房销售
新婚置办	登记结婚人数
消费升级	收入，生活品质的要求

最后是包装行业，电商行业规模不断变大，给包装行业注入持续的增长动力。包装原料分为纸、塑料和金属。据统计，中国包装工业的总产值近年来年均复合增长率达到15%左右，其中纸包装占

① 资料来源：万得资讯。

据了“半壁江山”。由于环保趋严，上游造纸企业集中度提升。但港股缺乏相关的上市公司。包装印刷产业链如图 7－35 所示。[①]

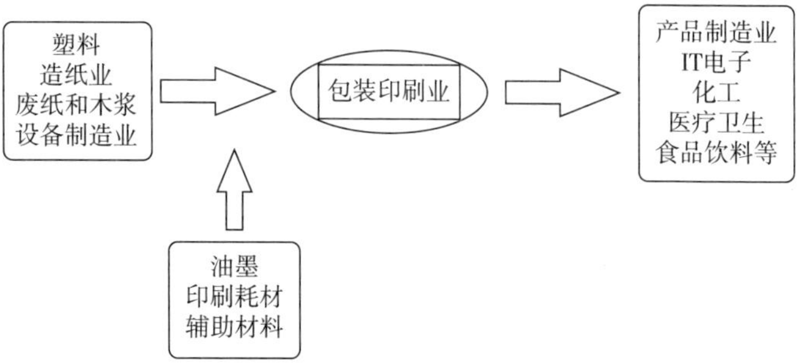

图 7－35　包装印刷产业链

从财务数据看 A/H 市场的异同

近几年，内地纺织服装板块的整体业绩表现一般，品牌公司开店空间压缩，前期快速开店导致库存恶化、门店管控不当、结构不合理，行业步入去库存、调渠道、强化管控的调整阶段。2016 年年底，优质品牌公司调整逐步落地、多品牌矩阵日趋完善，2017 年行业呈现复苏趋势。

港股企业的 ROE 始终大于 A 股，但是 A/H 市场的 ROE 差距在 2017 年快速收窄。从杜邦分析的角度来看，两地纺织服装企业中，港股的利润率一直保持在 9%～11%，A 股的利润率上下浮动比较大。2015 年出现明显的拐点，香港和内地纺织服装板块的杠杆率走势明显相反。2016 年年底，优质品牌公司调整逐步落地，2017 年 A/H 两地纺织服装板块的营业收入、净利润出现结构性差异。A/H 两地纺织服装行业的总资产报酬率和权益乘数如图 7－36、图 7－37 所示。[②]

① 资料来源：万得资讯。

② 资料来源：同上。

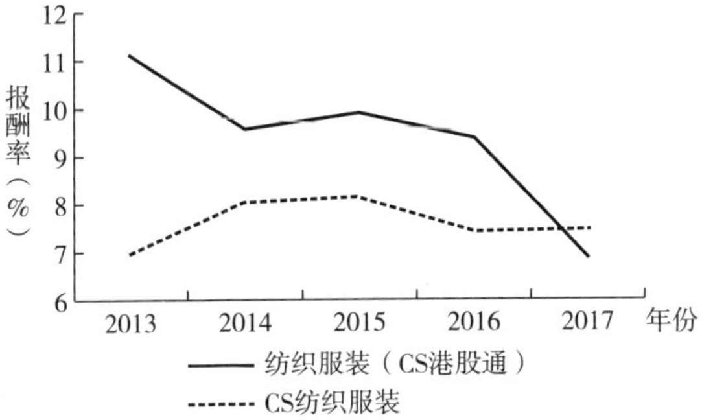

图7-36 A/H两地纺织服装行业的总资产报酬率

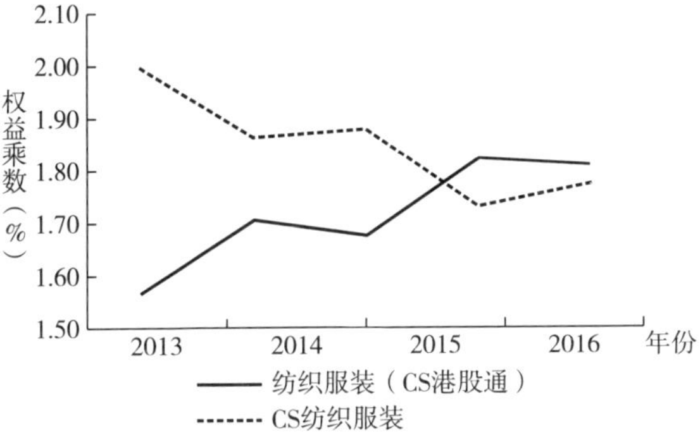

图7-37 A/H两地纺织服装行业的权益乘数

品牌服饰行业在未来几年进入龙头集中的关键时期，开始诞生能够自主设计，具有核心竞争壁垒的龙头品牌。龙头企业不断夯实自身经营，从产品持续创新、终端零售运营管理效率、供应链管控效率三方面不断提升龙头资质，强化竞争优势。整体消费环境有望持续复苏，服装行业在低线城市消费升级、消费年轻化的驱动下，有望延续良好表现。

女装内销价格不断创出新高，市场对于女装的内需在不断增加，而低端制造正逐步转移到东南亚，国内中高端服装制品在国外销售表现不佳。受消费升级、需求复苏的影响，男装板块同样呈回暖的趋势，但男装的价格指数不断下行，资源不断向龙头品牌集中，一些男装领导品牌如海澜之家2017年的收入、净利润同比分别增长7.06%、6.60%，2018年内生外延持续发力，公司收入有望实现10%左右的增长。尽管服装行业整体零售数据呈现下行态势，但龙头企业仍延续年初以来的优异表现，潜在龙头公司可以获得高于行业平均水平的持续增长。在运动户外细分领域，行业持续景气，公司经营分化，呈现出强者恒强的状态。中国运动服饰市场规模及增速如图7－38所示。① 中国运动服饰市场品牌的市占率如图7－39所示。②

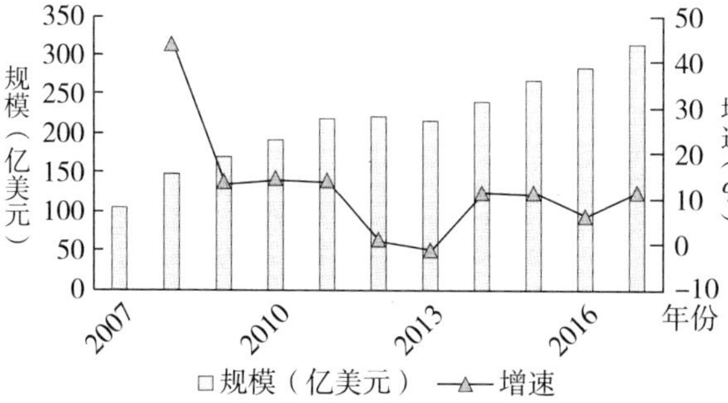

图7－38　中国运动服饰市场规模及增速

从整体消费行业看，品牌服装零售回升受益于整体消费回暖，居民的消费意愿和社会的消费能力大幅提升。自2016年三季度以来，消费者的消费意愿指数维持在较高水平，2017年至2018年一季度，中国消费者信心指数始终在110～124点，保持在历史高位。

轻工板块较小，A股和港股的轻工制造板块的ROE在2015年之前较为疲软。但是，在2015年之后，得益于消费需求的大幅提升，轻工制造板块在2015年迎来了业绩爆发期。轻工制造受到房

① 资料来源：Euromonitor。

② 资料来源：同上。

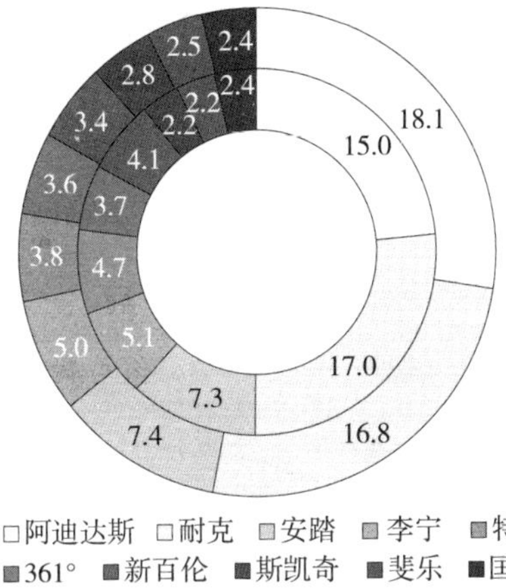

图 7－39　中国运动服饰市场品牌的市占率

注：外圈代表 2017 年，内圈代表 2016 年。

地产、电商销量和环保政策影响较大，龙头企业受益于行业集中度提升的影响。A/H 两地轻工行业的 ROE 如图 7－40 所示。[①]

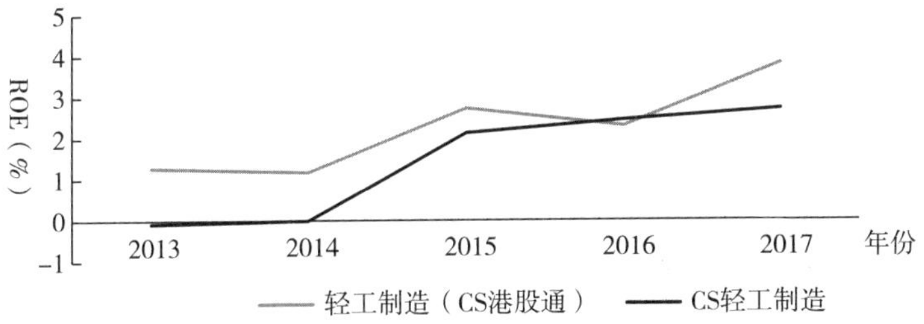

图 7－40　A/H 两地轻工行业的 ROE

目前，轻工制造行业 A/H 两地市场的 ROA（资产收益率）都在稳步提升，显示整体的行业发展较为良好，但是归结于去杠杆等因素，A 股权益乘数下降幅度较大。轻工制造行业港股和 A 股企业 ROA 同时上涨，拐点走势基本一致，相关性比较大，反映了香港和内地在消费之间的景气程度关联较大。ROE 较低的原因并不是内

① 资料来源：万得资讯。

地企业的盈利能力不如香港的上市公司，而是 A 股上市企业的杠杆率较低。A/H 两地轻工行业的 ROA 和权益乘数如图 7－41、图 7－42 所示。①

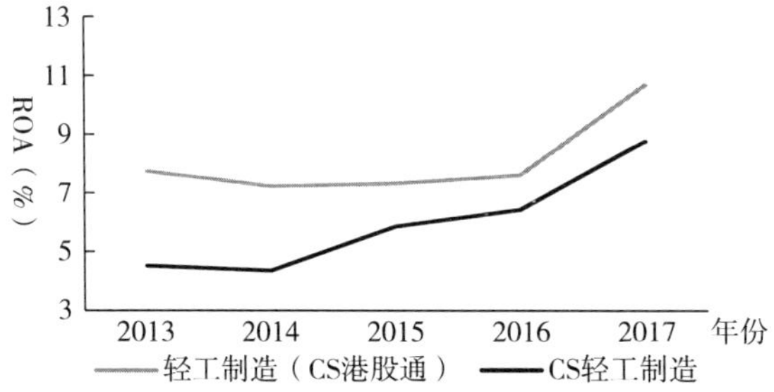

图 7－41　A/H 两地轻工行业的 ROA

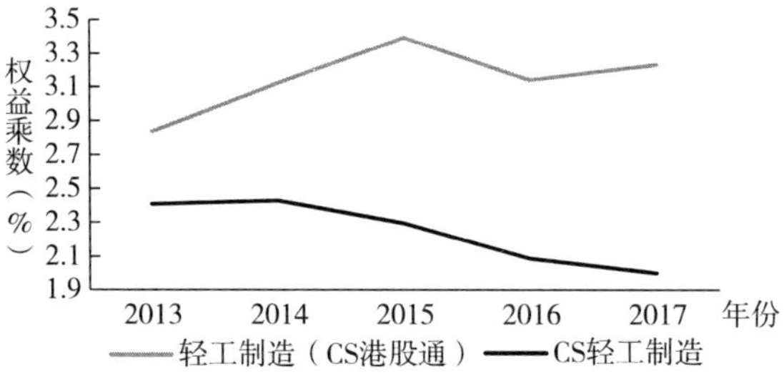

图 7－42　A/H 两地轻工行业的权益乘数

对于香港和内地上市的轻工制造企业来说，如果不考虑财务杠杆的影响，盈利能力差距不大。由于内地消费市场庞大，与内地市场相关的企业的营业总收入略高。两地企业基本有相同的发展拐点，总体来说，发展较为稳定。不同的是，内地上市公司目前的财务杠杆率普遍较低，具有较大的配置安全边际。同时，在中国净出口、投资对经济作用减缓的背景下，降税政策、居民消费加杠杆利好当下的中国内地消费市场。轻工行业在香港主要分布在造纸领域，有 A/H 两地上市公司晨鸣纸业，也有港股特有龙头恒安国际、

① 资料来源：万得资讯。

玖龙纸业，而内地市场还包括包装、家具饰品等细分行业，这也是两地财务数据差异的主要来源。包装板块毛利率与净利率如图 7-43 所示，[①] 包装板块 ROA 与 ROE 如图 7-44 所示。[②]

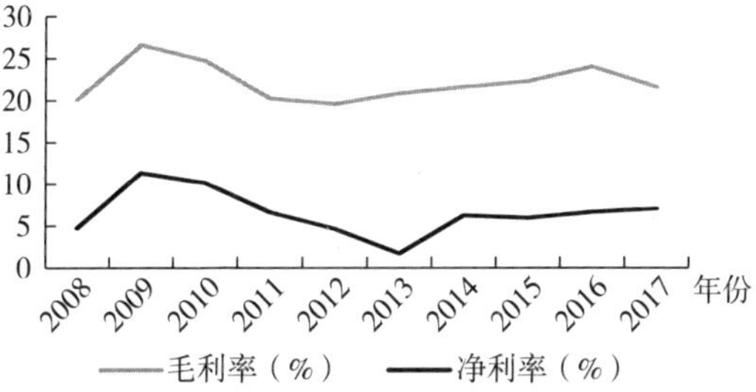

图 7-43　包装板块毛利率与净利率

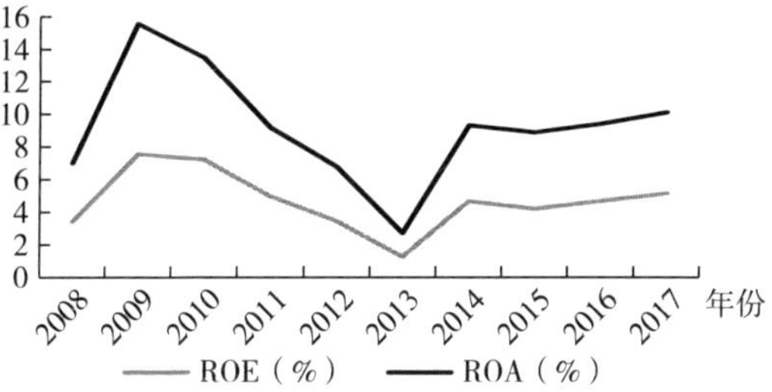

图 7-44　包装板块 ROA 与 ROE

家电和教育行业：两个“小而美”的行业[③]

接下来，我们将介绍 A/H 市场中两个“小而美”的行业，家电行业和教育行业。有意思的是，这两个行业 A/H 市场的特性正好相反：家电行业的主要公司在内地市场，而教育行业的主要公司

---

① 资料来源：万得资讯。

② 资料来源：同上。

③ 资料来源：《A+H 行业比较系列：医药教育篇——两个“小而美”的行业》《A+H 行业比较系列：汽车家电篇——被南向资金深刻改变的行业》，特别感谢李世豪、陈俊斌对本文撰写做出的贡献。

在香港市场（因为之前内地政策的关系，教育行业被视为非营利的行业，较难在内地上市）。

家电行业

家电行业A股龙头属性明显，且龙头质优，市占率高，如美的集团、格力电器、青岛海尔已形成一定的行业垄断。而港股上市公司相对简单，市值偏小，上市公司是A股龙头上市公司部分业务的剥离，聚焦于销售端，如TCL多媒体为TCL集团的多媒体业务部分，海尔电器主要的营业收入来源于青岛海尔所产电器的销售。以销售作为主要营业收入的模式，导致港股的毛利空间显著小于A股。两市只有一家A/H两地上市公司：海信科龙。

海信科龙的前身为顺德珠江冰箱厂，主营空调和冰箱业务，旗下覆盖科龙冰箱、科龙空调和容声冰箱三大产品，分别于1996年和1999年在港交所和深交所上市。2005年，海信集团竞标成功，海信股份注入科龙空调，至此，海信科龙旗下拥有海信、科龙和容声三个“中国驰名商标”，拥有海信空调、海信冰箱、科龙空调和容声冰箱四个“中国名牌产品”。2010年，海信集团将旗下白电资产注入海信科龙，至此，海信集团旗下拥有两大业务板块：海信科龙（白电业务）和海信电器（黑电业务）。

家电行业在内地市场上市的公司都是质地优良、市占率高的龙头。以白电行业为例，三巨头美的集团、格力电器、青岛海尔都仅于A股上市，境外投资者只能借道QFII或沪深港通投资。冰箱方面，市占率最高的为青岛海尔，A/H公司海信科龙以12.5%的市占率排名第二；空调方面，格力电器、美的集团、青岛海尔三巨头的市占率分别为33.2%、22.3%、7.1%，合计达62.6%，形成一定规模的行业垄断。2016年冰箱和空调的市占比率如图7-45、图7-46所示。[①]

① 资料来源：万得资讯。

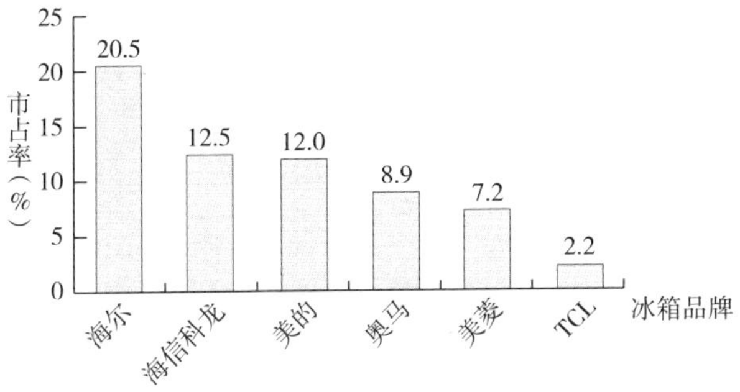

图 7－45　2016 年冰箱行业的市占率

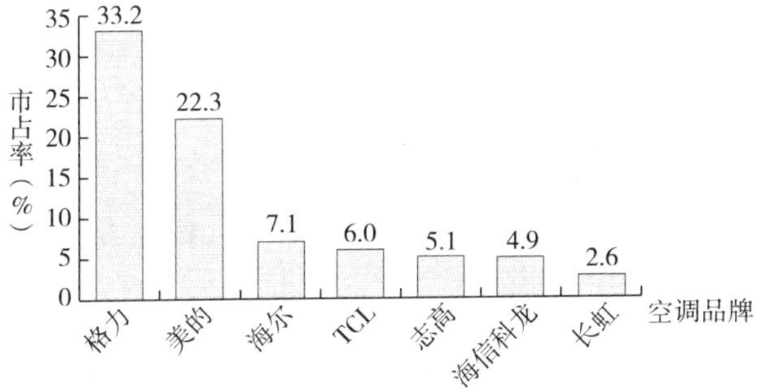

图 7－46　2016 年空调行业的市占率

值得注意的是，港股家电行业的部分公司是 A 股龙头上市公司业务的剥离，聚焦于销售端，例如，A 股的青岛海尔和港股的海尔电器。从主营业务来看，青岛海尔营业收入的 31% 来源于冰箱业务，18% 来源于空调业务，传统白电营业收入的占比近 50%，而海尔电器的营业收入主要来源于其旗下日日顺综合平台，核心竞争力在综合服务与物流销售，此外，洗衣机的产销量的占比为 25%。从股权结构来看，青岛海尔直接或间接控制海尔电器股权的 44%，具体如图 7－47 所示。[①]

由于港股家电行业上市公司很少，因此港股行业基本面的情况

① 资料来源：海尔集团官网。

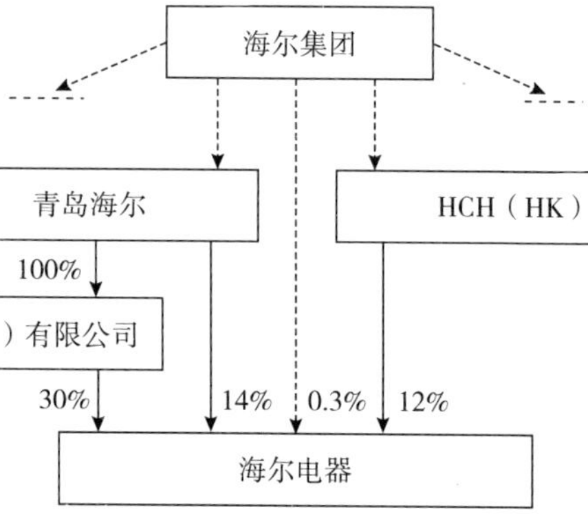

图7－47　海尔系股权结构

更多反映的是两个龙头上市公司——海尔电器与创维实业的盈利状况。从营业收入来看，A股与港股的营业收入整体呈上升趋势，A股的营业收入明显高于港股。主要原因在于家电行业市占率较高的公司大部分只于内地市场上市。以白电行业为例，于内地市场上市的"三巨头"美的集团、格力电器和青岛海尔2016年的空调市占率已达到62.6%。两市营业收入的增速均在2010年达到最高值。

白电行业龙头青岛海尔的营业收入增速由2010年的35.57%骤降为2012年的8.13%；黑电行业的海信集团的营业收入增速由2010年的15.52%降为2012年的7.35%。2010—2012年，家电行业遭遇"寒冬"。

家电行业A股毛利率整体呈上行趋势，港股毛利率整体基本无变化，具体如图7－48所示。[①] A股毛利率稳步上升的原因主要是技术改进导致成本下降、产品结构变化以及降价后销量增加带来的规模效应。例如，格力电器2017年一季度的毛利率为35.1%，环比提高了5.7个百分点，原因是新品的推出改善了销售结构。

① 资料来源：万得资讯。

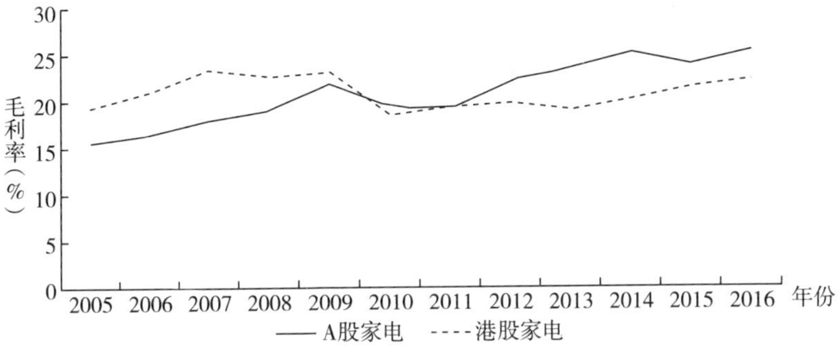

图7－48　家电行业A股与港股毛利率的对比

家电行业A股净利润稳步增长，而港股净利润保持平稳，这也导致A股家电行业ROE在2015年之后反超港股家电行业ROE。原因是利润主要流向只于内地市场上市且市占率提升的大部分龙头公司，从而导致港股家电行业的净利润表现平平。

教育行业

教育行业虽然是个不大的行业，但却有极强的确定性投资价值，这一投资价值源自教育市场极高的增长潜力和未来发展的确定性，其在香港市场极具特色。

教育行业与人口息息相关，国家的人口数量和结构决定了适龄学生的人数，从而也决定了教育的规模。中国长期受"计划生育"政策影响，人口出生率保持在极低水平。2014—2016年，一方面"单独二孩""全面二胎"等人口政策放开，加之"回声婴儿潮"人口进入生育年龄，人口自然增长率明显回升，2016年达到5.86%，是2004年以来的最高值，出生率达12.95%，是2002年以来的最高值，一波新的"婴儿潮"喷薄在即。新中国历史上的"婴儿潮"见表7－3。[①]

① 资料来源：万得资讯。

表 7－3　新中国历史上的“婴儿潮”

时间	推动因素	主要影响
1949—1957 年	进入和平年代，国家鼓励生育的政策	战后“婴儿潮”的人口基数小，人口净增 1.05 亿
1962—1973 年	三年自然灾害结束，国民经济情况逐渐好转，补偿性生育来势很猛	中国历史上最大的一波“婴儿潮”，10 年间全国共出生近 2.6 亿人，这批人已成长为社会中坚力量
1986—1990 年	上一次“婴儿潮”新增人口成家立业，进入生育年龄	虽然受到“计划生育”政策影响，但仍新增人口 1.24 亿，被称作“回声婴儿潮”
2015—2020 年（预计）	“回声婴儿潮”人口进入生育年龄，生育政策放开	释放新一轮人口红利，促进消费和经济增长

日益壮大的中产阶级带动了教育消费升级。新生代家长的学历层次不断提高。以 10 年为界，从“90 后”“00 后”到如今的“10 后”儿童，他们父辈高等教育的毛入学率分别为 3%、15% 和 30%，这意味着新一代的家长受教育层次越来越高。可以预见，2020 年之后的新生儿，他们的父母受过高等教育的比例将达到 45% 甚至 50% 以上，随着高等教育的普及，这一比例将持续提高。

根据北京大学中国社会科学调查中心的调研，父母的学历越高，对子女教育的期望越大，在子女教育上的经济投入越多。高中及以上学历的家长对子女教育的投入是初中学历家长的 2.1 倍。这和美国教育部国家教育统计中心的统计结果一致，本科和本科以上的父母对孩子教育的关注程度、准备教育存款的比例和时间都要高于低学历家长。

因此，高学历家长对子女教育的重视程度叠加优质教育资源短缺，将加大父母的焦虑和对差异化、多层次教育资源的需求，从而促进教育服务产业升级。幼儿教育、K12 教育（基础教育）和职业教育拥有广阔的市场空间。

教育产业链纷繁复杂，重要细分领域包括教育信息化、教育出版、幼儿教育、课外辅导、职业教育、出国留学和网络招聘等。

K12 教育是确定性最强的细分行业。当前，教育行业的各个细分赛道均有不同的驱动因子和成长逻辑：教育信息化细分行业的驱动因子是政府采购经费；职业培训细分行业的驱动因子是优秀品牌引领行业集中度的持续提升；职业教育细分行业的驱动因子是优势企业横向整合；幼儿教育及 K12 学校（含国际学校）细分行业的首要驱动因子是供需差异明显导致的供不应求，这些在未来 3 ~ 5 年具有非常强的确定性。

对应到二级市场的投资机遇上，由于 A 股上市公司大规模转型，教育行业始于 2015 年，目前仍处于当年密集并购重组的消化期，仅有 2 家以教育为主营业务的上市公司——开元股份和勤上股份。

自 2015 年起，A 股上市公司密集转型教育行业。考虑到多数并购项目要求标的方承诺未来三年业绩，2018—2019 年，部分上市公司的业绩承诺期即将结束。我们需要承认，上市公司在布局教育产业初见成效、收入和利润明显增厚的同时，也面临着标的整合不易的困境和商誉减值的潜在风险。

港股迎来密集的内地教育公司上市潮，教育板块逐渐丰满。截至 2017 年年末，港股只有 6 家上市公司，但步入 2018 年，短短半年内已经有十余家内地教育企业正在筹划或者已经成功在港交所上市，其中中国新华教育、21 世纪教育、天立教育已经于 2018 年在港交所挂牌，此外博骏教育、科培教育、希望教育、春来教育、华立大学、华图教育、银杏教育、宝宝树、卓越教育、沪江已经提交上市招股书。

截至 2018 年 7 月，港股中概股教育板块已经有成实外教育、中国网络信息科技、睿见教育、枫叶教育、网龙、民生教育、宇华教育、新高教集团、21 世纪教育、中国新华教育、中教控股共 11 家内地教育集团，教育板块处于爆发式生长阶段。教育类相关公司面对空间广阔的市场急需上市融资攻城略地，无论在内地还是香港，教育行业仍然方兴未艾。部分教育类 A/H 两地上市公司见表 7－4。[①]

表 7－4　部分教育类 A/H 两地上市公司

证券简称	总市值（亿元）	销售毛利率（%）	净资产收益率（摊薄，%）	市盈率（TTM）
勤上股份	48.9	27.3	1.6	88.6
开元股份	39.8	64.6	7.6	40.7
中教控股	240.6	59.0	7.6	42.6
枫叶教育	185.4	49.8	16.9	34.6
民生教育	66.6	58.3	8.6	18.7
新高教集团	98.8	54.9	13.5	30.3
睿见教育	129.5	45.9	11.5	50.7
宇华教育	174.6	51.5	12.7	34.7

① 资料来源：万得资讯。

第八章

大金融板块

在这一章中，我们将重点讨论大金融板块，该板块包括银行、非银行金融机构和房地产。

银行业：一个既熟悉又陌生的行业[①]

对两地投资者而言，A/H 两地市场的银行上市公司并不陌生。港股银行有 17 家，A 股银行有 26 家，A/H 股银行有 9 家，分别是中信银行、招商银行、民生银行、建设银行、农业银行、工商银行、交通银行、中国银行和中国光大银行，除中信银行、招商银行和民生银行为股份制银行外，其余 6 家均为国有银行。9 家 A/H 股银行，占 A 股银行市值的 83.5%，占港股银行市值的 76.5%。

港股与 A 股，同与不同

从总量来看，两地市场均由国有银行主导，A 股的 5 家银行和港股的 6 家银行（“五大行”和中国光大银行）的市值占比都超过整体上市公司的 2/3。股份制银行在内地市场和香港市场分别有 8

① 资料来源：《A + H 行业比较系列专题：金融篇——熟悉又陌生的行业》。特别感谢徐广鸿、肖斐斐和邵子钦对本文撰写做出的贡献。

家和4家，市值占比分别为24.9%和11.5%。此外，A股上市公司有13家城市商业银行（后简称“城商行”），市值占比仅为6.8%。香港市场有5家外资银行，包括一家全球性银行汇丰控股和区域性龙头恒生银行，合计市值占比为16.6%。

对国内投资者而言，值得关注的是汇丰控股。汇丰控股成立于1865年，是全球最大的银行之一，其最大的特点是区域的分散化和业务的多元化。汇丰控股的经营区域覆盖欧洲、亚太、美洲、中东及非洲等87个国家和地区，设有约8 000个办事处。2017年，亚洲仍是其最大的市场，为汇丰控股贡献了46.2%的营业收入，欧洲和北美的市场占比分别为31.2%和12.0%。不同于内资银行，汇丰控股是典型的全球性混业经营的大行，业务主要涉及零售银行及财富管理（收入占比为39.9%）、环球银行及资本市场（收入占比为28.4%）、企业银行（收入占比为25.5%）、私人银行（收入占比为3.3%）和企业中心业务（收入占比为2.8%）。

作为全球性银行，汇丰控股的资产负债表与全球宏观经济的走势紧密相关，全球经济的增长为汇丰控股资产的增长奠定良好基础，而经济的波动也对其业务的扩张产生约束。相对于内资银行股权集中的状况，汇丰控投的股权分散，前两大股东均为机构投资者。截至2017年年末，汇丰控股的前两大股东为贝莱德（BlackRock）和平安资管，持股比例分别为7%和5%。此外，汇丰控股拥有成熟的管理层股权激励机制，几乎每位董事都持有公司股份，从而保障管理层与公司利益的绑定。

相对于内地银行，香港银行受内地经济周期主导和香港房地产周期主导，汇丰控股多元化的业务模式及全球布局使其风险更加分散，未来也将持续受益于全球经济的复苏。2017年年底，汇丰控股核心一级资本充足率为14.5%，虽然低于中银香港和恒生银行的16.5%，但远高于在香港上市的内资银行10.4%的平均值，以及内地上市公司10.3%的平均值。同时，汇丰控股的现金分红率长期保持在 40% 以上，2017 年更是高达 96.3%，大幅高于 A 股上市公司 17.3% 的平均值。

因此，除了海外价值投资者外，汇丰的高分红率对国内南向的“长钱”吸引力也极高。内地南向资金累计净买入汇丰控股的金额为 837 亿港元，远高于排名第二的腾讯控股（578 亿港元）和排名第三的工商银行（570 亿港元）。

从财务数据看 A/H 市场的异同

整体来看，内地银行上市公司由 9 家 A/H 银行主导。2013—2016 年，A 股和港股银行上市公司的营业收入和净利润增长走势高度一致。

在营业收入方面，由于中国经济增速逐步放缓，2014—2015 年，A 股银行增速由 15% 左右的高位下滑至 7.7%，港股也从 14% 跌至 5.4%。受金融监管升级和去杠杆政策影响，2016 年下半年至 2017 年上半年，两地银行收入陷入负增长。但随着经济基本面逐步企稳，2017 年下半年，银行上市公司收入增速开始反弹。净利润增幅与收入大致吻合。

2013 年以来，香港银行的净利润率始终高于 A 股，且在 2016 年之后更加明显。虽然 A 股国有银行的净利润率始终维持在36% ~ 40%，但 A 股市值占比为 25% 的股份制银行的利润率较低，2014 年开始显著下滑，由 38% 跌至 2016 年年初的 30% 以下。同期，A 股城商行的盈利能力也明显下降，2015 年年中以前，城商行的净利润率高于国有银行，但此后一直低于后者，拖累了整体的 A 股上市公司。相比之下，在香港上市的城商行的比例极低，股份制银行的市值占比仅为 11.5%，所以港股受两者盈利能力的影响较小。此外，除汇丰控股外，其余 4 家港股外资银行的盈利能力均较强，特别是大新银行集团的净利润率长期保持在 50% ~ 60%。恒生银行 2016 年的净利润率虽下滑至 38%，但过去几年的平均值仍在 48%

左右。银行上市公司 A 股与港股净利润率对比如图 8－1 所示。[①]

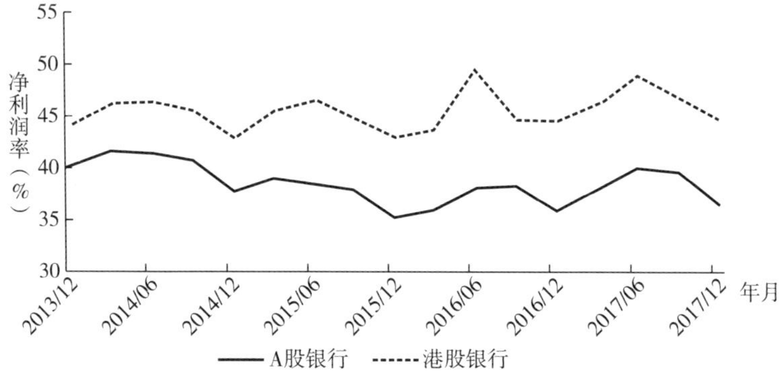

图 8－1　银行上市公司 A 股与港股净利润率对比

2013—2017 年，A 股与港股 ROE 走势高度一致，均呈下行趋势，这主要是由于风险成本上升、利润增长承压。A 股 ROE 从 20.6% 下滑至 13.2%，港股 ROE 从 20% 下滑至 13.4%。自 2014 年以来，港股银行 ROE 的水平略高于 A 股，除净利润率外，A 股银行的资产周转率要明显高于港股，在权益乘数相对接近的背景下，港股净利润率高，而 A 股资产周转率更高，导致两地银行的 ROE 水平非常接近。

经营区域的不同导致两地银行在资产和负债结构、经营模式以及估值等方面有较大的差异，我们将银行上市公司分为内地银行（建设银行、农业银行、工商银行、交通银行、中国银行、中国光大银行、招商银行和民生银行）和香港银行（恒生银行、中银香港、大新银行、东亚银行和汇丰银行）。

从资产结构来看，两地银行都以贷款为主，内地银行与香港银行的贷款资产均超过总资产的 50%（内地银行为 51%，香港银行为 53%），这说明两地银行仍以传统银行业务为主导。但是，在证券投资方面，香港银行资产占比普遍高于内地银行（内地银行为 15%，香港银行为 25%），香港银行主动投资业务更强。内地银行

① 资料来源：万得资讯。

与香港银行的资产结构占比（2017 年）如图 8－2 所示。[①]

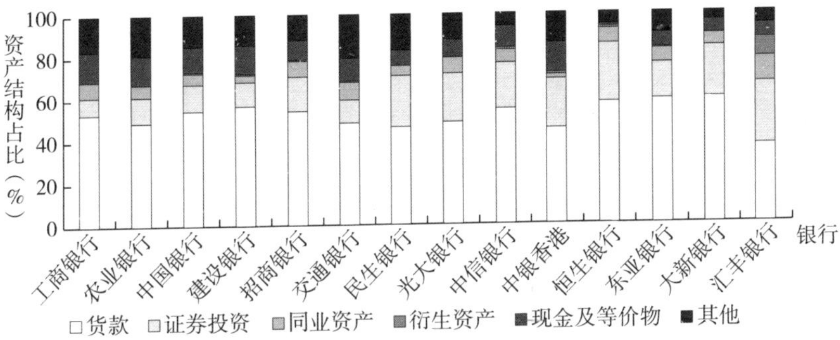

图 8－2　内地银行与香港银行的资产结构占比（2017 年）

相比之下，内地银行更倾向于对公贷款（占比为 62%），而香港银行的个贷比例更高（占比为 42%）。从政策上来看，香港的住房抵押贷款条件更宽松，而内地由于一线城市限购等原因，抵押贷款比例被限制。在对公业务上，内地银行对制造业的贷款显著高于香港银行，这主要是由内地与香港的产业结构不同所致，内地制造业建设需求更大。

从证券持有的方式来看，内地银行主要以持有至到期投资为主，由于持券目的主要是对存贷差资金进行被动配置，券种集中于风险－收益特性均相对较低的政府类债券（包括政府债券、央行债券以及政策性银行债券，占比为 73%），其次是金融机构债券（占比为 13%）。香港银行的证券投资虽然仍存在较大部分的持有至到期投资（占比为 50.8%），但同时可供出售的金融资产占比相对内地银行更高（占比为 41.7%），其投资主要基于大类资产配置的风险－收益考量，因此券种分布更为分散。内地与香港商业银行证券投资的结构如图 8－3 所示。[②]

---

① 资料来源：万得资讯。

② 资料来源：同上。考虑到会计科目差异，此处内地银行未纳入应收款项类投资科目。

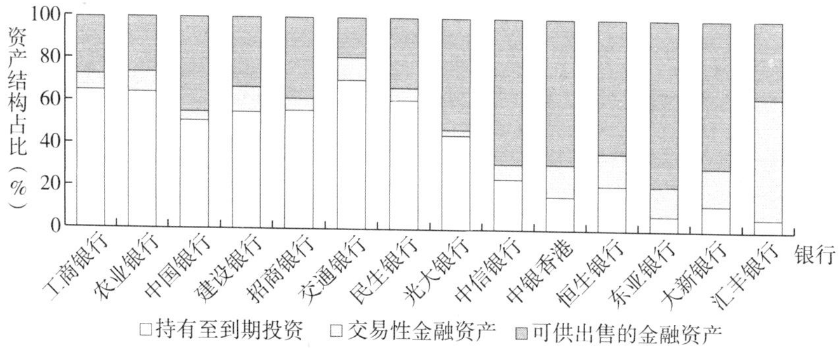

图 8－3 内地与香港商业银行证券投资的结构

从负债结构来看，两地银行的存款均占主导地位，但结构各有差异。根据 2017 年的年报数据，9 家内地银行的存款占总负债的比重为 83%，香港银行存款占比为 64%，由于内地银行仍以吸收存款为主导业务，并且客户的存款偏好高于香港，从而导致内地银行的存款业务占比更高。内地银行的存款结构相近，香港银行的存款结构差异明显。4 家香港银行中，活期属性的往来及支票存款占比差异明显，恒生银行和中银香港的支储存款（CASA）占比为 79% 和 63%；东亚银行和大新银行仅为 38% 和 41%。香港银行的存款结构差异成为决定其存款乃至负债成本表现的根本因素。

内地银行的杠杆水平高于香港银行。与内地银行相比，香港银行积累了金额庞大的留存收益。由于内地银行经营年限相对较短，留存收益占比低于香港银行，而其他资本公积和盈余公积等科目的占比相对较高。此外，由于内地有按照风险资产余额的 1.5% 计提一般风险准备的监管要求，一般风险准备科目在权益中占比达 14%。

所以，相对而言，香港银行的资本充足率要高于内地银行，且资本工具的层次更为丰富。2017 年，4 家香港银行核心一级资本充足率为 23%，9 家内地银行的平均值为 20%。这主要是由于，香港对银行资本的监管要求更为领先，如更为严格的缓冲资本要求等。此外，香港银行各级资本充足率间的差额也大于内地银行，表明其各级资本的组成更丰富、均衡。内地与香港商业银行各级资本占权益比重的情况如图8－4所示。[①]

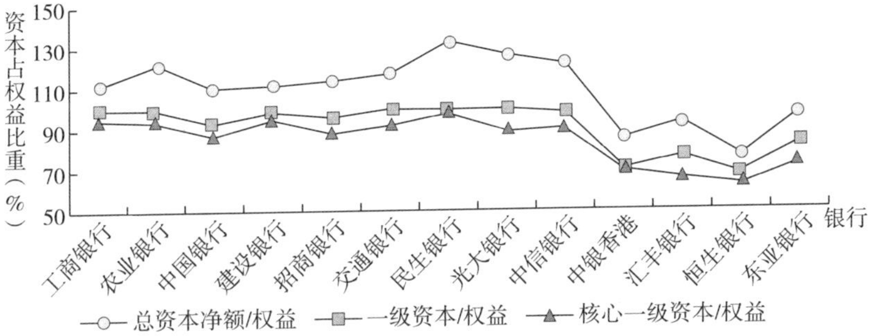

图8－4　内地与香港商业银行各级资本占权益比重的情况

虽然内地商业银行整体高于香港商业银行，但香港商业银行内部差异较大，有低杠杆开展高风险权重业务，主要在香港的中小银行如东亚银行；也有高杠杆开展低风险权重业务，主要在香港的外资银行如汇丰银行；同时，有低杠杆开展低风险权重业务，主要是香港本地的大型银行如中银香港、恒生银行。内地与香港商业银行的杠杆水平如图8－5所示。[②]

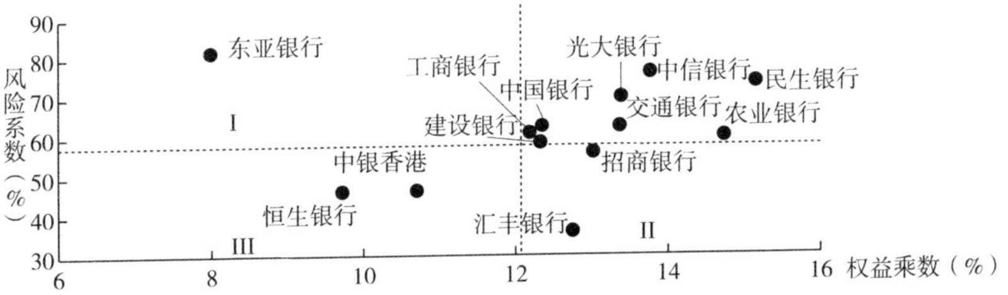

图8－5　内地与香港商业银行的杠杆水平

① 资料来源：万得资讯。考虑到会计科目的差异和规模相对较小，此处内地银行未纳入应收款项类投资科目，大新银行未披露相关数据。

② 资料来源：万得资讯。

息差是影响银行盈利水平的重要因素。内地银行息差高于香港银行，但差距近年正在缩小。2008 年金融危机后至 2014 年，由于两地定价基准（内地为基准利率、香港锚定美国联邦基金率）的调整基本保持同步，因此两地银行的净息差保持在 85bps（1bps =0.01%）左右的差值。2014 年以后，中美货币政策方向异化（美元加息缩表，人民币降息），使得差值逐年拉近到 2017 年年中的 31bps。

两地息差间的差异主要源于香港资产端收益率水平过低，其原因是香港市场的跨境融资需求占比高，具有更大的需求弹性和议价能力，因此压低了银行信贷的收益率。同样以联邦基准利率作为定价基准的美国，其当地“四大行”[富国银行（Wells Fargo）、美银美林（Bank of American Merrill Lynch）、花旗银行（Citibank）、摩根大通银行（JP Morgan chase）] 平均负债端成本为 0.69%，与香港 4 家本地银行的平均值 0.66% 基本相当，但资产端收益达到 3.08%，比香港银行的 2.36% 高出 72bps。内地与香港商业银行的净息差如图 8 -6 所示。①

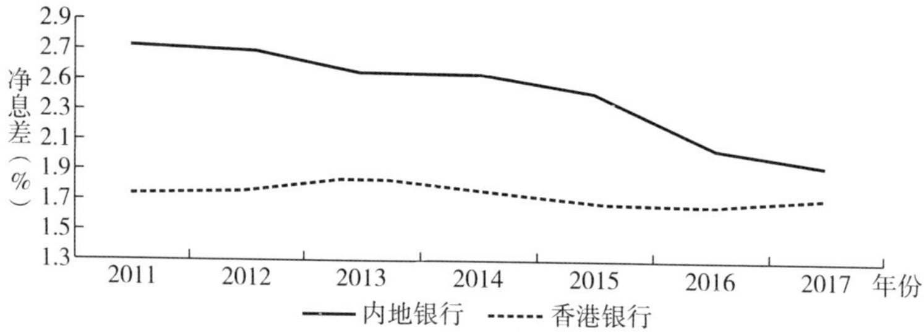

图 8 -6 内地与香港商业银行的净息差

行业风险敞口的差异，决定了信用风险生成逻辑的不同。香港银行潜在的信用风险主要来自房地产相关贷款的高比重。香港银行个人住房贷款与对公物业贷款的合计占比，持续保持在 40% 以上。2003 年以后，香港房地产价格的单边快速上行（CAGR 为 13%），

① 资料来源：万得资讯。

使得资产价格反转带来的潜在风险进一步聚集。

内地银行的信用风险主要源于去产能背景下，产能过剩企业的经营及财务情况恶化。在我国传统基础建设和外贸经济体系中，制造业与批发零售业贷款成为投放重点，2012 年，两个行业的贷款占比分别为 22.3% 和 13.4%。在去产能过程中，上游中低端制造业和下游产成品批发零售业（如钢贸行业等）首当其冲，两个行业的不良率由 2012 年的 1.2% 和 1% 快速上升至 2016 年的 4.7% 和 3.9%。

香港银行的资产质量明显占优。得益于香港稳定的经济和行业环境，本地资产占比高的银行资产质量更为突出，占比在 80% 以上的中银香港、恒生银行和大新银行的减值贷款率均在 1% 以下，其中中银香港的减值贷款率仅为 0.18%，可以看出，香港银行整体的资产质量更优。内地银行资产质量的差异主要源于对公贷款中制造业和批发零售业的不良贷款，若剔除这两个行业，内地银行的资产不良率与香港银行基本相当。

什么在影响 A/H 两地资本市场的股价差异

静态比较发现，无论是 PB-ROE 还是 P/CET1-ROCET1 等估值体系，当前内地银行股对于香港银行股存在明显的估值折价。我们以传统的 PB-ROE 为例，14 家港股上市银行 ROE 与 PB 存在较为明显的正向相关关系，但内地银行上市公司与香港银行估值中枢差异明显。在 14 家港股上市银行中，ROE 排名前 5 位的均为内地银行，但目前整个内地银行上市公司的 PB 估值仅为 0.79 倍，远低于香港银行的 1.46 倍和汇丰银行的 1.0 倍。香港银行上市公司的 PB-ROE 与 P/CET1-ROCET1 如图 8－7、图 8－8 所示。[①]

从动态角度分析，内地银行上市公司的估值折价始于 2012 年。自 2006 年 A/H 内地银行集中上市后，内地银行上市公司的估值水

① 资料来源：万得资讯。

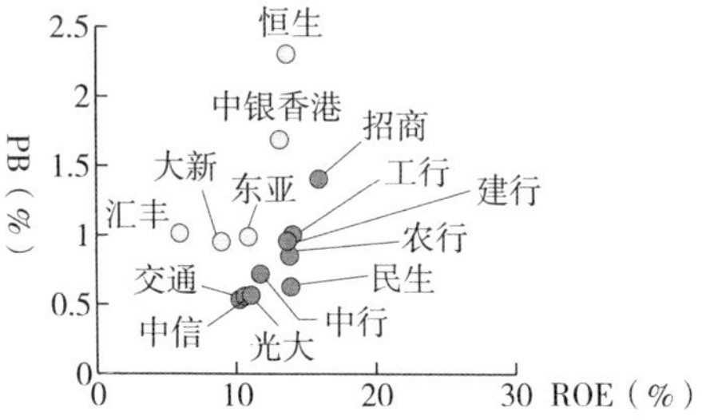

图 8－7　香港银行上市公司的 P/B-ROE

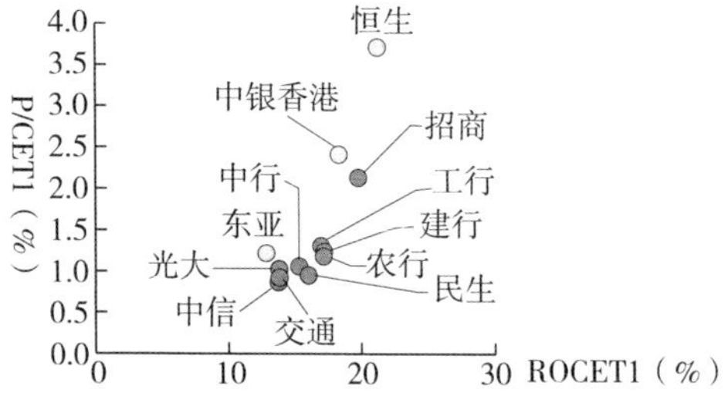

图 8－8　香港银行上市公司的 P/CET1-ROCET1

平是高于香港银行上市公司的（2008 年金融危机期间估值差曾短暂收窄）。2012 年之后，在内地银行较香港银行的 ROE 优势并未反转的情况下，内地银行上市公司与香港银行上市公司的 PB 差异持续反向拉大。

两地的投资者风格不同，决定了过往估值体系差异的持续存在。以国际养老金、主权资金为代表的长线资金，更偏好高分红率的恒生银行、汇丰银行等香港银行股品种，内地银行投资者更偏向于短期交易。2015 年和 2016 年，香港银行股的换手率均值为 57% 和 49%，同期内地银行股的换手率均值分别为 640% 和 116%。投资者风格的差异，使得两类银行的估值体系存在系统性差异。14 家港股上市银行日均成交金额如图 8－9 所示。①

① 资料来源：万得资讯。

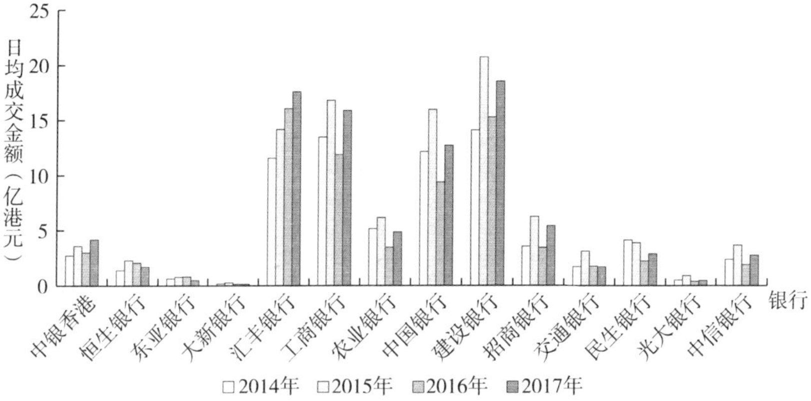

图 8－9　14 家港股上市银行日均成交金额

在互联互通的影响下，A/H 市场一体化慢慢改变了内地银行股的投资者结构，也有助于内地银行的估值修复。2016—2017 年，南向资金的交易占比大幅上升，内地银行股是南向资金投资的首选。港股上市银行港股通的持股比例如图 8－10 所示。①

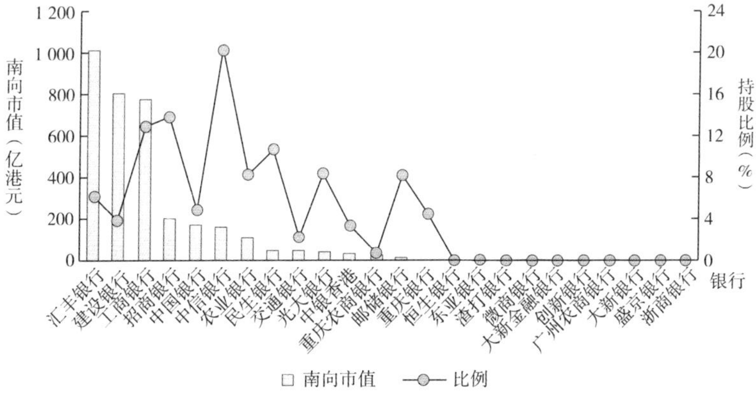

图 8－10　港股上市银行港股通的持股比例

内地南向资金（特别是一些长线资金，如保险资金等）偏好流动性好、估值较低、基本面优质的内地银行股，其交易策略也对香

① 资料来源：万得资讯。

港市场的内地银行股估值弥合起到一定作用。以工商银行为例，上交所和港交所的公告显示，中国平安作为其 A 股第四大股东，2017 年二季度减持 A 股 5.92 亿股，同年 9 月和 10 月，累计增持工商银行港股 4.45 亿股，从工商银行 A/H 溢价可以看出，其持仓快速上升发生在 A/H 溢价高位。

非银行金融行业：龙头公司的“美”[①]

在非银行金融公司中，港股上市公司共有 38 家，A 股上市公司共有 53 家。两市共有 14 家 A/H 两地上市公司，主要分两类：一类是保险，主要有新华保险、中国平安、中国太保、中国人寿四家保险公司；一类是券商，主要有广发证券、国泰君安、东方证券、中信证券、招商证券、光大证券、海通证券、中国银河及华泰证券。这 14 只 A/H 股票在港股上市公司中合计市值占比为 60%，在 A 股中的占比为 73%。

港股与 A 股，同与不同

从数量上来看，A 股的券商最多，有 34 家，占比达 64%，港股有 17 家，数量占比为 45%。两地上市公司数量占比差异主要集中在信托和保险上市公司上。港股没有信托公司，而 A 股有安信信托、陕国投 A 等信托公司。港股有 10 家保险上市公司，数量占比为 25%，而 A 股仅有 6 家保险上市公司，数量占比为 11%。

尽管保险公司在数量上少于证券公司，但 A 股和港股非银金融上市公司中保险细分行业的市值最大，占 A 股和港股整体非金融上市公司市值的比例分别为 50% 和 68%。A/H 股巨头中国平安的总市

① 资料来源：《A + H 行业比较系列专题：金融篇——熟悉又陌生的行业》。特别感谢徐广鸿、肖斐斐和邵子钦对本文撰写做出的贡献。

值高达 1.2 万亿元，此外，港股的友邦保险的市值也已超过 8 000 亿港元。

整体来看，中信证券、国泰君安和海通证券三家证券上市公司是 A 股和港股证券细分行业的前三名，集中度较高。国泰君安是国内综合性券商之一，公司在香港上市后，国际业务进一步拓展，全球资产配置能力进一步提升。公司在美国开展了 13 个跨境并购项目并有 3 个已经交割完成。国泰君安经纪业务的市场份额连续 2 年提升，主营业务机构金融占比达 40.7%。海通证券通过收购、整合海通国际证券和海通银行，设立自贸区分公司，建立了业内领先的国际业务平台。2017 年，海通国际证券投行业务继续保持领先，股权融资金额在香港中资投行排名第一。

保险上市公司中的港股非银金融上市公司友邦保险凭借总市值 8 047.7 亿港元挤进上市公司总市值排名的前二。友邦保险于 2010 年 10 月在香港上市，是泛亚地区独立上市的人寿保险集团，提供一系列的产品及服务，涵盖退休储蓄计划、寿险和意外及医疗保险，业务覆盖亚太区内 18 个市场。从寿险保费来看，友邦保险在亚太地区（日本除外）领先同业，并在大部分市场稳占领导地位。A 股的保险公司龙头是中国平安，2017 年金融与医疗科技等新业务为其带来长期发展潜力，陆金所资产管理规模持续扩张，并于 2017 年首次实现盈利。平安好医生已于港交所独立拆分上市，科技与传统业务的协同发展是其当前的经营目标。

值得一提的是港交所。2000 年，联交所与期交所推行股份制并与香港结算合并，由单一控股公司港交所拥有。合并后的港交所于 2000 年 6 月在联交所上市。2012 年 12 月，港交所收购 LME。公司目前的战略定位是，成为中国客户走向世界及国际客户进入中国的首选全球交易所。2017 年港交所各类成交数据同比增速如图 8－11 所示。[1]

---

① 资料来源：港交所。

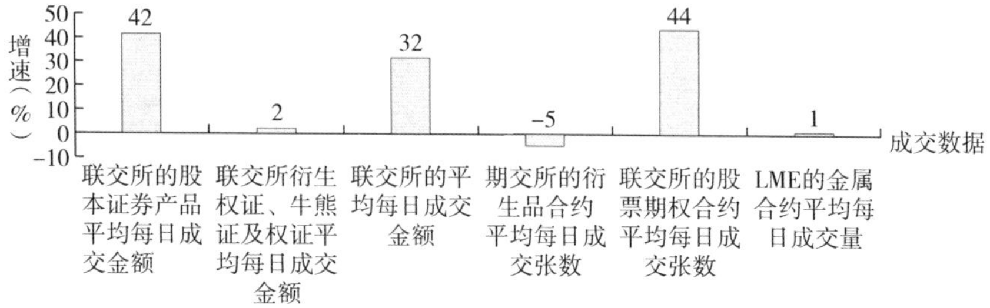

图 8－11　2017 年港交所各类成交数据同比增速

虽然港交所的业务和收入结构逐步多元化，但结算和交易业务仍然是收入的核心来源，成交额仍然是公司业绩增长的核心变量。2011—2017 年，其市场成交金额增速与营业收入增速的相关系数为 97.5%，而与公司净利润增速的相关系数更是高达 99.3%。因此，随着互联互通机制的开启以及香港逐步摆脱其“离岸”市场估值“洼地”的属性，成交额将持续放大并驱动港交所的盈利增长。

港交所的垄断性及轻资产模式为其带来持续、较高的税前利润率和 ROE。公司的成本支出相对固定，与市场成交量的相关性不大，成本增长主要来自人力成本的逐年增加，2017 年同比增长 11.7%。2010—2017 年，公司税前利润率平均高达 68.7%，即使在较低的年换手率下，仍有可观的净利润。在现有市场规模不断扩大的基础上，港交所的盈利底线预计可以长期维持。公司自上市以来的平均 ROE 为 36.0%。

港交所作为两地唯一一家上市的证券交易所，在互联互通的大背景下，伴随着公司上市规则的改革，以及两地证监会新政策的发布，其市场交易量必将逐步上升。大环境的有利条件将打开公司增长的“天花板”，强劲的盈利和投资回报水平，以及公司一直秉承的 90% 的现金分红率将长期保证港交所对海外和内地投资者的吸引力。

从财务数据看 A/H 市场的异同

总体来看，A 股和港股非银金融机构同比增速趋势高度一致，

2013 年至 2014 年下半年上升趋势明显，之后呈下降态势，甚至在 2015 年下半年 A 股股市泡沫破裂后转为负增长。在净利润方面，A 股证券细分行业（46%）占净利润的百分比和保险细分行业（51%）相差无几，几乎平分整个市场的“蛋糕”。反观港股，保险（54%）依旧处于主导地位，证券（25%）和其他非银金融机构（21%）的占比基本持平。

保险行业中，中国平安在 A 股和港股中的占比最大，分别为 64% 和 43%，就港股而言，其他保险公司的占比相对均衡，A/H 股中国人寿、中国太保和新华保险在两地市场的占比都很大。

由于 4 家 A/H 股的绝对主导地位，港股和 A 股两市保险行业整体的营业收入差距并不明显。从增速角度来看，2013—2016 年，中国平安的收入增速最快，CAGR 达 25.2%，新华保险最慢，CAGR 仅为 4.1%；中国太保和中国人寿分别为 11.4% 和 9.1%。

自 2013 年以来，保险公司新业务的贡献度呈逐步上升的趋势。近几年，大众保险意识逐步加强，会倾向于选择业务较为成熟的保险公司投保，新业务的价值在增长且速度大于集团内含价值的增长速度。2017 年，中国太保和中国平安新业务的贡献率已经突破 10%，中国太保实现新业务价值 267.2 亿元，同比增长 40.3%，增速快于主要同业竞争对手。未来整个新业务价值的“蛋糕”预计仍将被大型保险公司分割。

现以中国平安为例。中国平安 2017 年年报显示，报告期内实现营业收入 8 908.8 亿元，同比增长 25.0%；归母净利润为 890.88 亿元，同比增长 42.8%，主要由寿险和资产管理业务驱动。全年 ROEV（内含价值营运回报率）达 35.5%，同比提高了 8.5 个百分点；代理人规模为 138.6 万，较年初增长 24.8%，人均首年规模保费同比增长 7.1%。保险资金实现总投资收益率 6.0%，净投资收益率 5.8%。人寿保险的客户人数达 5 303 万人，占比最大。2017 年，集团的 ROEV 为 26.7%，寿险及健康险业务的 ROEV 为

35.5%，寿险的ROEV超预期。

2017年，寿险及健康险业务的新业务价值为673.6亿元，同比增长32.6%。2018年有望释放准备金。2017年年末，剩余边际余额6 163.2亿元，较年初增长35.5%，将为未来寿险利润的高增长提供可靠保证。此外，代理人渠道实现新业务价值607.9亿元，同比增长31.0%，其中长期保障型业务的新业务价值为469.3亿元，在代理人渠道中占比为77.2%。在人力规模稳定增长的同时，代理人渠道的产能与收入稳步提升。

目前，在证券行业中，A股上市公司有34家，港股有17家，A/H两地上市公司有10家。这10家A/H两地上市公司分别是中州证券（A股：中原证券）、广发证券、国泰君安、东方证券、中信证券、招商证券、光大证券、海通证券、中国银河及HTSC（A股：华泰证券）。港股证券主要是A/H两地上市公司，10家A/H两地上市公司的市值、营业收入和净利润占比分别高达82%、85%和86%。

券商上市公司具有极强的β属性，A股股市泡沫破裂后交易量及换手率下滑，导致2016年的行业盈利水平下降。另外，券商行业还受到监管全面趋严、行业集中度下降、竞争加剧、佣金率和利差下降等因素的影响。换手率体现的A股牛熊区间如图8-12所示。[①]

证券行业的主要业务可分为经纪业务、投行业务、资管业务、投资业务和利差业务五大业务。近两年，包括经纪业务、投行业务和资管业务在内的轻资本业务处于下行状态，2017年的占比为53.7%，其中占比最大的轻资产业务为经纪业务，其占比为27%，税前ROA为3.2%，与美国投行业20世纪70年代的收入结构（54.0%）和ROA（3.0%）水平相当。不同的是中美杠杆的运用水平，20世纪70年代，美国投行业的杠杆水平为9.7倍，而中国投行业（证券业）的杠杆水平仅为2.75倍。20世纪70年代，美

① 资料来源：万得资讯。

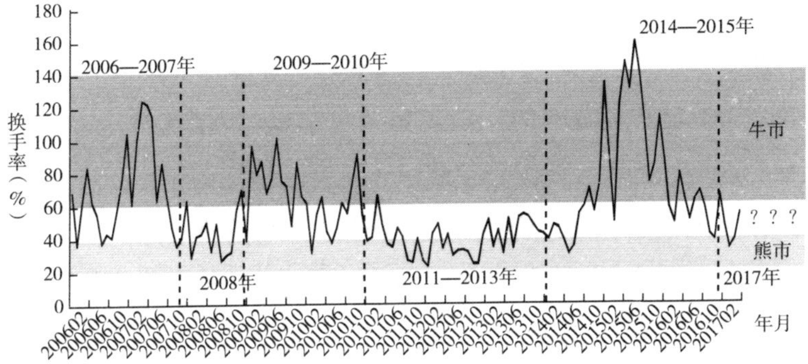

图 8－12　换手率体现的 A 股牛熊区间

国投资银行的平均税前 ROE 达到 28.3%，中国证券公司的平均税前 ROE 仅为 8.5%。中国证券行业的收入结构见表 8－1。①

表 8－1　中国证券行业的收入结构

业务分类	业务	营业收入（亿元）		营业收入结构（%）	
		2016 年	2017 年	2016 年	2017 年
轻资本业务	经纪业务	1 099	851	34%	27%
	投行业务	684	510	21%	16%
	资产管理业务	293	309	9%	10%
重资本业务	投资业务	569	860	17%	28%
	利差业务	421	348	13%	11%
	其他业务	209	230	6%	7%
	合计	3 275	3 108	100%	100%

从牛熊市的历史周期来看，在过去 5 年和 10 年，大券商能够保持 10% 的平均 ROE。2017 年，证券行业经历了杠杆率的底部拐点，杠杆水平从 2.51 倍逐渐回升至 2.72 倍，随着资本利用效率的

① 资料来源：中国证券业协会。

提升，行业 ROE 将有所改善。

从 ROE 角度来看，由于融资成本低，证券行业的净资产增速很快。但由于传统业务的“白热化”竞争以及创新业务规模尚小，总资产的增速较慢。净资产增速快于总资产增速的结果是，动态财务杠杆降至 2.75 倍，ROE 仅为 6.45%，无法体现证券行业高杠杆的商业特征。证券行业杠杆率与上证指数的关系如图 8－13 所示。①

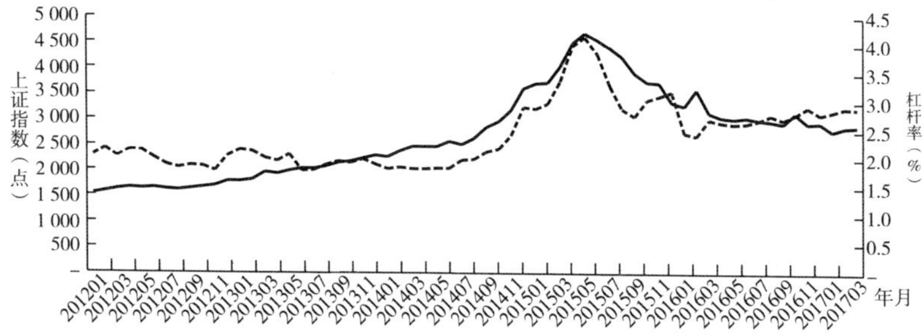

图 8－13　证券行业杠杆率与上证指数的关系

注：杠杆率（权益乘数）＝总资产/净资产；剔除了客户保证金。

提高杠杆（即提高 ROE）的方式主要有两种：一是减少净资产，二是扩大总资产。由于在强监管的环境下，证券行业除投资业务外基本没有触碰风险的业务，所以因亏损而减少净资产的可能性不大。那么，客观上只剩扩大总资产这一种方式。目前来看，由于传统业务一片“红海”，只有创新业务才能撬动财务杠杆。创新业务有内涵式发展和外延式发展两种方式。内涵式发展除个股场外期权外，目前可以预见的至少有三个业务增长点：资产证券化、资产管理和财富管理。外延式发展可以借鉴海外发展经验，发挥券商的人才优势，孵化出专业龙头公司。证券行业杠杆率与 ROE 的越势如图8－14所示。②

① 资料来源：万得资讯。

② 资料来源：中国证券业协会。

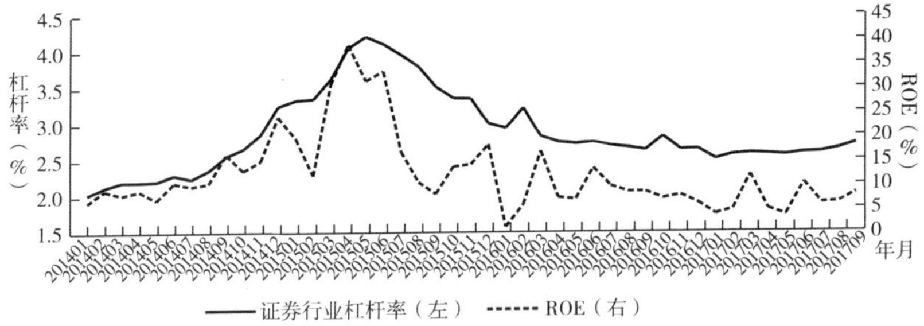

图 8－14　证券行业杠杆率与 ROE 的趋势

杠杆缺失与目前中国的监管环境和中美投行经营的目标差异有关，未来有望改善。

2016 年 10 月之前，证券行业执行的是颁布了近 10 年的资本管理办法，该办法已不能匹配证券行业的创新能力，不能细化多样化的业务风险，只能要求以更充裕的资本覆盖风险。2016 年 10 月，参照国际证监会组织的资本监管指引，中国证监会颁布新资本管理办法，更加全面和细化地反映了业务风险水平，降低了对整体净资本规模的要求。

从投资角度来看，券商的超额收益在左侧，价值底线决定投资时点。因为证券行业的盈利能力与股票市场高度相关，券商股具有很强的 β 属性，不管是从十年的长周期还是两年的短周期来看，券商上市公司的最佳投资时点均在市场行情启动的初期。

在“牛市”行情初期，对 β 的偏好使券商上市公司相对于市场指数有明显的正收益；随着市场行情的延续和热点上市公司的涌现，行情中段，券商相对市场指数的正收益逐渐收敛；在股市行情后期，对泡沫的担心使得投资者回避 β 类的上市公司，券商相对市场往往是负收益。

券商资产表内流动性充裕，投资类资产盯市，融资类资产风险在表外，资产真实且扎实，这些价值底线叠加“牛市”期权券商估值的构成。2007 年以来的每一次熊市，券商依然能保持净资产正增长，如招商证券、华泰证券和广发证券等大券商近5年的净资产年均复合增长率保持在12%～17%，这对PB估值的底部构成支撑。

因为行业的β属性，二级市场估值在价值底线的基础上叠加了“牛市”期权。例如，在2015年4月“牛市”顶峰，大券商PB曾到达4.09倍，而2016年1月A股熔断时，在“牛市”期权价值几乎为零的情况下，大券商PB跌至1.36倍。考虑到穿越“牛熊市”10%的ROE，1.4倍的PB估值是有安全边际的。近十年券商指数相对上证指数的收益率表现（按月）如图8－15所示。[①]

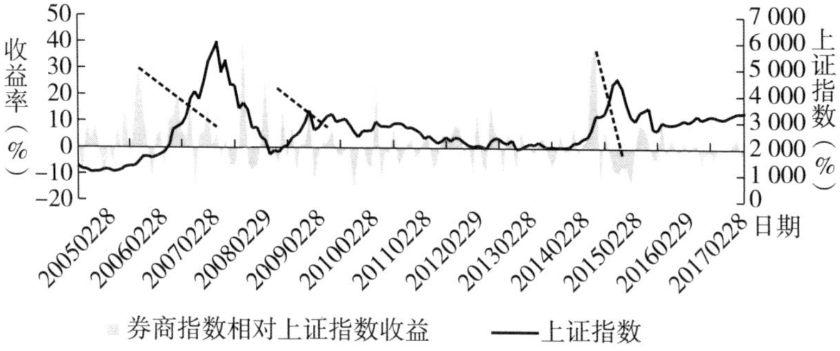

图8－15　近十年券商指数相对上证指数的收益率表现（按月）

2018年中性假设下证券行业盈利有望小幅增长，监管资源正在向大券商倾斜。商业模式的分化已经开始影响券商的财务表现，自下而上能够看到财富管理、资产证券化、机构经纪、做市交易和主动资产管理的业务机会。

市场对于券商股α的偏好正在增强，投资策略已从追求β向寻找α转变，关注具有α属性的商业模式清晰的公司，具体如图8－16所示。[②] 证券行业正处于供给侧改革的起点，经纪业务散户机构化、投行IPO审核趋严、资管业务去通道和创新业务的马太效应，

① 资料来源：万得资讯。

② 资料来源：同上。

将加速证券行业的供给侧改革，强者恒强的时代终将到来。

过去依靠垄断牌照的通道业务难以维系，自上而下的制度创新也宣告结束，证券行业正在经历转型摸索期，行业下行周期中的商业模式转型尤为艰难，这不仅是对管理层战略眼光的考验，更是团队执行力和资源配置能力的体现。那些积极求变、战略清晰、主动拥抱新技术的公司值得关注，如华泰证券全业务链财富管理转型可期；广发证券资产管理与财富管理双轮驱动；国泰君安国际是全业务链条的境外财富管理服务商。

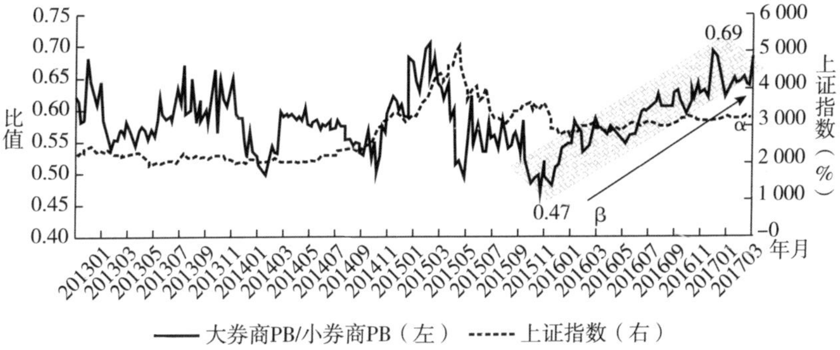

图8－16　2016年以来证券上市公司α属性逐渐增强

什么在影响A/H两地资本市场的股价差异

首先，我们从保险公司开始分析。港股的4家保险上市公司都是A/H两地上市公司，目前保险行业A股2018年平均P/EV（价格和内含价值比）的估值为0.95倍，部分公司接近2016年熔断后的水平，接近历史估值的底部。港股2018年平均P/EV的估值为0.75倍，存在显著的低估状况。例如，新华保险对应A股为0.8倍EV（挣值），港股为0.53倍EV，与2016年上半年利率持续向下、“股灾”带来投资损失、中国风险担忧、人民币资产贬值等多重利空叠加下的低估值接近。

从这4家保险行业A/H两地上市公司的历史折溢价趋势来看，

香港市场保险行业的投资者明显偏好股息率高的行业龙头中国平安，以及新业务价值快速增长的中国太保。自 2013 年以来，这两家公司 A 股相对港股始终未出现明显溢价，溢价倍数长期在 1 倍左右徘徊。相比之下，股息率较低且业务增速较慢的中国人寿和新华保险，A/H溢价自 2015 年以来长期保持在 2.5~3.0 倍。

保险行业内的估值分化充分体现了港股“龙头溢价”的特性。

现以中国平安为例，其 2017 年的资本市场表现明显好于同业，估值层面已形成显著差距，呈现出港股比 A 股溢价的局面。海外资本市场预期中国平安的营销队伍、新业务价值、内含价值、投资表现等指标均强于对手，且 2017 年的年报仍超预期，而中国人寿和新华保险则未达预期，估值差再一次扩大。目前，A 股中国平安、中国太保、中国人寿和新华保险 2018 年的 P/EV 分别为 1.21 倍、0.89 倍、0.89 倍和 0.80 倍；港股中国平安、中国太保、中国太平、中国人寿、新华保险 2018 年的 P/EV 分别为 1.23 倍、0.75 倍、0.61 倍、0.62 倍和 0.53 倍。中国平安在 A 股和港股的估值都显著高于其他保险公司，其估值之间的倍数差异已经超过基本面的差异。中国平安 A/H 市场的比价如图 8-17 所示。①

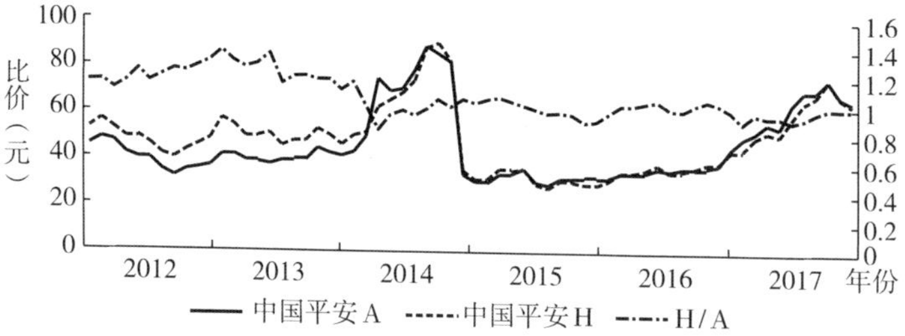

图 8-17　中国平安 A/H 市场的比价

接下来，分析券商。我们选择了市值超过 1 000 亿港元的四大 A/H 证券公司（广发证券、国泰君安、海通证券和华泰证券），对比

① 资料来源：万得资讯。

过去一年（国泰君安于2017年4月上市，导致样本整体较短）的溢价发现，四家公司的溢价并无明显趋势（见图8－18）。[①] 其中，广发证券、国泰君安、海通证券三家的溢价率基本维持在1.1～1.5倍。

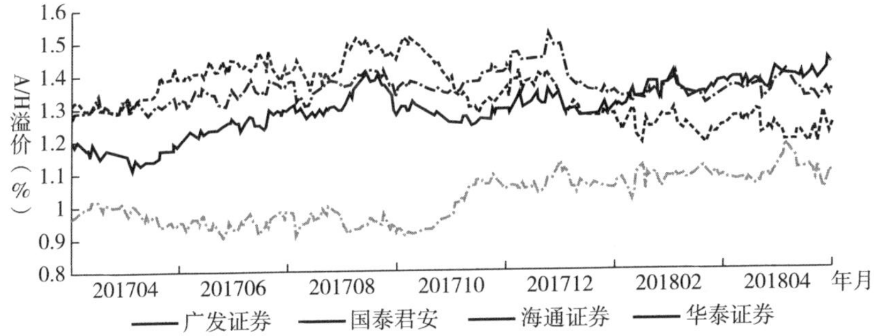

图8－18　四大A/H证券公司A/H溢价的走势

相对来看，华泰证券A股对港股的溢价明显低于其他三家，主要源于公司去年增长远快于主要竞争对手。在公司向财富管理业务转型的背景下，佣金率逆市上升，2017年的营业收入和净利润分别增长27.4%和47.9%。同期，国泰君安的盈利持平，而广发证券和海通证券同比增速均为7%左右，境外投资者基于优质行业的龙头属性，给予华泰证券港股较高的估值。

房地产行业：海外与国内，分歧在哪儿[②]

与A股类似，港股房地产公司多聚集于房地产的开发，其中以住宅为主，商业为辅。虽然只有一家A/H公司万科企业，但共有40家内房股，且龙头众多。当然，也包括如新鸿基地产等香港本

① 资料来源：万得资讯。

② 资料来源：《A＋H行业比较系列专题：地产篇——海外vs国内，分歧在哪?》。特别感谢郑众、李世豪对本文撰写做出的贡献。

地巨头。港股在商业地产上比A股更有优势，但园区地产公司较少，仅有华南城，而A股园区地产龙头招商蛇口的市值超千亿元。

A股与港股，同与不同

从总量来看，A股和港股均聚集于房地产开发管理，A股细分行业上市公司的数量占比为98.7%，市值占比达98.9%。市值较大的龙头公司有住宅地产公司万科企业、保利地产和园区企业招商蛇口。港股细分行业上市公司的数量占比为96.9%，市值占比达99.5%，主要有中国恒大、新鸿基地产、万科企业三大龙头企业，三家公司占港股房地产开发管理企业市值的25.6%。

A股和港股虽然均聚集于住宅地产，但从数量和市值来看，港股商业地产的数量比重非常高，园区地产的比重较低。港股商业地产公司共计20家，占房地产开发公司的31.7%，市值占比达62.5%。A股商业地产公司的数量占比为10.1%，市值占比仅为5.3%。园区地产港股仅有华南城1家，市值占比为0.40%，A股有9家，市值占比达17.8%。A股和港股房地产开发管理行业的公司数量占比如图8－19、图8－20所示。①

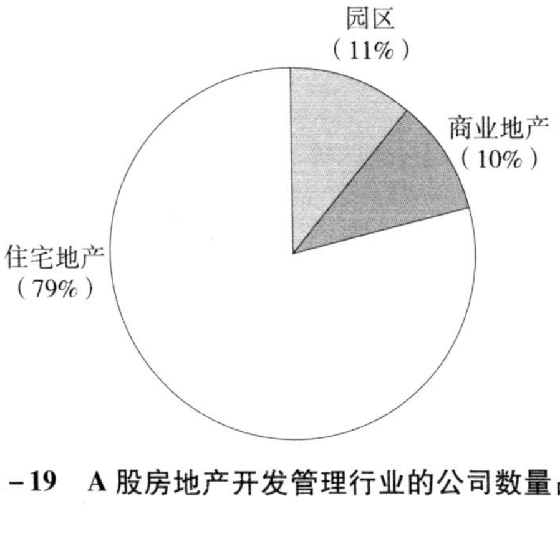

图8－19　A股房地产开发管理行业的公司数量占比

① 资料来源：万得资讯。

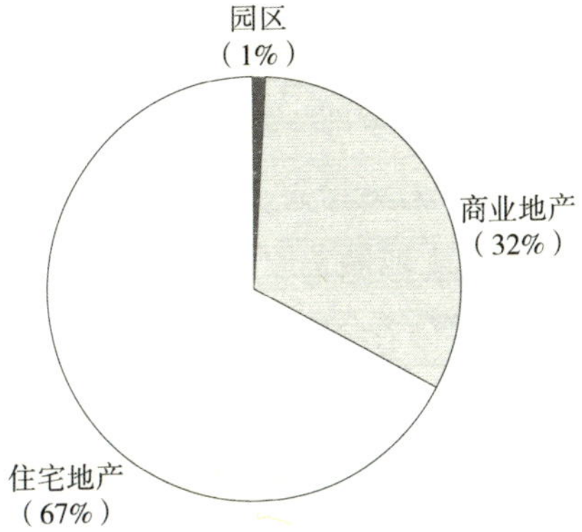

图 8-20　港股房地产开发管理行业的公司数量占比

近年来，因国内住宅市场不断遭受严厉的调控政策，许多 A 股企业希望在商业地产上寻找新的利益增长点。以 A/H 公司万科企业为例，2016 年，万科企业以 129 亿元收购商业地产平台印力集团，将自有的 42 项商业地产项目资产委托给印力集团进行开发管理，并进一步打造“万科广场”“生活中心”和“邻里家”三条商业项目生产线。通过下属公司组建投资基金招银成长壹号投资和招银成长玖号投资，将投资基金用于投资收购该集团所拥有的商业项目。大部分 A 股上市公司的商业地产经验和运营能力不及港股企业中的佼佼者如中国海外发展、长实集团和太古地产等。

除了万科企业，港股房地产公司还有一类重要的公司，即内房股。中国恒大、融创中国、碧桂园等，是内地资金关注度很高的境外地产公司，下面对其做简单介绍。

中国恒大是房地产行业的龙头企业，公司集房地产规划设计、开发建设和物业管理于一体，并实施标准化管理，确保精品质量和高速发展。公司在房地产开发、建筑规划与设计、建设及施工监理以及物业管理方面拥有较高的资质。

近年来，中国恒大的销量显著增长，一二线城市的土地储备丰富。中国恒大逐渐完成房地产项目与土地储备的全国性布局，在开发地域的选择上注重一二线城市的合理配置与均衡布局，在充分利用规模优势的同时，降低了区域性市场风险。公司总土地储备分布于全国223个城市，覆盖了全部一线城市、直辖市、省会城市（除台北、拉萨外）及绝大多数经济发达且有潜力的地级城市，总建筑面积达2.76亿平方米，土地储备原值为4 576.4亿元，其中一二线城市占比为72.6%。2017年，中国恒大对未来发展战略及发展模式做出了重大调整，即由“规模型”发展战略向“规模+效益型”发展战略转变；由“三高一低”的发展模式向低负债、低杠杆、低成本、高周转的“三低一高”的发展模式转变，并提出力争在2020年6月30日将净负债率降至70%左右。中国恒大与其他港股房地产开发管理上市公司的市盈率如图8-21所示。①

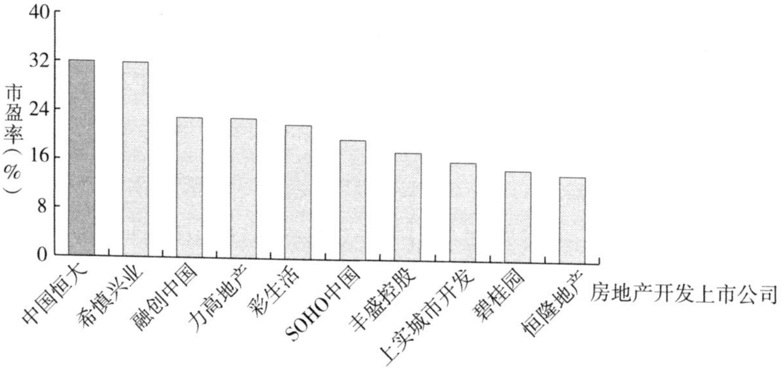

图8-21　中国恒大与其他港股房地产开发管理上市公司的市盈率

融创中国是中国主要的民营房地产公司之一。迄今为止，公司在北京、天津、上海、重庆和杭州拥有众多处于不同开发阶段的项目，产品涵盖高端住宅、别墅、商业、写字楼等多种物业类型，并专注于高端物业的开发和管理。公司的产品定位精准，销售执行力强，在行业增速放缓的情况下逆势增长，业务范围由区域聚焦向全国

① 资料来源：万得资讯。

布局，注重规模和利润的同步提升。融创中国基本遵循“一线城市、强二线城市、环一线城市”的布局，选择区域核心级城市进行深耕。

碧桂园是中国综合性房地产开发商之一。公司提供多元化的产品以切合不同市场的需求。除此之外，公司同时经营独立于房地产开发的酒店。碧桂园积极布局三四线城市，拓展房地产发展空间，利用其品牌影响力和雄厚的资金，加强对三四线城市的深度开发。截至2016年年底，公司销售遍布全国28个省/自治区/直辖市的185个地级市，456个区县，业绩稳步增长。同时，碧桂园的“同心共享”计划成效显著，公司通过“同心共享”机制和关联业务投资与分拆上市，投资社区服务和物业运营业务，推进子公司的分拆上市。在“同心共享”机制下，碧桂园的员工成为项目公司的老板或股东，实现了员工在公司内部创业，这种有效的员工激励制度保障了盈利。

中国海外发展是中国建筑工程总公司在香港的控股子公司。公司主要从事物业发展和投资、地产代理和管理以及财务运作业务。经过多年的坚定实践与长期品牌积淀，中国海外发展旗下的“中海地产”已经发展为跨地域、具有国家一级房地产开发资质的全国性地产品牌，提供了十万余套精品住宅。

作为具有大型国企背景的内房开发商，中国海外发展奉行稳中求进的发展策略，管理层将长期、高质量发展作为集团发展的首要目标。在财务状况上，公司持续保持稳定。

从财务角度看A/H市场的异同

过去几年，房地产行业A股和港股ROE均受到行业环境的深度影响，土地获取能力基本决定了企业的市场地位，杠杆规模和资金周转速度决定了企业的盈利能力。2008年至今，中国宏观政策环境发生变化，地产公司的赢利随之而改变。2008年金融危机之后，房价快速提升，使企业借助加杠杆拿地的负债率提高了。2010

年之后，由于限购政策和融资环境收紧，企业开始采取缩短运营周期、加快开发速度的方式来保持盈利。2014 年至今，房地产企业逐渐意识到注重管理和提升效率的重要性。

2011 年之前，房地产行业 A 股净利润增速基本高于港股。2011 年之前，房地产行业 A 股和港股的净利润增速波动较大，2011 年之后波动较为平缓。在净利润结构上，A 股和港股均由开发管理行业主导。

值得注意的是，2016 年港股房地产净利润的 98.2% 来自内房股企业。从销售情况来看，内房股非常出色。2016 年销售增长较快的公司，特别是三四线城市的热销公司可供结算的项目资源较为充足，基本面良好。

2007—2016 年，房地产行业 A 股与港股的营业收入呈周期性波动，A 股与港股的营业收入增速基本保持一致。由于 A 股房地产企业在确认收入方面比较谨慎，预收账款科目存在大量已经售出但未结算的资源，未来存在较好的业绩增速弹性。

房地产行业港股的毛利率基本高于 A 股，两地整体毛利率都相对平稳。房地产行业的毛利率与杠杆率和土地价格密切相关，港股房地产行业的民企较多，杠杆率大于 A 股。但是，因为土地市场的拿地规则发生变化，价格不再是土地归属的唯一因素，地方政府更加青睐国有企业和混合所有制企业。

拥有国企背景的 A 股龙头公司，因为资金成本较低，历史杠杆率低，无须控制拿地规模，优势逐渐显现，A 股和港股的毛利率差异将逐渐缩小。龙头公司在取得优质土地的前提下，增加负债，扩大投资，也会导致行业集中度进一步提升，但市场化拿地和快速销售的方法，可能面临比较大的土地价格风险。

2011—2016 年，房地产行业 A 股和港股的毛利率都处于下行趋势，但 A 股和港股中的开发管理行业较为平稳，服务行业波动较大。由于 A 股和港股中开发管理行业的企业占绝大多数，所以开发管理行业的毛利率趋势和总体趋势接近。从2011年开始，港股房地产服务行业的毛利率从47%下降到17.12%，A股房地产服务行业的毛利率波动较小，2008—2009年，毛利率从36.71%增长到45.5%，2011—2016年，由于土地价格的上升和资金成本居高不下，行业的毛利率持续下降，到2016年，行业毛利率跌破30%，地价上涨制约着毛利率上涨。

从ROE角度来看，港股ROE整体高于A股，美元融资方式等占优。凭借全国布局和龙头优势，以及境外房地产上市公司可以发行美元债，内房公司比A股有一定ROE的优势。

2013—2016年，A股和港股ROE均呈现相同的波动趋势，A股波动较大，ROE最高点和最低点分别为8.70%和4.15%，相差4.55个百分点；港股波动较小，ROE最高点和最低点分别为11.47%和8.75%，相差2.72个百分点。港股ROE整体高于A股。过去几年房地产行业A股和港股ROE均受到行业环境的深刻影响，但是内在驱动力存在变化。1998年，国家开启住房改革，中国的房地产市场开始形成，2002年7月1日生效的《招标拍卖挂牌出让国有土地使用权规定》使得房价和地价的关系更加密切，土地获取能力决定了房地产企业的盈利能力，企业普遍重拿地轻开发。2014年，内地市场的信贷环境逐渐变化，调控政策松动，房地产行业A股ROE的增速明显增快。2015年上半年，虽然央行连续降息带动房地产行业发展，但是一线城市和部分二线城市均经历了地价不断攀升的行情。过高的地价，制约了房地产公司的盈利能力，ROE下行。

内房股，海外与国内，投资者的分歧在哪里

在A/H两地市场，最具争议的可能就是内房股。2015年之前，A股与港股的估值相差极大，但2015年之后差距逐渐缩小。融创中国是南向资金持股比例最高的内房股，持股比例接近25%，其余

内房股目前的持股比例有限，但这并不能改变资金对内房股的边际影响。

无论是海外投资者还是国内投资者，NAV（资产净值）估值可能是对内房股进行估值的最基本方法，通过对房地产公司项目进行现金流折现后计算出其净资产值，然后算出每股净资产值，再与股价进行对比。土地增长是房地产公司保持长期增长的关键要素之一，NAV 能够较好地反映土地储备的基本价值，因此 NAV 在某种程度上能够反映企业未来的增长潜力，而普通的估值方法无法完全反映土地储备的价值和在建项目的价值。

但海外投资者显然更看重中国房地产整体的系统性风险，在估值时趋于综合考虑确定性更高的盈利和现金流，然后折价重估：土地储备充足并非优势（系统性风险）；较高的融资成本使得囤地成本较大；土地增值税使得利润减少。在房地产公司转型时，国内投资者与海外投资者也产生了巨大差异，国内投资者更关注估值是否提升，而海外投资者更关注转型资金占用对于杠杆率（净负债率）的影响以及转型带来的风险。

房地产行业 A 股估值整体高于港股。2014 年 1 月至 2017 年 10 月，A 股估值水平均超过港股，房地产行业港股估值普遍较低，港股房地产被低估，但是，2015 年之后，估值水平差距在逐渐缩小，随着港股股价上涨，港股估值修复。

尽管因为担心人民币贬值及中国经济增长的不确定等，金融资本布局港股房地产存在顾虑，但因为内房股有扎实的资产价值，预计布局内房股的长线资金将不断增多。需要注意的是，港股报表的非标准化程度高于 A 股，重估增值的可能性较高，所以港股房地产公司的净利润率可能比实际更高。房地产行业 A 股和港股的 PE 如图 8－22 所示。①

① 资料来源：万得资讯。

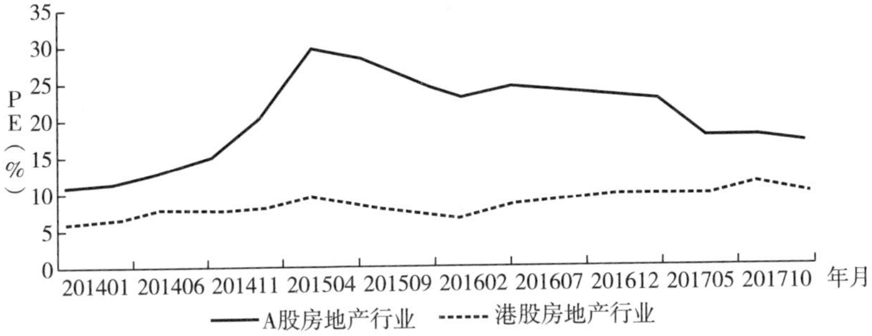

图 8－22　房地产行业 A 股和港股的 PE

房地产行业内房股和 A 股估值存在基本逻辑的差异。在香港，投资者并不十分认可企业转型，而且更注重企业的资产负债结构，尤其是杠杆率（净负债率），而在内地市场，投资者较容易认可转型的行为，反而忽略了资产负债表的结构，很难给予低杠杆率公司估值溢价，龙头公司甚至存在估值折价。A 股和港股的市场制度及投资结构差异明显，两者的投资逻辑也存在差异。2015 年之后，内地资金开始进入香港市场，已明显改善香港市场对内房股的看法。

第九章

大工业板块及其他

在这一章中，我们将重点讨论 A/H 两地市场大工业行业的差异，主要包括机械（含军工）、公用事业、环保和建筑。

机械（含军工）行业：重龙头、现金流[①]

机械行业港股共有十余家上市公司，其中四家为 A/H 两地上市公司，分别是中集集团、中国中车、中联重科和郑煤机。这四家 A/H 两地上市公司的市值合计占 A 股机械行业总市值的 14.5%，占港股机械行业总市值的 36%。A 股机械公司种类繁多，且多为民企，而港股机械公司多为国企，其中，中国中车的市值远高于其他公司，对行业整体影响巨大。

A 股与港股，同与不同

机械行业

从总量上来看，A 股聚集于专用设备，该细分行业的上市公司数量占比为 36.6%，市值占比达 29.6%。市值较大的龙头公司有

① 资料来源：《A + H 行业比较系列：机械篇——重“龙头，现金流”，离岸投资者的真实写照》，特别感谢徐广鸿、左腾飞对本文撰写做出的贡献。

的致力于研究数字化智能高端装备制造的机器人，例如主营制冷控制元器件的三花智控，为用户提供消防系统解决方案的坚瑞沃能。

从结构上来看，A 股侧重民营企业，港股侧重国有企业。A 股机械行业的参与主体丰富，民营企业数量占比达 73.4%，市值占比达 59.1%。民营企业多集中在通用设备和仪器仪表等细分行业中，产品种类丰富，前期投资需求较少，有利于民间资本的进入。例如，东山精密是中国最大的专业从事精密钣金结构件工艺设计与制造服务的企业。

作为央企中最大的公司，中国中车虽然在香港上市的股本比例较少（15.2%），但其承继了中国北车、中国南车的全部业务和资产，是全球规模最大、品种最全、技术领先的轨道交通装备供应商。

在港股非 A/H 两地上市公司中，也有一些值得关注的优质公司。如中国龙工、海天国际等。在 2015 年的 A 股“牛市”中，创业板大幅上涨，A 股机械公司中创业板占比近 1/3，导致 A 股估值明显增大，同类公司中港股的细分龙头，与 A 股相比，估值更低。如中国龙工与 A 股柳工无论在总市值还是总收入上都极为相似；中集安瑞科与 A 股细分龙头富瑞特装相似，但中集安瑞科拥有更完整的产业链结构及更高的市占率；海天国际，在市场竞争中占据有利地位，相比 A 股有极强的稀缺性；第一拖拉机是中国农机业中唯一的特大型企业。接下来，我们对这几家公司做一个简单的介绍。

中国龙工，是中国主要轮式装载机及基建机械制造商之一，从公司的主营构成情况来看，其营业收入几乎完全来源于建筑机器销售。

影响中国龙工的主要因素有两个，分别是挖掘机和装载机行业的整体供需。据中国工程机械工业协会统计，2017 年全年各类挖掘机机械产品累计销量超过 14 万台，各类装载机机械产品累计销量超过 9 万台，已明显从 2015 年和 2016 年连续两年的颓市中复苏，其中挖掘机更是创下了自 2012 年以来的销量新高。作为行业龙头，中国龙工的营业收入情况受市场景气度上升的影响明显。

内地急速膨胀的电商物流需求与各大快递公司分类中心的激增，导致受周期性因素影响较小的叉车业务在2017年显著增长。作为行业龙头，中国龙工位于江西的叉车工厂已于2016年年底开始营运，预计未来几年叉车业务的营业收入有望高速增长。

A股上市公司中，同样从事工程机械产品制造的柳工，无论在总市值还是总收入上，都与中国龙工较为相似。2017年之前，两公司的毛利率和净利率增势放缓甚至一度下行，直至2017年年中营业收入恢复正增长后有所好转。目前，中国龙工的毛利率和净利率均大幅领先于柳工。

中集安瑞科，是中国顶尖专用燃气装备制造商之一，并且是国内燃气能源业的集成业务供货商。公司在全世界多个城市拥有制造基地，建有一流的压力容器、罐式集装箱、液态食品生产储运及化工装备产品生产线，拥有功能齐全的研发中心，营销网络遍布全球。在营业收入构成方面，能源装备、化工装备的液态食品装备的占比分别为41%、31%和28%。此外，从营业收入的地区来源来看，海外市场有着不容忽视的地位，欧洲与美国的营业收入年均合计占比稳定在23%左右，2016年海外市场的营业收入合计占比更是高达53.9%。2016年中集安瑞科的营业收入构成如图9-1所示。①

在政府高度重视环境治理和国家环保政策密集出台的大背景下，天然气在未来有望上升到主体能源的定位。同时，由于国内燃气短缺，LNG（液化天然气）液化及存储需求将进一步增强，这对业界龙头中集安瑞科是有利的。

目前，公司能源业务产业链完整，中游存储和运输表现突出，LNG大型存储罐和LNG拖车在国内市场的占有率排名第一。未来几年内，市场对LNG装备需求的扩张将显著提振中集安瑞科的主

---

① 资料来源：万得资讯。

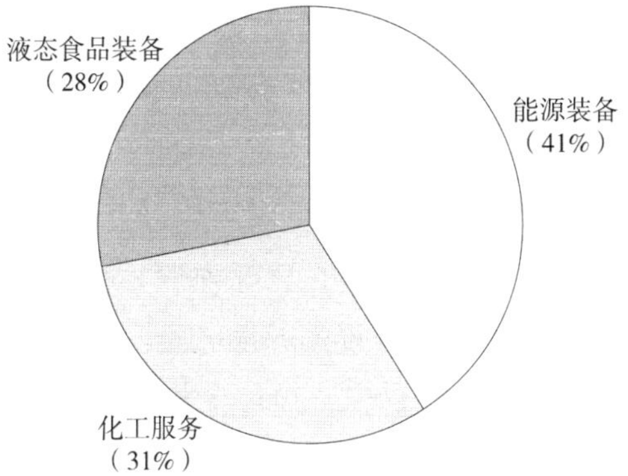

图 9－1　2016 年中集安瑞科的营业收入构成

营业收入入，改善近年来表现不佳的能源装备业务的毛利率情况。A 股中富瑞特装也是以天然气装备为主营业务的产业龙头，但相比较而言，中集安瑞科拥有更完整的产业链结构及更高的市占率，因此中集安瑞科有相对的规模优势。

海天国际，是国内注塑机行业龙头企业，下游行业包括汽车、家电、3C[①] 等。公司是全球销售规模最大的注塑机企业，国内市占率近 40%，在大型机领域的市占率超过 50%。公司的营业收入全数由注塑机及相关产品的销售额构成，按地区来看，内地销售额相对境外有上升趋势。

公司净利润主要来源于其在塑料机械市场的整体规模，和国内宏观经济的复苏紧密相关。作为塑料加工机械领域的主导设备，注塑机是中国产量最大、产值最高、出口最多的塑料机械设备。凭借其可应用领域的广泛性，注塑机在国内市场仍有较大的渗透空间。据计算，目前包括美国、日本、德国等在内的发达国家的注塑机产量占塑料成型设备总量的比例在 60% 以上，远高于中国的 40%。受国内宏观经济上行及制造业复苏趋势明显的影响，作为制造业生

① 3C 是计算机（Computer）、通讯（Communication）和消费电子产品（Consumer Electronics）三类电子产品的简称。

产环节中重要零部件的注塑机需求量增长迅速。中短期内，受益于中国制造业的投资回暖，海天国际有望依靠其行业龙头的规模优势，维持快速增长。

与A股同行业上市公司相比，海天国际是注塑机行业龙头企业，在市场竞争中占据有利地位，反观A股，相同细分行业的上市公司稀缺。公司目前的年销售规模近百亿元，国内第二梯队的竞争对手体量集中在10亿~20亿元，规模优势明显。海天国际在海外中低端市场建立的优势明显，并通过长飞亚系列进军高端市场，目前公司的海外营业收入占比约为30%，有望持续发力。

第一拖拉机，是中国农机业唯一的特大型企业。第一拖拉机是中国最大、技术水平最高的专业农用拖拉机、农用柴油机生产和销售企业，产品销往全球140多个国家和地区。从公司的主营构成情况来看，农用机械产品占据主要位置，营业收入年均占比超过85%，毛利占比则维持在60%左右。

农业是一个受季节性大小年和政策影响显著的行业。受主要粮食作物种植收益下降、“国三”产品成本上升等多重因素影响，中国农机行业深度调整，2017年拖拉机产品销售出现较大下滑。虽然，作为农业大国的中国，拖拉机作业需求量较大，但在农业去库存、去产能的大背景下，同时考虑到目前保有量以及2016年“国二”农机或已提前透支2017年市场，2017年对新机需求已趋近饱和。因此，公司主导产品全年销量下降幅度较大。另外，钢铁等原材料价格同比大幅上升，产品成本有所增加，盈利水平下降。因内地市场缺少专注制造农用拖拉机的企业，内地市场目前没有可直接对标的上市公司，第一拖拉机有相对的稀缺性。

军工行业

机械行业中有一类特殊的行业：军工行业。军工行业是内地市场的重要行业，其本质是机械制造业，但由于产品特殊，且估值方法独特（备考PE、考虑资产注入预期等），与其他行业相比较为独立。相比之下，港股的军工企业只有 2 家，分别是中船防务和中航科工。其中中船防务是 A/H 两地上市公司，中航科工是母公司在香港的控股平台，旗下有 4 家 A 股上市公司。

从数量上来看，军工行业 A 股聚集于航空航天，数量及市值占比达 50% 左右。市值较大的龙头公司有致力于航空发动机制造的航发动力，主营大中型军民用飞机研制生产的中航飞机，以及专业从事小卫星及微小卫星研制、卫星地面应用系统及设备制造和卫星运营服务的中国卫星。

从结构上来看，A 股与港股的军工企业无论在数量上还是市值上相比，国有企业均占绝对优势。这一现状离不开中国军工行业的发展历史。中国军工行业的发展已有近 70 年的历史，起初军工企业在配置方面效仿苏联，采用“研究所 + 工厂”的生产模式，具备轻资产、高收益的特点。但是，随着时代的变迁和科技的迅速发展，计划经济体制下的国防军工企业发展缓慢，难以满足新时代背景下的国防体系需求。

自 2007 年以来，国家国防科技工业局出台了一系列政策，鼓励和引导民间资本进入军工领域，并推进国有军工企业的股份制改造和上市。2007—2017 年的这 10 年是中国军工资产证券化的历史，但对比发达国家，中国军工行业的改革依然需要砥砺前行。

按国际经验来看，国际领先的军工企业绝大多数为上市公司，并已经基本实现了整体上市，第一大股东均为基金公司，且股权分散。反观中国军工企业，虽然上市公司数量不断增加，但控制权依然牢牢掌握在国有企业，且股权集中。如 A 股军工行业中拥有最大市值的中国重工，仅第一大股东中国船舶重工集团有限公司的持股占比就近 41%，与持股近 9.5% 的第二大股东大连船舶投资控股有限公司合计占比过半。随着军事透明化的推进和已上市保密工作持续较好地完成，民间资本参与军工行业依然有较大的想象空间。

从财务数据看 A/H 市场的异同

机械行业

机械行业 A 股和港股的营业收入近五年来持续增长。2015 年港股受中国中车拉动，整体营业收入增速高于 A 股，但 2016 年机械行业的营业收入下滑。而 A 股机械行业的营业收入均增长，以工程机械行业增长最大。从 2016 年的营业收入结构来看，A 股营业收入受运输设备和通用设备主导，而港股受运输设备中中国中车的影响巨大。

港股毛利率一直低于 A 股的原因是工程机械行业的毛利率较低。其中，工程机械的中联重科和通用设备的中集集团的毛利率长期低于港股机械行业整体的毛利率。除中集安瑞科外，港股其余四家设备公司（海天国际、海螺创业、郑煤机、第一拖拉机股份）毛利率都较高，但由于整体营业收入占比较低，无法拉动港股机械行业的整体毛利率。因为中国中车的营业收入占比高达68%，所以港股运输设备细分行业的毛利率水平长期与机械行业的整体毛利率相近。机械行业 A 股与港股的毛利率如图 9－2 所示。① 港股工程机械和通用设备的毛利率如图 9－3 所示。②

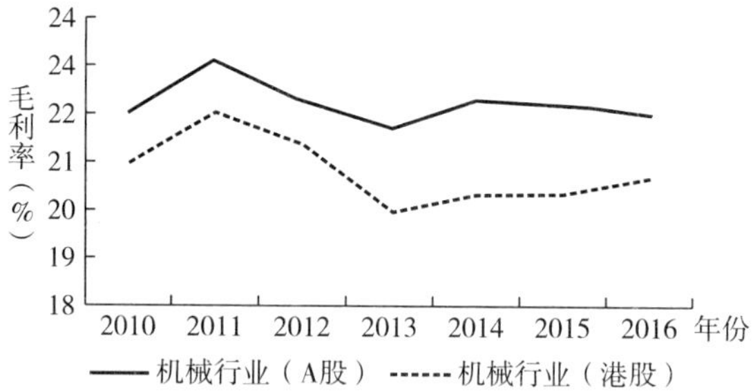

图 9－2　机械行业 A 股与港股的毛利率

① 资料来源：万得资讯。

② 资料来源：同上。

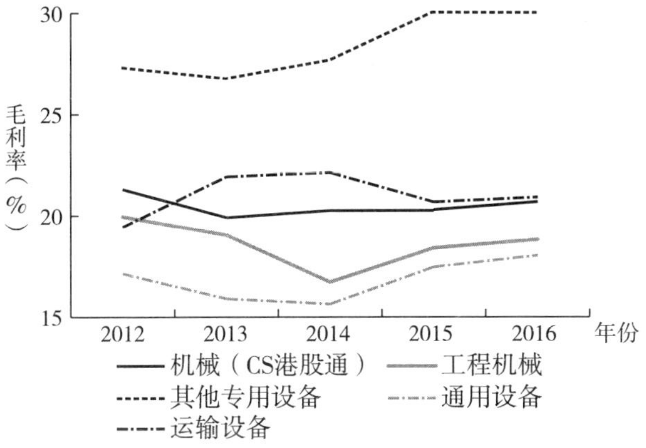

图9-3 港股工程机械和通用设备的毛利率

从ROE、周转率和净利率来看，2010—2016年，机械行业A股与港股ROE基本呈下行趋势。机械行业A股ROE从18%下滑至3%，港股ROE从20%下滑至6%。港股ROE始终高于A股，其中总资产周转率、销售净利率和权益乘数均高于A股。

在资产周转率方面，A股与港股的总资产周转率在2010—2016年均呈下降趋势，港股总资产周转率高于A股，原因在于港股中中国中车的营业收入占比最大（68%），而运输设备有较高的总资产周转率。以A股为例，2010—2016年，运输设备细分行业的总资产周转率平均维持在0.76倍的水平，高于其他细分行业0.63倍的平均水平。另外，中国中车在同期的周转率始终维持在0.8～1.0倍左右，这得益于过去几年高铁领域的持续快速发展。

在净利率方面，机械行业A股与港股的销售净利率在2010—2016年波动下行。A股的销售净利率从9%下降至3%，港股的销售净利率从9%下降至5%。A股与港股的销售净利率降低且总体差距较小。A股各细分行业除运输设备、仪器仪表和金属制品外，其他细分行业的净利率均明显下降。特别是营业收入占比较大的机械工程和其他专用设备，净利率分别由12.1%和11.4%下降至-0.95%和-0.28%，基本反映了国内经济增速下滑、销售放缓及企业利润承压的情况。相比之下，由于港股的机械工程和其他专用设备的营业收入占比较小，净利率所受的影响也相对小一些。此外，港股的中国中车和中国高速传动的净利润率较为稳定，所以港股的运输设备行业表现也相对较好。

军工行业

港股仅有中船防务和中航科工两家军工企业，分属其他军工和航空航天行业。中航科工的营业收入持续增长且增长率高于A股航空航天行业的平均水平，中船防务的营业收入波动大，于2015年出现增速峰值，高达168%，总体呈现先降后升的趋势。军工行业A股净利润由航空航天细分行业主导，其2016年的营业收入占比达57%，同年兵器兵装细分行业的营业收入占比仅为2%。港股中，中航科工的营业收入占比更大，2016年中航科工的营业收入总额是中船防务的1.6倍。

在毛利率方面，军工行业A股的毛利率维持在15%以上。港股中航科工的毛利率为18%以上，中船防务的毛利率先降后升，基本维持在10%以下。军工行业A股ROE受净利率影响波动下行，走势与其他军工行业一致。

港股中，销售净利率也基本主导ROE走势。中船防务ROE从2010年的21%大幅下滑至2012年的0.7%，之后基本在1%左右浮动，这主要是受净利率大幅下跌的影响。同期，中航科工ROE从12%下降至9%。从港股的情况来看，中航科工与中船防务的净利润走势差异较大。中航科工的净利润自2011年以来持续增长，而中船防务的净利润自2012年以来一直较低且有下降趋势。

什么在影响A/H两地资本市场的股价差异

现对比10年间A/H市场的表现。如中联重科，A股与EPS走势密切相关（相关度为63.6%），而港股与每股现金流密切相关（相关度为59.1%），反映境外市场更关注周期重工业品销售回款的现金流。又如郑煤机，煤机行业与煤炭开采行业的景气度高度相关，A 股主要由当期现金收入驱动，而同期港股更看重对未来的景气度。可以说，机械行业 A/H 两地上市公司的股价变化，深刻地反映了“离岸”投资者看重龙头、现金流、尾部风险及盈利持续性等的择股偏好。

我们以中国中车的股价作为范例进行简单说明。

2008 年 8 月至 2011 年 1 月：虽然适逢金融危机爆发，但中国铁路装备行业及轨道交通装备行业步入了快速发展周期。当时，中国北车和中国南车还没有合并，中国中车的前身是中国南车。据中国南车 2010 年的年报数据显示，公司新签订单约 900 亿元（含 BST 公司约 130 亿元），截至 2010 年 12 月 31 日，公司未完工订单超过1 000亿元，其中动车组订单约 700 亿元（含 BST 公司约 130 亿元），海外订单约 130 亿元。在资本市场的股价方面，港股比 A 股反应更迅速且股价涨幅超过 A 股，故 A/H 两地上市公司的溢价率持续下跌。

2011 年 2 月至 2013 年 7 月：2011 年 7 月发生的动车追尾事故对公司股价构成利空，短期股价出现暴跌，两个月内跌幅达 35%。从短期来看，动车事故对国内高铁建设和国外高铁需求产生不利的影响，在事故原因未真正确定，国内对于高铁建设态度未明朗之前，这种影响都存在，从而对公司的股价形成负面影响。港股比 A 股率先下跌且跌幅更大，A/H 溢价率因而上升。

2013 年 7 月至 2015 年 5 月：行业回暖，高铁、城轨在建项目持续推进，通车高峰来临将带动巨大的车辆需求。同时，公司海外业务拓展良好。2013 年全年新签订单 1 350 亿元，年底在手未完成订单 1 110 亿元，同比增长 42%。此时，港股比 A 股反应更快，较早上涨。但到 2014 年年底，A 股出现大“牛市”，市场层面流动性泛滥，A 股加速上涨超过港股，从而导致 A/H 溢价率大幅上行。

2015 年 7 月至 2016 年 6 月：A 股大幅下跌，中国中车 A 股也相应出现暴跌，港股跌幅较小，从而导致A/H溢价率减小。2016年下半年之后，由于市场景气度下滑，除2016年第四季度外，中国中车的净利润增速持续为负，2017年一季度净利润增速甚至恶化至-38.8%，港股股价下跌，A/H溢价再次扩大，并于2017年12月初达到1.9倍左右的高点。

总体来看，前瞻性的行业景气度判断对于港股机械公司股价走势更为重要，且股价反应更快。相反，A股公司股价由滞后性的盈利指标驱动更大，同时A股机械行业受大盘的投资风格及投资者情绪的影响明显大于港股。

军工行业的投资逻辑更为特殊，A股的投资逻辑主要以资产注入驱动，拉大A/H折溢价。A股整体估值持续在高位波动，并于2015年达到峰值。港股中，以中船防务的整机类公司为例，军品定价机制（全成本加5%定价）严重影响了其盈利规模，进而造成市场上该类公司的PE估值偏高，A股采用备考盈利，来调整PE估值。例如2008年7月，中船防务成功收购文冲造船厂，虽然港股对此反应更为迅速，但A股涨幅更大。中航科工的估值相对稳定，而中船防务受A股影响明显，估值较高且波动明显。通常来说，军工行业上市公司的估值偏高，市盈率过百倍，主要是由于股价中包含了资产重组预期带来的利好因素。

建国初期，依靠计划经济体制，中国学习苏联举国体制建立国防工业体系，成为世界上第三个具备完备国防工业体系的国家。依赖行政命令、计划任务、分工固化的国防工业体系暴露了自身迟钝、保守的弊端。回看美苏两强争霸的国防工业体系，在漫长的冷战期间，美国基于军民融合发展国防军工，而苏联完全以国家包揽的方式发展国防工业体系。这一历史经验证明，先进的国防科技可以促进经济的发展，而广阔的资本市场可以为国防工业体系的进步提供有效支撑。

2007年10月，党的“十七大”正式提出建立和完善军民结合、寓军于民的武器装备科研生产体系，走有中国特色的军民融合式发展道路。这一变革吸引了大量民间资本的参与，2007—2016 年这十年间，军工行业的投资逻辑主要由资产注入驱动，市场期待军用资产注入上市公司能带来相应业绩的增长。回溯这十年的历史可以看到，A 股军工行业的走势很好地验证了这一逻辑。

2009—2010 年，以中航工业一二集团合并为标志，军工集团资产证券化的大幕开启。中航工业集团下属军工整机及配套资产通过注入密集上市，点燃了市场对军工资产证券化的预期，军工指数大幅上涨，赚钱效应吸引了全市场的瞩目。

2011—2012 年，随着 2011 年 10 月航空动力（现航发动力）的重组被国防科工局否决，军工资产证券化进程停滞，军工行业大幅走低。

2013—2014 年，以中国重工重大舰船总装资产注入为标志，军工资产证券化重启，军工行业触底反弹。

2014 年至 2015 年 6 月，受军民融合政策推动预期及科研院所改制分类改革方案上报事件的影响，叠加 A 股大“牛市”，军工行业持续大幅上涨。

2015 年 6 月至 2016 年，A 股大盘回落，市场风险偏好下降，军工行业走势下行。

2011—2016 年，国防军工唯一的 A/H 两地上市公司中船防务的股价走势基本遵循这一逻辑。一般制造业公司的毛利率在很大程度上能够反映公司产品的盈利能力，从而间接判定公司的经营风险及是否具有可持续的竞争优势。通常来说，销售毛利率的变化情况应与公司股价的涨跌成一定正相关关系。但对比 A/H 两地上市公司股价与销售毛利率的变化，发现两者并无正相关关系，两者均为负数。

可见，中船防务股价的变动与盈利走势并不一致，而是受资产注入事件预期的驱动。下面详细分析中船防务各阶段走势及 A/H 折溢价背后的原因。

2006 年 10 月至 2008 年 6 月：有个别军工资产注入上市公司，如航天电子完成航天科技集团一院 704 所、210 厂测控资产注入，开启 A 股军工资产证券化，但当时还没有明确的政策落地，市场对此关注并不多，在这段时期，中船防务的变动主要来自“牛市”的影响，内地市场层面流动性泛滥，推动 A 股迅速上涨超过港股，A/H 溢价率上行；随后市场恐慌、大盘回落，A 股下跌幅度也超过港股，A/H 溢价率下行。

2008 年 6 月至 2009 年 8 月：2008 年 7 月，中船防务成功收购文冲造船厂，此次收购性价比较高，且有效完善了中船防务的业务体系，船型拓展到小型集装箱船及挖掘船。文冲造船厂手持订单超过 49 艘，金额预计超过 15 亿美元，增加了中船防务的业绩。股价也在这一利好消息的影响下结束了金融危机的冲击，触底反弹，港股对此反应更为迅速，但 A 股投资者对此的热情更为高涨，导致 A 股股价上涨幅度更大，A/H 溢价率也因此上行。

2009 年 8 月至 2010 年 6 月：这段时期港股和 A 股股价持续下跌，主要是因为公司的毛利率受高价钢材库存压制，叠加造船行业低迷，市场订单下滑。港股在 2009 年 8 月开始下跌，而 A 股在短暂的上下波动后于 2009 年 11 月开始持续下跌，下滑幅度也较大，推动 A/H 溢价率下降。

2010 年 6 月至 2014 年 11 月：由于钢材价格维持在较低水平，因而公司的毛利率有所恢复，净利润同比增速由 2009 年的 -37.2% 转为 2010 年的 37.4%，A 股和港股的股价在 2010 年下半年也迎来短暂的上涨行情。但公司面临的交船难、船价低的状况并未改变，股价在 2011 年开始持续下跌。A 股股价在这段时间波动幅度更大，因此可以看到溢价率陡然上涨和下跌。

2014 年 11 月至 2015 年 6 月：2014 年 11 月，中船防务收购黄埔文冲，也受到军民融合政策推动，叠加 A 股再度由于市场层面流动性泛滥，导致 A/H 折溢价出现大幅上升。

2016 年下半年之后，随着内地与香港股票市场的互联互通逐步落地，资金流通更为顺畅，两地投资者的结构差异正在逐渐弥合。期间，中船防务 A/H 溢价率一度从 2.7 倍左右的高点收敛至 1.8 倍左右。

近两年来，随着研究的逐步深入，军工行业逐渐走出神秘期，市场对军工资产证券化的长期性和具体方案的不确定性认知也渐渐回归理性。资产注入驱动的投资价值大幅缩水，以博弈性行情为主。未来3～5年，在严峻的周边安全形势和第二代高新武器装备密集定型的背景下，装备生产规模将快速上升，军工企业业绩加速释放，军工行业的核心投资逻辑正在从资产注入驱动的时代向价值成长驱动的时代过渡，A/H 溢价率也有望进一步缩小。

公用事业和环保行业：火电的周期和环保的弹性①

公用事业和环保行业是港股中的一大行业。公用事业中，港股公司有 14 家，A 股公司有 62 家，其中包括 3 家为 A/H 两地上市公司，分别是华能国际、华电国际和大唐发电。公用事业和环保 A 股的总市值高于港股，主要是因为 A 股发电及电网行业上市公司的数量远多于港股。

公用事业行业

A 股与港股，同与不同

从总量上来看，A 股分布于火电和水电行业，火电行业在发电行业中的数量占比达 58.06%，市值占比达 51.38%，同时水电行

① 资料来源：《A + H 行业比较系列：公用事业及环保——火电的“周期”和环保的“弹性”》，特别感谢李想、郑众对本文撰写做出的帮助及贡献。

业也占据32.32%的市值（见图9－4）。[①] 港股仅有火电和其他发电（核电为主）上市公司，数量占比分别为57.14%和42.86%，市值占比分别为74.37%和25.63%（见图9－5）。[②] A股发电及电网行业市值较大的有水电公司长江电力、火电公司华能国际及其他发电中的中国核能。该行业港股市值较大的公司有火电行业香港本地公司中电控股、电能实业及核电行业中的中广核电力。

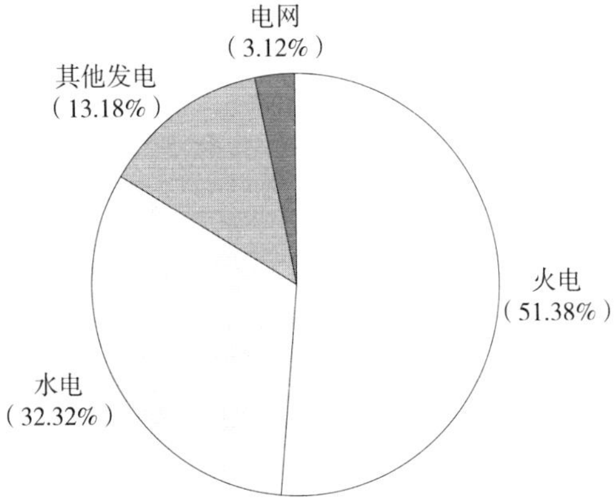

图9－4　A股发电及电网行业的市值占比

从结构上来看，A股和港股的龙头主要集中在火电行业，A股中水电行业龙头的市值也非常庞大，但港股没有涉及水电行业，其他发电企业中，A股和港股分别有核电龙头企业。

A股水电龙头长江电力的领先优势明显，长江电力是全球最大的水电上市公司。A股核电龙头中国核电是中国最大的核电上市公司，主要经营核电项目的开发、建设、投资、管理和运营。由于2017年福建省对核电上网电价进行调整，导致公司营业收入和净利润增长放缓。2018年，三代核电机组重启审批，中国EPR（电子顺磁共振）首堆台山核电1号机组经过5年的安全审查开始装

① 资料来源：万得资讯。

② 资料来源：同上。

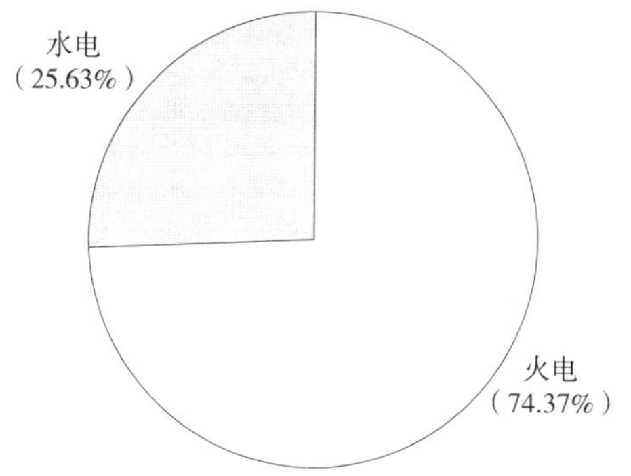

图 9－5 港股发电及电网行业的市值占比

料，预计年内投产，核电行业有望在 2018 年扩大规模。火电行业除去两家香港本地龙头外，更令人关注的 3 家 A/H 龙头企业分别是华能国际、大唐发电和华电国际。

从财务数据看 A/H 市场的异同

发电及电网行业 A 股和港股净利润均有较大波动。净利润结构上，A 股净利润由火电行业（42. 13%）、水电行业（41. 70%）、其他发电（13. 04%）以及电网（3. 13%）组成，港股由火电行业（52. 73%）和其他发电（47. 27%）组成。所以说，发电及电网行业 A 股主要由火电行业和水电行业组成，港股主要由火电行业主导。

与火电、风电、核电和光伏发电相比，水电的发电成本相对较低，具有天然的成本优势，从水电行业的资产属性来看，水电公司的资产以固定资产为主，平均折旧年限约为 27 年，远少于实际可用寿命。从电站建成到后续运营的整个过程中，主要的成本存在于建设初期，水电的发电成本稳定在较低水平，随着电站折旧计提，能够为企业提供稳定的现金流收入，电力销售的收入将逐渐完全体现为利润。

与水电行业相比，火电行业具有很强的周期性，发电成本随着煤价变动，导致行业利润随着煤价周期性反向变动。因近年来煤炭行业化解过剩产能政策的逐步深入，煤炭产量下降导致 2016 年和 2017 年的煤炭价格不断抬升，企业发电成本大幅上涨，使得大部分火电企业经营困难，利润下滑明显，甚至出现亏损。

此外，2018 年 4 月 19 日，国家发改委（中华人民共和国发展和改革委员会的简称）发布了《关于降低一般工商业电价有关事项的通知》，决定分两批实施降价措施，落实一般工商业电价平均下降 10% 的目标要求，第一批降价措施全部用于降低一般工商业电价，自 2018 年 4 月 1 日起执行。本次商业用电价的调整落脚点在电网环节收费，对于发电侧上网电价没有直接影响，而对于用电侧用电成本下降将会激发潜在的用电需求，对于发电企业是政策利好。

什么在影响 A/H 两地资本市场的股价差异

火电行业的 3 家 A/H 两地上市公司［华能国际（港股名称：华能国际电力股份）、华电国际（港股名称：华电国际电力股份）、大唐发电］均为火电龙头企业。

火电行业盈利具有很强的周期性，受到煤炭价格、上网电价及相关行业政策等诸多因素影响，较大的盈利波动决定了火电行业出现极端损失的概率较高，盈利波动性较大导致了火电港股相对于 A 股的高折价率。同时，火电行业业绩具有很强的弹性，当煤炭价格降低，火电盈利周期来临，估值会从低位逐渐修复，此时港股相对于 A 股的折价会变小甚至会变为溢价。

回溯 2013 年年底至 2015 年上半年期间资本市场股价的表现，行业盈利有很大的确定性，港股估值不断提高，甚至相对 A 股产生了溢价。由于火电行业具有强周期性，因此较多采用 PB 估值。比较发现，发电及电网行业 A 股整体估值高于港股，A 股估值变动趋势与港股相同，但波动程度高于港股，在 2014 年前后一波周期性行情结束之后，A 股与港股之间的估值差距基本保持稳定。

环保行业

A 股与港股，同与不同

环保行业中，港股公司共有 16 家，A 股公司共有 95 家。从总量上来看，A 股环保行业的企业数量较多，港股环保行业的企业数量较少，但龙头企业数量较多。市值较大的龙头公司主要有长江基建集团、粤海投资、新奥能源、北控水务集团、中国光大国际，五家龙头企业的总市值占比接近 70%。

受益于行业的高速成长，过去几年港股环保企业数量增加，但和 A 股相比，港股环保公司在上市公司数量、细分行业分布、产业链完整程度等方面仍有不足。港股环保公司主要分布在污染物处置运营领域，如水处理、垃圾发电和危废处理，几乎没有主营业务集中于环境监测、资源综合利用、环保设备制造等相关领域的上市公司，其业务主要集中于产业链下游，缺乏集中于上游设备制造及重要环保工程服务的上市公司。但港股环保行业拥有众多业务特点鲜明的公司和 A 股缺乏的优质“白马”。例如，在垃圾发电领域，光大国际的垃圾处理能力突出，特别是绿色动力垃圾处理能力十分突出。环保产业链简介如图 9－6 所示。

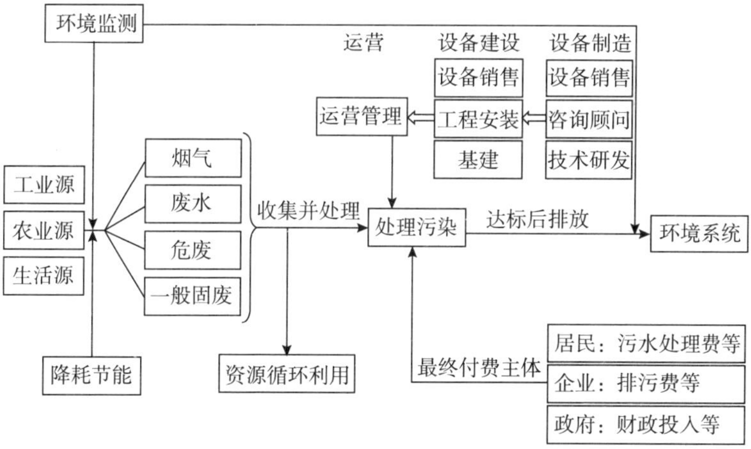

图 9－6　环保产业链简介

值得注意的是，港股环保公司的主要业务领域集中在国内市场业务，商业模式、运作机制与同业务领域的 A 股公司基本一致，目前仅有北控水务、光大国际等为数不多的几家公司尝试开展海外业务。

以北控水务为例，公司是国内具有核心竞争力的大型水务集团，主要从事兴建污水及自来水处理厂、污水处理、自来水处理及供水、提供技术服务及授权使用有关污水处理的技术知识。公司以“领先的综合水务系统解决方案提供商”为战略定位，以市场为基础，以资本为依托，以技术为先导，以管理为核心，专注于供水、污水处理等核心业务，并在集团化架构下，进行专业化经营。

公司水务项目执行强劲，是水处理领域的龙头。水厂规模已经自2010年年末的591万吨/日扩张至2015年的24 621万吨/日和2016年的27 172万吨/日。国企资源背景、大规模股权激励和多元化低成本融资渠道是助力公司业务快速扩张的关键因素。另外，公司在PPP（政府和社会资本合作）领域逐渐发力，打造新的利润成长点。公司参与水环境治理项目的模式由BT（建设转移）全面转变为PPP模式，2017年上半年签订了450亿元的PPP项目，公司为赤峰和通州项目推出了项目专门基金，资助PPP环境改造项目的推进。国企背景是北控水务集团拥有的融资优势，确保了拿单能力。

从财务数据看A/H市场的异同

环保行业港股净利润增速波动较大，业绩极具弹性的背后是资产负债的扩张。A股的净利润增速较为平稳，港股2014年的净利润增长迅速，2015年7月1日关于资源综合利用的增值税新政正式实施，污水、危废等原本不征收增值税的环保行业利润受到影响，净利润增速放缓。

与A股环保公司的积极拿单相比，港股环保公司2015年仅有北控水务、光大国际和云南水务三家公司介入PPP领域，已签PPP合同的金额偏小且订单数量偏低，参与PPP的积极性整体较弱。随着PPP继续深化和制约项目落地因素解除，港股环保公司参与PPP的意愿上升明显。以光大国际为例，2016年3月，子公司光大水务和镇江当地政府签署镇江海绵城市建设 PPP 项目，合同金额达 13.85 亿元，拓展了 PPP 模式的水环境治理业务。

2010—2017 年，环保行业 A 股与港股的营业收入呈稳定增长趋势，A 股与港股的营业收入增速基本保持稳定。作为高速增长的新兴行业，环保行业整体增速较为理想。自 2006 年起，中国环境治理以“全国主要污染物总量减排考核”即总量考核的形式在全国施行，污染物总量减排约束性考核从整体上促进了中国环保产业的快速发展。其后，PPP 项目的实施推动了政府投融资向优势公司倾斜，环保行业进一步发展。

环保行业港股的毛利率高于 A 股，行业毛利率相对平稳，A 股与港股的毛利率走势基本保持一致，除 2008 年和 2011 年外，基本为上行趋势。环保公司的毛利率变动主要由收入结构化所致。环保公司的收入结构大致可分为建设收入及运营业收入入，建设收入的毛利率一般较低，大多在 20% 左右，而运营业收入入的毛利率较高，通常可达 40%～50%，因此收入结构的变动会对毛利率有较大影响。环保行业 A 股与港股毛利率的对比如图 9－7 所示。[①]

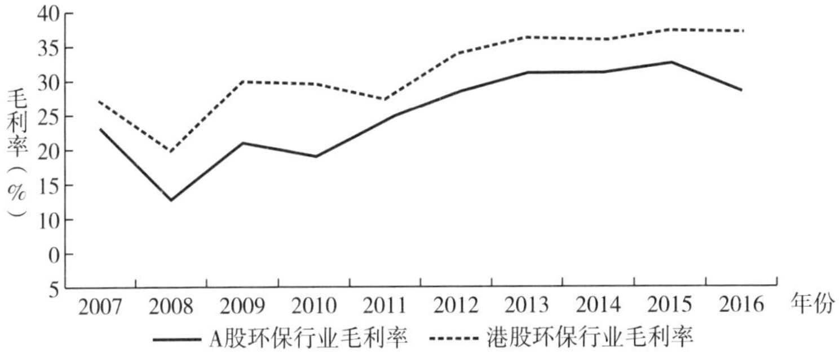

图 9－7 环保行业 A 股与港股毛利率的对比

A 股和港股 ROE 与资产周转率有一定关系，港股 ROE 整体

① 资料来源：万得资讯。

略高于 A 股。A 股 ROE 与权益乘数有一定关系。2013—2017 年，A 股和港股 ROE 均呈下行趋势，A 股 ROE 从 10.87% 下滑至 4.24%，港股 ROE 从 11.60% 下滑至 8.6%。港股 ROE 波动较大，A 股 ROE 较为平稳。资产周转率和权益乘数是核心驱动。在资产周转率方面，A 股和港股的资产周转率均走势平稳，且 A 股高于港股。在权益乘数方面，A 股和港股的差异不大。可以看出，环保行业的主要盈利指标保持平稳，ROE 主要受资产周转率和权益乘数影响。

什么在影响 A/H 两地资本市场的股价差异

环保行业 A 股和港股的估值体系差异明显，自 2014 年以来，A 股的市盈率区间落在 20x ~ 30x，高出港股一倍左右。两地市场投资者对公司预期有差别。A 股投资者对于政策和公司成长预期过高，预期尚未兑现阶段股价即出现快速上涨，造成预期兑现，业绩的落地对股价证明作用不足。而香港市场投资者通常不会将无盈利兑现的预期反映到股价层面，特别是没有现金流回款时公司股价上涨需要实质性现金流，估值体系深受欧美市场对标影响。

回溯环保行业的一次周期行情（2014 年 6 月至 2015 年 6 月）发现，A 股和港股的股价在这段周期内走势出现不同程度的分离，A/H溢价率也因此结束平稳走势开始上行。

2014 年下半年以来，国务院密集发布《国务院关于加强地方政府性债务管理的意见》《地方政府性存量债务清理处置办法（征求意见稿）》以及《关于推广运用政府和社会资本合作模式有关问题的通知》等纲领性文件，明确指出剥离融资平台公司的政府融资功能，推广 PPP 模式参与城市基础设施投资及运用。鼓励先进信息技术工具在包括环保在内的社会各个细分行业（互联网 +）中推广应用，作为典型的政策驱动型行业，政府上述政策成为环保行业的驱动力。

交通运输行业：横看成岭侧成峰，A/H 市场细分多样①

交通运输行业在 A/H 两地市场都是一个大行业，港股共有 34 家公司，A 股共有 106 家公司，其中 13 家 A/H 两地上市公司，分别是属于公路细分行业的宁沪高速、四川成渝、深高速及皖通高速；属于铁路细分行业的广深铁路；属于航运细分行业的中远海发、中远海控及中远海能；属于港口细分行业的大连港及秦港股份；属于航空细分行业的南方航空、东方航空及中国国航。

A 股与港股，同与不同

从数量上来看，两地市场的公司都集中在港口、公路和航运细分领域，但是两者在物流细分行业的分布差异明显。A 股上市公司相对较多地分布在物流（32.6%）、港口（17.9%）、公路（16.8%）和航运（10.5%）等细分行业，港股上市公司则相对多较地分布在航运（28.6%）、公路（19.0%）、航空（19.0%）和港口（14.3%）等细分行业。可以看出，港口、公路和航运是两地上市公司较为集中的细分行业。

值得一提的是，港股在物流细分行业仅有一家上市公司，而 A 股则相对丰富，目前物流已经是 A 股交通运输行业中上市公司最多的细分行业，共有 31 家上市公司，是两地市场交通运输行业最大的差异所在，也显示出港股近几年在吸引新兴行业方面有些落后。

从市值上来看，港股受港铁公司影响，铁路细分行业占比最大，达 31.2%，之后依次是航空细分行业（20.0%）和航运细分

---

① 资料来源：《A + H 行业比较系列：交通运输和商贸零售篇——“共性”与“差异”并存》，特别感谢李世豪对本文撰写做出的贡献。

行业（14.1%）；A 股物流细分行业的市值占比最高（30%），之后依次是港口细分行业（23.4%）和铁路细分行业（11.6%）。交通运输行业 A 股和港股的市值占比（不含 A/H 两地上市公司）分别如图 9－8、图 9－9 所示。①

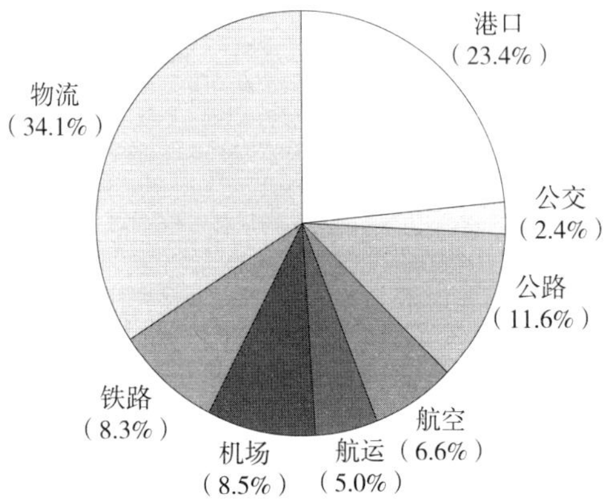

图 9－8　交通运输行业 A 股市值占比（不含 A/H 两地上市公司）

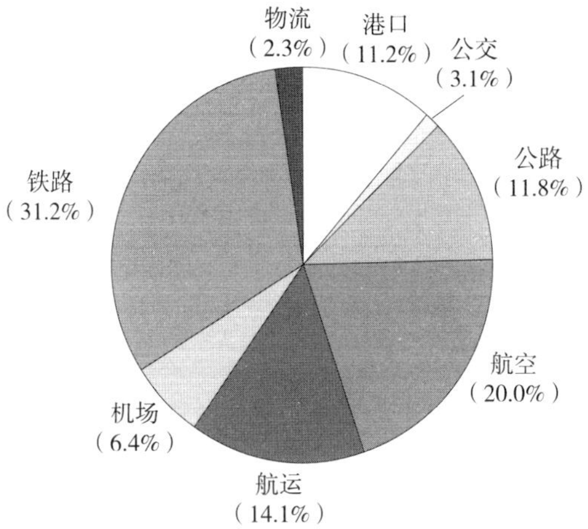

图 9－9　交通运输行业港股市值占比（不含 A/H 两地上市公司）

① 资料来源：万得资讯。

虽然同为交通运输行业，但 A/H 两地市场细分行业的分布结构存在一定差异。总体而言，在交通运输行业的各个细分行业中，A 股较港股在数量上占据优势，因此更加全面，但港股也有一些细分行业的上市公司质量不俗，值得关注。因为交通运输行业细分行业的数量较多，因此我们这里只分析部分差异较大的细分行业。

在港口方面，港股上市公司多为区域布局，控股参股多地港口，充分发挥协同效应；A 股则专注单一区域，做大做强。A 股的港口上市公司有明显的按区域分布的特点，例如上港集团、宁波港、天津港、大连港等，都是依托所在地区内的某一大港开展业务。以上港集团为例，该公司专注于上海港的装卸、仓储、港区服务和物流等业务，2008—2016 年，来自中国内地的业务收入占比一直在 96% 以上。而港股的 5 家上市公司中，除了两家 A/H 两地上市公司外，招商局港口和中远海运港口都比较注重多区域港口的参股控股投资，是港股在港口行业的代表。

以招商局港口为例，招商局港口是中国最大甚至在世界处于领先地位的公共码头运营商，主要从事港口业务、保税物流及冷链业务、物业开发及投资等。全国排名前十的集装箱港口中招商局港口覆盖了 8 个，在中国沿海主要枢纽港建立了较为完善的港口网络群，覆盖珠江三角洲、长江三角洲、环渤海湾地区、厦门湾经济区和西南地区，所投资或运营的港口遍及中国的香港、深圳、上海、宁波、青岛、天津、湛江和厦门湾地区，以及斯里兰卡、尼日利亚和越南。其海外业务收入的占比近年来不断上升，2016 年海外业务的营业收入达 10.99 亿元，约占总业务收入的 15%。中国内地港口在过去十年享受着中国经济腾飞的红利而迅速成长，但是未来港口资源整合，多区域协调发展是港口行业的大趋势，因此港股的上市公司具备一定的先发优势。

在航空方面，除去在 A/H 两地上市的传统三大航空公司外，A 股和港股各有一些特色上市公司。港股拥有香港本土航空公司国泰航空、中国航空旅游业信息技术主导供货商中国民航信息网络、航空租赁公司中银航空租赁和中国飞机租赁等特色公司，其中的航空信息服务和航空租赁类上市公司是A股中稀缺的，而A股有春秋航空等低价航空公司。

以中国民航信息网络为例，公司是中国航空旅游业信息技术解决方案的主导供货商，也是A/H两市在该领域的唯一上市公司。公司的核心业务包括航空信息技术服务、分销信息技术服务、航空结算及清算服务等，服务客户囊括了中国绝大部分的民航公司、机场和旅游代理公司等。公司是目前第四大GDS（全球分销系统）提供商，拥有全球最大的BSP（板级支持包）数据处理中心，在国内处于垄断地位。公司的主营业务AIT（航空信息）业务量稳健提升，其他业务均有两位数增长。

在物流方面，港股在该行业的公司仅有嘉里物流，A股则拥有顺丰控股、韵达股份、圆通速递和申通快递等多家龙头公司。2017年，内地快递行业件量增速略有放缓，但优质龙头快递公司仍保持高于行业盈利的增长优势，从而分享行业自然增长及份额集中提升的双重红利。

从财务数据看A/H市场的异同

2007—2016年，A股与港股的盈利变化趋势基本一致。其中，2009年，全球经济危机导致外需紧缩，A股和港股都受到航空和航运细分行业巨额亏损的影响，行业整体呈亏损状态。A股2009年亏损76亿元，较2008年的802.4亿元减少9.5%，其中航空细分行业净亏损206.7亿元，航运细分行业净亏损172.7亿元；港股同样受到这两个行业的冲击，整体亏损195.2亿元。

从结构上来看，2016年A股净利润排名前三的依次是航空（34.6%）、港口（19.6%）和公路（9.6%），港股净利润则主要由航空（54.8%）、公路（22.2%）和铁路（18.8%）构成。对比

2007 和 2016 年的净利润结构发现，A 股物流细分行业经历了从无到有的过程，2016 年其净利润已占到了总体行业的 12%。2007—2016 年交通运输细分行业 A 股和港股归母净利润结构的变化如图 9－10、图 9－11 所示。①

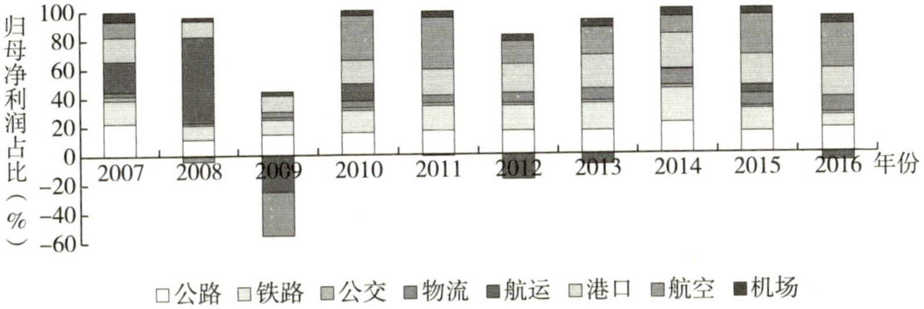

图 9－10　2007—2016 年交通运输细分行业 A 股归母净利润结构的变化

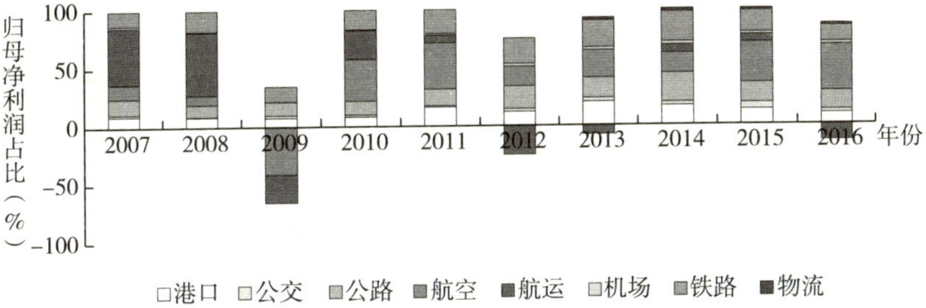

图 9－11　2007—2016 年交通运输细分行业港股归母净利润结构的变化

A/H 股交通运输行业毛利率的变化趋势几乎一致，但是 A 股毛利率整体高于港股。我们发现，长期以来，A 股航空行业对交通运输行业整体毛利率的影响最为显著，公路、铁路、航运和物流等细分行业也有一定程度的影响。A 股航空行业除在 2008 年受到经济危机影响外，其余年份对整体毛利率的贡献最大，基本维持在 5% 以上的水平；公路、铁路细分行业对整体毛利率的影响逐年递减，其中公路细

① 资料来源：万得资讯。

分行业较为稳定，保持在2%～3%的水平，铁路细分行业2016年的贡献率下滑明显，仅为0.8%；物流细分行业自2009年以来对整体毛利率的影响逐年递增，2016年为3.1%，仅次于航空细分行业。

港股交通运输行业整体的毛利率在2009年以前受航运影响较大，2009年之后则主要受公路和航空细分行业的影响，2015年和2016年尤其以航空细分行业为主。和A股一样，港股公路细分行业的毛利率贡献率一直稳定在2%～3%，自2010年港股航运行业式微之后，公路细分行业保持着对港股整体毛利率相当大的影响力；航空行业2014年受国际油价下跌影响，营业成本降低直接导致毛利率回升，2016年高达3.6%。

A/H两市毛利率结构的变化部分解释了为什么在2009年之前，A股与港股毛利率差距较大，而之后开始缩小。一是因为A股上市公司整体毛利率偏高；二是随着两地毛利率都以航空细分行业为主要驱动，A/H两地上市公司对两地航空细分行业的影响都比较明显，因此导致两地的毛利率变动更加紧密。需要注意的是，未来A股物流细分行业将对A股的毛利率造成不小的影响，而港股物流细分行业的稀缺可能使两地毛利率在2018年之后重新分化。

从ROE的趋势来看，A股和港股的ROE无论是大小还是变动趋势都几乎重合。以A股为例，2006—2008年，在全球经济增长动力强劲、需求增速迅猛的背景下，交通运输行业ROE逐步攀升达到历史峰值18.9%；2008—2009年经济危机来临，需求紧缩，行业日渐萧条，A股交通运输行业整体ROE跌为负值（-1.6%）。2010年，全球各地政府央行出台刺激性政策，国内“四万亿”计划刺激带动商务出行，航空、机场、公交、公路等诸多细分行业迎来新一轮行业景气上行，A股ROE迅速回升至13%左右，2010年之后，行业整体ROE小幅波动，稳定在5%～10%的水平。

分析ROE与权益乘数、资产周转率和销售净利率的关系可以看出，A股与港股ROE和权益乘数的关系都不大，如2008—2010年，A

股和港股 ROE 都出现了剧烈波动，但是相应的权益系数变化不大；A 股 ROE 的波动与资产周转率有一定关系，而港股 ROE 与资产周转率的关系不大，两者趋势甚至出现了同向和背离；A 股和港股 ROE 都与销售净利率紧密相关。两者的变化趋势近乎一致。而且，从相关系数来看，A 股 ROE 与销售净利率的相关性达 96%，港股则达到了 98.8%。

需要注意的是，A 股物流行业的影响逐渐加大，可能会导致之后 A/H 市场的 ROE 在长期趋势上出现分化。2007—2016 年，A 股物流行业的平均 ROE 为 11.2%，航空行业的平均 ROE 为 4.87%，所以我们估计未来 A 股的 ROE 随着物流行业占比的提高，整体较港股会有一定抬升。

什么在影响 A/H 两地资本市场的股价差异

交通运输行业的细分行业众多，差异较大，因此我们需要分行业讨论。目前，交通运输行业共有 13 家 A/H 两地上市公司，分布在铁路、公路、港口、航运和航空五个细分行业。

作为传统且成熟的行业，交通运输行业的各个细分行业，无论 A 股还是港股，其价格都和公司的盈利状况明显相关。但各细分行业的折溢价程度存在一定差别，这是各行业盈利不确定性程度不同造成的。

具体来说，航空、航运和港口细分行业的溢价率要显著高于公路和铁路细分行业。2007—2016 年，航空、航运和港口的折溢价率分别是 93.9%、79.1% 和 104.9%，远高于公路和铁路细分行业的 48.1% 和 40.9%。

我们曾在上文分析交通运输行业 ROE 驱动时提到，A 股航空、航运和港口的净利润波动率要高于其他细分行业。A/H 折溢价是因为盈利的不确定性决定了极端损失的概率，进而导致港股投资者要求一定的风险溢价，因此航空、航运和港口细分行业 A/H 公司的港股下折会相对多一些。

现以航运细分行业为例。2008 年 1 月至 2008 年 8 月，中远海能和中远海控 A 股股价一路下跌，而港股股价表现坚挺，导致溢价率随 A 股股价下跌而减少。中远海能 A 股股价从最高的 41 元每股跌至 14 元每股，跌幅达 92.8%，而同期港股跌幅为 18%；中远海控 A 股股价跌幅为 56.6%，而港股跌幅为 29.5%。

2008 年 9 月之后，一方面 A 股受“四万亿”政策影响下跌速度减缓，另一方面，航运细分行业溢价率已经下降至历史低位（从 2008 年年初的 130% 下降至 2010 年的 30%），港股股价在盈利下滑和 A 股下滑的双重压力下开始加速下滑，此时 A/H 溢价率受港股价较低的基数效应影响反而开始走高。

2010—2015 年，所有行业的溢价水平均处于低位，且波动较小。全球经济步入危机之后的修复期，需求疲软，中国经济步入新常态，脱离了高增速的轨道而开始“软着陆”，交通运输行业整体盈利下滑。公路、铁路细分行业除个别时间点的较大波动外，溢价水平基本维持在 50% 甚至更低的水平，铁路细分行业在 2013 年 1 月前后甚至出现折价。航空细分行业溢价率持续走低，而港口细分行业自 2011 年出现第一家 A/H 两地上市公司（大连港）以来，溢价水平却维持在 100% 左右的相对高位。

2015—2016 年，因为市场的流动性泛滥，A 股上涨，导致 A/H 折溢价上扬且大幅波动。2015 年 7 月，A 股大盘指数断崖式下跌，A 股股价跌幅显著，两地市场价差再度收窄。而 2015 年第三季度之后，随着内地资金流入增大，投资者寻求港股未上涨的上市公司，导致价差进一步弥合。

虽然交通运输行业往往被投资者认为是稳健型行业，但其细分行业差异较大，估值逻辑往往也不尽相同。这里我们具体讨论 A 股和港股重叠较大的航空、航运、公路、铁路和港口细分行业，其中航空和航运细分行业往往具备周期属性，估值受盈利弹性影响，而公路、铁路和港口等细分行业具备较强的基建属性，高分红且业绩稳定，因此估值主要受企业现金流影响。这导致航空和航运行业的估值（尤其是A股估值）水平和A/H溢价率要显著高于公路和铁路等非周期细分行业。

交通运输行业A/H估值对比的共性是：当市场流动性正常、投资者较为理性时，A/H两地市场估值差异很小，不存在港股一直相对低估的情况。单就PB而言，A/H两地市场的估值交替上下的情况并不罕见。但是，当内地市场出现流动性泛滥时（例如2007年“牛市”、2010年“四万亿”计划和2015年“牛市”），A/H股估值差异比较大，这与A股和港股投资者的结构差异有关。不同细分行业之间的A/H估值对比也存在差异。

航空航运细分行业的A/H估值差整体要高于公路、铁路和港口细分行业，且波幅更大。横向对比各细分行业的估值差异发现，各细分行业港股的估值差异不大，2007—2017年港股公路、铁路、港口、航空和航运细分行业的平均PB依次是1.28、1.17、1.34、1.81和1.25，彼此差异不大；但是，A股这五个细分行业对应的平均PB分别是1.91、2.34、2.75、3.68和4.23。这使得航空和航运细分行业的A股相对其他细分行业高估得更严重一些。

公路、铁路和港口细分行业A/H的估值差逐渐收敛。2007年1月至2011年12月，公路细分行业的平均PB差为0.98，铁路细分行业的平均PB差为1.98，港口细分行业的平均PB差为1.83。这一阶段主要受A股2007年“牛市”和2010年“四万亿”政策刺激影响，A股整体估值偏高，带高各细分行业的估值水平，而港股估值水平相对稳定。2012年1月至2015年1月，三个细分行业（公路、铁路和港口）的A/H估值差受A股逐渐回归理性的影响开始收敛，这一阶段公路细分行业的平均PB仅相差0.18，而铁路细分行业为0.43，港口细分行业则回归至0.76。2015年1月至2016年1月，估值差受A股流动性泛滥影响再次反弹，公路、铁路和港口细分行业的平均PB差达到0.77、1.12和2.11。但2016年之后，A股估值迅速恢复至正常水平，随着A/H估值之差逐步收敛，目前三大细分行业估值差已经接近历史低位。

航运和航空细分行业的估值差波动更大。2007 年 1 月至 2011 年 1 月，航运、航空细分行业 A/H 的估值差平均分别是 1.90 和 3.29。同样，在 2015 年 1 月至 2016 年 1 月，当流动性泛滥时，两细分行业的估值差平均达到了 7.65 和 2.00。而 2011 年 1 月至 2015 年 1 月，两细分行业的 A/H 估值差仅为 1.53 和 0.47。在 2016 年 6 月之后，我们可以观察到两行业 A/H 的估值差开始逐渐收敛。

总结而言，航空和航运细分行业具有“周期属性”。航空和航运细分行业的周期波动性是造成港股整体盈利波动的主因。如 2009 年之前，国际贸易活跃，港股交通运输行业整体毛利率受航运细分行业影响较大；近几年，由于油价在 2014 年之后持续下跌，航空营业成本降低直接导致毛利率回升，驱动整体行业业绩回升。

公路、铁路及港口细分行业基建属性强，业绩稳定。但公路铁路作为国民经济的“中游”，也受到宏观经济影响。2008—2009 年经济危机，行业陷入萧条，行业整体盈利下滑，而目前这些公司的 ROE 稳定在 5% ~10% 的水平。

A/H 价差反映了细分行业的行业属性，如航空、航运等周期行业的溢价率显著高于公路和铁路等基建行业，前者股价弹性主要受盈利周期主导，而后者基本是高分红等现金流品种，估值相对稳定。港口细分行业的 A 股溢价率也相对较高，因为其 A 股股价波动可能受一些主题影响，如京津冀、粤港澳等。

建筑行业：央企乘上“一带一路”和 PPP 的春风[①]

接下来，我们简单介绍一下建筑行业。港股建筑公司共有 10

---

① 资料来源：《A + H 行业比较系列专题：地产建筑篇——海外 VS 国内，分歧在哪?》，特别感谢郑众、李世豪对本文做出的贡献。

家，其中4家为A/H两地上市公司：中国交建、中国中铁、中国铁建和中国中冶，分别在国家机构改革时从铁道、交通、电力和冶金等部委分离出来，组建了特大型企业集团，垄断性较强，占港股市值的80%以上。所以，可以说，建筑行业港股是A股龙头公司的缩影。

在A股上市的中国建筑，是由中国建筑工程总公司整体重组改制而来，公司全称为中国建筑股份有限公司。而在香港上市的中国建筑，全称则为中国建筑国际集团有限公司，在法律关系上是中国建筑股份有限公司控股的三级子公司，所以不属于A/H企业。港股公司的一大特色是注重开拓境外业务，业务遍及澳门、新加坡等地。

A股与港股，同与不同

从总量上来看，A股和港股均聚集于施工领域，市值较大的龙头公司有中国建筑、中国交建、中国中铁、中国铁建和中国电建。港股则主要是4家A/H公司：中国中铁、中国铁建、中国中冶、中国交建。

从结构上来看，港股和A股的优势均集中于特大型央企。建筑央企业绩稳健增长且确定性较高，受到市场青睐，特别是近两年在PPP与“一带一路”倡议大力推广的背景下，建筑央企的市占率不断提升。以中国交建为例，其营业收入、净利润维持较好态势，营业收入增速最高超过3.8%，新签合同金额稳步提升，2017年上半年新签合同总额为4 312.40亿元，同比增长52%。

从财务数据看A/H市场的异同

建筑行业A股和港股的净利润增速基本保持一致。2009年净利润大幅上涨，2012年出现下跌，其他时间均平稳增长，且均由施工行业主导。

A 股龙头有中国建筑、中国交建和中国铁建等，而港股有中国交建、中国铁建和中国中铁，两者重合度极高。2008 年，受国际金融危机影响，2009 年国家实施了积极的财政政策和适度宽松的货币政策，迅速推出扩大内需、促进经济增长的十项措施，“四万亿”计划的出台使投资额大幅度增长，产生工程建设的强劲需求，2009 年建筑行业回暖，A 股净利润增速达到 77.5%，港股净利润增速达到 56%。2012 年，中国的货币政策由宽松转向稳健，建筑业利润增速减缓，2013 年随着保障性住房的开工建设与基础设施建设的进一步扩大，建筑行业迎来新的发展。

A 股与港股的毛利率基本保持一致，2007—2010 年整体呈下行趋势，2010—2016 年整体呈上行趋势。总体上，港股建筑行业的毛利率低于 A 股建筑行业的毛利率。在营业收入的结构上，2016 年 A 股的营业收入由施工（97.23%）和装修（2.77%）组成，港股由施工（96.84%）和装修（3.16%）组成。

A 股施工和装修细分行业整体较为平稳，港股施工和装修细分行业波动较大，2010—2015 年，港股装修细分行业呈下行趋势，但施工细分行业波动向上，导致建筑行业总体平稳上涨。2010—2016 年，A 股毛利率从 2010 年的 7.80% 上升至 2016 年的 10%，港股毛利率从 2010 年的 7.5% 上升至 2016 年的 9.8%，均上涨了 2.3 个百分点。毛利率上升的原因主要是“营改增”政策、大宗商品价格下降、建筑企业更注重精细化管理、成本控制能力逐渐提高等。

从 ROE 角度来看，港股受资产周转率影响显著。港股 ROE 整体略高于 A 股，资产周转率是核心驱动，A 股和港股步调一致，均呈下行趋势。A 股的资产周转率从 2007 年的 0.88% 降至 2010 年的 0.68%，相同时间段，港股从 0.86% 降至 0.70%。因 A 股和港股的资产周转率走势基本一致，因此对港股和 A 股 ROE 的相对走势几乎无影响。

什么在影响 A/H 两地公司的股价

建筑行业有四家 A/H 两地上市公司：中国中铁、中国铁建、中国中冶和中国交建，均属于施工领域。四家公司均属于行业龙头，且均为大型建筑央企，市值远超同行业其他公司。

建筑行业两次较大的上涨分别是 2014 年 7 月至 2015 年 5 月、2016 年 7 月至 2016 年 12 月，港股和 A 股的股价在这两段时间内走势出现不同程度的分离，但资本市场上港股股价的波动明显小于 A 股。

2014 年 7 月至 2015 年 5 月：这一阶段持续时间不长，但是股价涨幅非常大。这一阶段国内流动性环境开始宽松，2013 年的“钱荒”过后，货币逐步开始放松，尤其是信贷政策，原先针对房地产企业、地方融资平台的种种融资限制也开始有所放松，建筑行业受到流动性充裕的直接推动。

前文已经提及，这一阶段建筑业的估值处于历史低位，估值低，利润提升空间大。另外，“一带一路”倡议带来海外订单的高增长，提高了投资者对于建筑行业未来成长的预期，特别是建筑央企，在这一阶段项目增长迅速，超额收益明显。

2015 年 8 月至 2016 年 6 月：国内经济下行压力加大，受固定资产投资和房地产开发投资增幅回落的影响，建筑行业需求不足，业绩下降迅速，建筑行业走向下行。2015 年年底，建筑业固定资产投资完成额累计同比增长为 4% 左右，房地产投资完成额累计同比增长仅为 1% 左右，需求的下行导致建筑行业的下行。

2016 年 7 月至 2016 年 12 月：这一阶段涨幅相对较大。PPP 模式是这一轮行情上涨的主要原因，PPP 一方面带来海外订单的高增长，充足的 PPP 订单直接驱动了园林企业持续的高增长；另一方面，使投资者对建筑行业的核心驱动力预期乐观，建筑行业持续上涨。行情上涨的另外一个原因是险资举牌的推动，2015 年年末，宝能系举牌万科 A，拉开了险资举牌 A 股蓝筹股的序幕，险资举牌估值低但业绩增长稳定的公司，带动了建筑行业央企的快速发展。并购重组浪潮也推动了这一轮行情的上涨，2016 年 7 月，中国建筑和中国中铁先后开始并购，国有企业通过并购，实现“优势互补”以进入优势领域。

除典型盈利驱动的逻辑外，建筑行业受政策驱动的影响不容忽视，如 2014 年 11 月至 2015 年 5 月，“一带一路”倡议带来海外订单的高增长，提高了投资者对于行业未来整体成长的预期；2016 年 7 月至 12 月，这段时间 PPP 是这一轮行情上涨的主因。A 股反应更加迅速，股价波动也更为强烈，这些事件虽然使港股投资者对核心驱动力形成乐观预期，但资本市场涨幅却基于公司的内生价值提升。

结　语

不是后记的“后记”

无疑，中国的“在岸”和“离岸”两个资本市场从没有像今天这样紧密相连。从全球资本的角度来看，20 世纪 90 年代后的中国内地经济腾飞，很多国际资本开始关注内地企业，但彼时的内地资本市场相对封闭和落后。1997 年香港回归后，我国政府曾鼓励内地公司如金融行业的五大国有银行和能源行业的“两桶油”等赴香港上市。伴随着中国信贷的扩张，房地产行业迎来十年“牛市”，房地产金融成为中国内地经济的晴雨表，全球投资者对中国内地上市公司给予了极大的关注。

随着中国市场的进一步开放，更多企业“走出去”，有更多公司选择在美国上市，我国政府关于“新经济”公司上市的鼓励机制，也使香港的历史角色发生改变：从帮助中国企业融资到帮助中国资本“走出去”。2018 年 4 月 24 日，港交所正式公布《新兴及创新产业公司上市制度》，主要针对三类公司制定新的上市制度：尚未有盈利的生物科技公司，非传统管治架构（“同股不同权”）的公司以及拟在香港做第二上市的中国内地公司，香港市场的上市公司结构也将发生改变。

本书分上下两篇。上篇阐述了香港作为中国“离岸”市场的主要特征，如上市与再融资制度，25 年以来最大的上市制度改革，内地与香港市场的差异等。香港创新板、“新经济”公司的登陆，以及香港市场丰富的金融产品，将使香港市场更加多元化，也将吸引更广泛的投资者（包括海外及中国内地的各类投资者）参与。这使香港成为连接全球资本与大中华地区企业的平台。

下篇详细剖析了两地资本市场各行业间的联系与区别，过去20年估值层面的差异，以及未来十年两地资本市场融合将对投资理念产生的影响等。从投资角度来看，香港市场上市公司65%的市值与内地市场相关，这些公司的成交量占整个香港市场成交量的70%以上，如石油石化行业，中国石化和中国石油作为权重股，在两地市场都有极重要的地位。即使有一些行业，如房地产行业，上市公司虽然不重合，但香港市场的内房公司和内地市场的房地产行业基本面联系紧密，不同的是背后的投资者结构。这导致A股的房地产公司的估值高于港股，但从2015年到现在，A股和港股的估值差距在逐步减少。

以上内房股公司就是一个典型的例子。香港和内地市场地产股的估值存在基本逻辑的差异。在香港，投资者更注重企业的资产负债表结构，尤其是杠杆率，而在内地，投资者更容易认可企业的投资行为，不太在意资产负债表结构，这导致内地的地产龙头整体存在估值折价。而在前些年，房地产公司纷纷转型，参与其他产业的布局，内地投资者关心转型带来估值提升的可能性，而境外投资者更关心转型对资金的占用、对杠杆率的影响以及带来的风险。

2015年以后，内地资金开始进入香港市场，已明显改变了香港市场中一些行业的投资逻辑，A/H两地市场融合是大背景，内地市场与香港市场的投资者结构发生改变，这种改变在未来将产生深远的影响。

我们应客观对待“离岸”和“在岸”市场的不同。内地资金参与香港市场，也须更关注“离岸”投资者的投资逻辑，反之亦然。“离岸”投资者更关注行业地位、现金流、尾部风险及盈利的持续性等。“在岸”投资者可能更关注行业拐点、盈利上涨空间等。

写作本书的初衷是，拉长时间维度去看待中国 A/H 两地资本市场过去 20 年的差异，以及在两地资本市场融合的大背景下的发展趋势。

最后，想借此机会感谢我的太太杨菁，感谢你一路的鼓励和支持。同时，也特别感谢中信证券的领导和同事——研究部负责人李春波、于新力，许英博、朱琰以及中信里昂的陈卫炜等，还有曾一起工作的老领导、老同事，没有你们，也不会有这本书，你们是我人生中最大的财富。